우리 사이

타자 사유에 관한 에세이

Entre nous. Essais sur le penser-à-l'autre

Entre nous

by Emmanuel Levinas

Copyright © Grasset & Fasquelle, 1991
All rights reserved.
Korean Translation Copyright © Greenbee Publishing Company, 2019.
This Korean Edition is published by arrangement with Grasset & Fasquelle, France through
Milkwood Agency, Korea.

우리 사이

타자 사유에 관한 에세이

초판1쇄 펴냄 2019년 4월 1일
초판2쇄 펴냄 2022년 10월 21일

지은이 에마뉘엘 레비나스
옮긴이 김성호
펴낸이 유재건
펴낸곳 (주)그린비출판사
주소 서울시 마포구 와우산로 180, 4층
대표전화 02-702-2717 | **팩스** 02-703-0272
홈페이지 www.greenbee.co.kr
원고투고 및 문의 editor@greenbee.co.kr

편집 신효섭, 구세주, 송예진 | **디자인** 권희원, 이은솔
마케팅 육소연 | **물류유통** 유재영, 유연식 | **경영관리** 유수진

ISBN 978-89-7682-481-3 94160   978-89-7682-405-9 (세트)

學問思辨行: 배우고 묻고 생각하고 판단하고 행동하고

독자의 학문사변행을 돕는 든든한 가이드 _그린비 출판그룹

그린비 철학, 예술, 고전, 인문교양 브랜드
엑스북스 책읽기, 글쓰기에 대한 거의 모든 것
곰세마리 책으로 크는 아이들, 온 가족이 함께 읽는 책

레비나스 선집 5
Emmanuel Levinas

우리 사이

타자 사유에 관한 에세이

에마뉘엘 레비나스 지음

김성호 옮김

Entre nous. Essais sur le penser-à-l'autre

읽B
그린비

| 일러두기 |

1 이 책은 Emmanuel Levinas, *Entre nous: Essais sur le penser-à-l'autre*, Paris: Grasset, 1991을 완역한 것이다. 프랑스어판을 대본으로 하였으며, 영어판(*Entre Nous: On Thinking of The Other*, trans. Michael B. Smith and Barbara Harshav, New York: Columbia University Press, 1998), 독일어판(*Zwischen uns: Versuche über das Denken an den Anderen*, München: Carl Hanser Verlag, 1995), 일본어판(『われわれのあいだで：「他者に向けて思考すること」をめぐる試論』, 東京: 法政大學出版局, 1993)을 참고하여 번역했다.

2 본문의 주석은 모두 각주로 표시되어 있다. 옮긴이 주는 각주의 끝에 '─옮긴이'라고 표시했으며, 표시가 없는 것은 모두 지은이 주이다. 옮긴이가 보충하는 간단한 설명이나 인용출처는 본문 중에 대괄호([ ])로 표시했다.

3 단행본·정기간행물에는 겹낫표(『 』)를, 논문·단편 등에는 낫표(「 」)를 사용했다.

4 외국 인명이나 지명, 작품명은 2002년 국립국어원에서 펴낸 외래어표기법을 따랐다.

장 알프랭(Jean Halperin)에게

지은이 서문

현재 이 책에 수록된 연구논문들은 다양한 철학 간행물에 발표한 것을 연대순으로 배열한 것이다. 1951년으로 올라가는 「존재론은 기초적인 것인가?」 l'Ontologie est-elle fondamentale? 라는 제목의 연구논문은 이 뒤에 나올 연구논문들에서 논의되는 기본적 주제를 제시한다. 여기서 인간 영혼의 합리성은 상호주관적 관계에서, 일자 l'un [나, 우리]와 타자 l'autre의 관계에서, '윤리적 주체'를 세우고 '우리-사이'를 세우는 '타자를-위함' pour-l'autre이라는 초월에서 탐구된다.

여기 이 장들에 내포된 윤리적 가치들이 아무리 근본적인 것으로 나타날 수 있다 해도 인격들의 선한 행위, 공공의 영역과 국가들 사이의 평화의 구조들과 규칙들이 처음부터 각인되어 있을 전혀 새로운 어떤 규범을 만들어 내기 위해 윤리로 되돌아갈 필요는 물론 없다. 우리는 무엇보다 여기서, 비록 윤리 ──결국 존재론의 형식들과 규정들을 넘어서면서 그렇다고 이성의 평화를 부정하지 않으면서── 가 다른 형식의 이해가능성과 다른 방식의 지혜에 대한 사랑에 도달할 수 있었다 해도, 존재에 내재하고 서구의 철학전통에서 가장 중요한 지식의 합리성과의 관계 속에서 윤리를 보려고 할 것이다. 또 어쩌면

「시편」111편 10절[1]에 나타나는 방식 ——우리는 거기까지 나아가지 않을 것이다 ——조차.

나는 그 말의 동사적 의미에서 존재l'être에서 출발할 것이다. 다시 말해 나는 '존재자들'étants ——사물들, 생물, 인간 개인들——로부터도 출발하지 않고, 모든 것을 어떻게든 전체성에 포섭하는 자연으로부터도 출발하지 않을 것이다.

나는 존재가 말하자면 존재의 과정un processus d'être이나 존재 사건événement d'être 또는 존재의 모험aventure d'être으로 암시되고 이해되는 그 말의 동사적 의미에서 존재로부터 출발할 것이다. 주목할 만한 모험! 존재 사건은 존재에 대한 염려[배려]에 있고, 존재 사건은 그와 같이 '본질적으로' 유한하고 존재에 대한 염려에 완전히 흡수된 존재의 약동에만 있을 것이다. 말하자면 존재 사건에서 오직 문제가 되는 것은 이 존재 자체다. 존재로서 존재한다는 것[존재한다는 것 그 자체]은 처음부터 존재를 염려하는 것[존재에 몰두하는 것]이다. 마치 존재가 여기서 존재를 염려하지 않고 ——존재하는 동안—— 여전히 있기 위해 어떤 긴장 완화 또는 어떤 '진정제'가 이미 필요한 것처럼. 존재한다는 것은 이미 존재에 대한 고집이다. 마치 본능의 펼침과 일치하고 그 본능을 보존하며 본능에 따른 존재의 모험에서 본능을 유지하는 '보존본능'이 본능의 의미인 것처럼. 자기 자신에 대한 존재의 긴장, 재귀대명사 자기se가 굳어지는[매듭지어지는, 얽히는]se noue 매듭

---

1) "주님을 경외하는 것이 지혜의 근본이다. 주님의 계명을 지키는 사람은 바른 깨달음을 얻으니, 영원토록 주님을 찬양할 일이다." ——옮긴이

[얽힘, 갈등]^{intrigue}. 모든 빛과 결단 이전의 고집, 숙고와 계산을 배제하는 야만의 비밀, 존재에 대한 염려 속에서 서로에 대한 '존중 없이' 자기 자신을 긍정하는 존재자들 뒤에 있는 폭력.

　다양한 존재 양상들에 따라 다른, 즉 생물들의 삶, 인간들의 실존^{existence}, 사물들의 실재에 따라 다른 모든 폭력의 시작. 생존투쟁 속에 있는 생물들의 삶; 개인들, 국가들과 계급들 사이의 전쟁의 피와 눈물 속에 있는 인간들의 자연사^{史}; 사물들의 물질, 굳은 물질; 고체성; 물리학자들이 말하는 원자 내부의 밀폐에서까지 자기-내부에-갇힘.

　그런데 이제 인간이 체험한 삶에서 타자-에게-자기를-바치는 것 ──정확히 말해 여기서 인간성 곧 순수한 가능성 그러나 처음부터 순수하고 거룩한 가능성이 시작된다──이 나타난다. 일반적인 존재의 경제$^{l'économie\ générale\ de\ l'être}$와 자기 자신에 대한 존재의 긴장 한가운데에서 희생에 이르기까지, 타자를 위한 죽음의 가능성에 이르기까지 타자에 대한 염려[관심]; 타인에 대한[타인으로 인한] 책임. 존재와 다르게$^{Autrement\ qu'être}$! 윤리적 사건은 이 무관심$^{l'indifférence}$ ──비록 이 무관심이 통계적으로 지배적이라 할지라도──의 파열, 타자를-위한-일자$^{l'un-pour-l'autre}$의 가능성이다. 존재의 존재하려는 노력 ──스피노자의 존재의 **존재하려는 노력**$^{conatus\ essendi}$──을 정지시키고 넘어서는 인간의 실존에 죽음의 위협보다 더 강한 타인을-위해[위한]-존재함[현존재, 실존]$^{un\ exister}$의 소명이 있다. 다시 말해 처음부터 타인의 존재에 책임적인, 다시 말해 더는 인간 유^{類}에 속한 어떤 개인이 아닌 나처럼 유일하고 선택받은 존재로서 책임적인 나를 정립하면서, 이웃의 실존적 모험은 나의 실존적 모험보다 나에게 더 중요해진다. 마치 존재의 경제에서의 인간성의 출현이 존재론의 의미와 얽힘 그리고 존재론의 철학적 지위를 전복시키는 것처럼 모든 것은 발생한다. 다시 말해 존재를 보존하는 존재 자체[존재의 즉자, 존재의 자기 자신 안에 있음]l'en-soi de l'être는 타자를-위해-자기를-벗어남이라는 사심 없음[무상성無償性]gratuité에서, 희생이나 희생의 가능성에서, 거룩의 관점에서 극복된다.

Entre nous: Essais sur le penser -à-l'autre
C · O · N · T · E · N · T · S

우리 사이

존재론은 기초적인 것인가?

1. 존재론의 우위

여러 인식이론 가운데 존재론의 우위는 가장 빛나는 확실성들 가운데 하나의 확실성에 기초하지 않는가? 존재들을 서로에게 연결시키거나 대립시키는 관계들에 대한 모든 인식은 이 존재들과 이 관계들이 존재한다는 사실에 대한 이해를 이미 내포하지 않는가? 이 사실이 갖는 의미를 말한다는 것──비록 존재론의 문제가 망각을 통해 있다 해도 우리 모두에 의해 암암리에 해소된 존재론의 문제를 재개한다는 것──은 기초적인 지식을 세우는 것처럼 보이는데, 기초적인 지식이 없다면 철학적, 과학적 또는 일상적인 모든 인식은 여전히 소박한 것으로 있을 것이다.

현대 존재론 연구의 위엄은 이 확실성이 갖는 확고하고 근원적인 성격에서 생긴다. 사상가들은 그 위엄에 의지하면서 플라톤Plato의 위대한 대화들과 아리스토텔레스Aristotle의 형이상학의 공기를 다시 호흡하기 위해 처음부터 문학 서클의 '계몽들'을 극복한다.

이 기초적인 확실성을 문제 삼는 것은 무모한 기획이다. 그러나 이 문제 삼음을 통해 철학에 접근한다는 것은 적어도 문학과 문학의 비애의 문제들을 넘어 철학의 근원으로 되돌아가는 것이다.

2. 현대의 존재론

현대철학을 통한 존재론의 재개에는 존재 일반에 대한 인식 ──또는 기초 존재론──이, 인식하는 정신을 위해 **사실의 상황**을 전제한다는 특수성이 있다. 시간의 우연성들로부터 해방된 이성 ──관념들과 함께 영원히 공존하는 영혼──은 자기를 모르거나 자기를 망각하는 이성, 소박한 이성이 자기 자신에 대해 갖는 이미지다. 소위 본래적 존재론은 시간적 실존의 현사실성과 일치한다. 존재를 존재로서 이해한다는 것은 이 세상^{ici-bas}에 존재한다는 것이다. 이 세상이 그것이 강제하는 시련들을 통해 영혼을 높이고 정화하는 것이 아니고 이 세상이 이 영혼으로 하여금 존재에 대한 수용성을 얻을 수 있게 하는 것이 아니다. 역사의 진보만이 존재 사유가 생각할 수 있도록 만들 그런 역사를 이 세상이 여는 것은 아니다. 이 세상은 그것이 필요로 하는 고행으로부터도 그것이 낳는 문명으로부터도 자기의 존재론적 특권을 갖지 않는다. 이미 존재의 시간적 염려[배려]에서 존재 이해가 표현된다. 존재론은 인간의 조건에 대한 인간의 승리에서가 아니라 그런 조건 속에서 걱정하는 긴장 그 자체에서 확립된다.

　우연성과 현사실성을 지성에 주어진 사실들로서가 아니라 지성의 행위로 생각할 이 가능성 ──주어진 사실과 내용의 잔혹성에서 이해의 타동사성과 '의미지향'을 드러낼 이 가능성 즉 후설^{Edmund Husserl}

이 발견한 가능성, 그러나 하이데거Martin Heidegger가 존재 일반에 대한 이해와 연결시킨 가능성——은 현대 존재론의 위대한 새로움을 구성한다. 따라서 존재 이해는 이론적 태도만이 아니라 인간의 모든 행동을 전제한다. 모든 인간이 존재론이다. 인간의 학문적 활동, 인간의 감정적 삶, 인간의 욕구 충족과 노동, 인간의 사회적 삶과 인간의 죽음은 이 모든 계기에 일정한 기능을 마련해 두는 엄밀함과 더불어 존재 이해 또는 진리를 드러낸다. 우리의 모든 문명은, 비록 문명이 존재 망각으로 있다 해도, 이 이해에서 생긴다. 진리가 있는 것은 인간이 있기 때문이 아니다. 존재 일반이 그것의 탈은폐apérité와 분리할 수 없기 때문에, 다시 말해 진리가 있기 때문에 또는 말하자면 존재가 이해 가능하기 때문에 인간성이 있다.

철학의 근원적인 주제들로 돌아가는 것 ——이것 때문에 하이데거의 작품은 여전히 인상적이다—— 은 결국 내가 알 수 없는 어떤 **영원한 철학**으로 회귀할 경건한 결심에서 생기는 것이 아니라 현실의 긴급한 과제들에 대한 철저한 주의에서 생긴다. 존재로서의 존재의 의미라는 추상적인 문제와 오늘의 문제들은 자연스럽게 다시 서로 만난다.

3. 현대 존재론의 애매성

존재 이해와 구체적 실존의 충만함을 동일시하는 것은 우선 존재론을 실존에 빠뜨려 죽게 할 위험이 있다. 하이데거가 자기 것으로서 거부하는 이 **실존철학**은 하이데거의 존재론 개념의 ——그러나 불가피한 —— 반대물에 불과하다. 역사적 실존이 존재론이라는 점에서 철학자의 흥미를 끄는 역사적 실존은 그것이 극적이기 때문에 인간들과 문학의 흥미를 끈다. 철학과 삶이 혼동될 때, 철학이 삶이기 때문에 우리가 철학에 관심을 기울이는 것인지 아니면 삶이 철학이기 때문에 우리가 삶에 집착하는지를 우리는 더는 모르게 된다. 새로운 존재론의 본질적 기여는 고전적인 주지주의와의 대립에서 나타날 수 있다. 도구를 이해한다는 것은 그 도구를 보는 것이 아니라 그 도구를 다루는 법을 아는 것이다. 현실에서의 우리의 상황을 이해한다는 것은 그 상황을 정의내리는 것이 아니라 감정적 기분에 있는 것이다. 존재를 이해한다는 것은 존재[실존]하는 것exister이다. 이 모든 것은 서구 사유의 이론적 구조와의 단절을 가리키는 것처럼 보인다. 생각한다는 것은 더는 관조하는 것이 아니라 우리가 생각하는 것에 말려들고 포함되는 것이고, 시작됨être embarqué이며, 다시 말해 세계-내-존재의 극적 사건이다.

희극은 우리의 가장 단순한 몸짓들로 시작한다. 몸짓들은 모두가 불가피한 서투름을 내포한다. 의자를 가깝게 가져오기 위해 손을 뻗치면서 나는 웃옷의 소매를 주름살 지게 하고, 마루판에 긁힌 자국을 내며, 담뱃재를 떨어뜨린다. 내가 하고 싶던 것을 함으로써 나는 하고 싶지 않았었던 수많은 것들을 했다. 행위는 순수하지 않고, 나는 흔적들을 남긴다. 이 흔적들을 지우면서 나는 다른 흔적들을 남긴다. 셜록 홈즈Sherlock Holmes는 나의 모든 자발적 행동이 갖는 이 환원할 수 없는 조잡함에 자기의 지식[지혜]을 적용시킬 것이고, 그것을 통해 희극은 비극으로 전환할 수 있을 것이다. 행위의 서투름이 추구한 목표에 대항해 방향을 바꿀 때, 우리는 비극 가운데 있게 된다. 라이오스^{Laios}는 죽음을 예고하는 예언을 좌절시키기 위해 그 예언이 성취되는 것에 아주 필요한 것을 시도할 것이다. 오이디푸스^{Oedipus}는 성공하면서 자기의 불행에 힘을 기울인다. 사냥꾼의 소리 앞에서 눈으로 뒤덮인 들판 위를 직선으로 도망가고 그 결과 자기에게 죽음을 가져올 흔적들을 남기는 짐승처럼.

따라서 우리는 우리의 의도들을 넘어 책임이 있다. 그 행위를 통제하는 주의에 있어 부주의한 행동을 피하기란 불가능하다. 우리는 톱니바퀴 장치에 걸린 손가락을 가지고 있고, 사물들은 우리에게 대항해 방향을 바꾼다. 그것이 의미하는 것은 우리의 의식과 그 의식을 통한 현실에 대한 우리의 지배가 현실과 우리의 관계를 없애지 않고, 현실과 우리의 관계에서 우리는 우리 존재의 모든 농도와 함께 있다는 것이다. 현실에 대한 의식은 하이데거 철학에서 문학계에 강한 인상을 만든, 우리의 세계 내 거주와 일치하지 않는다.

그러나 곧 실존철학은 존재론에 상석을 양보한다. 시작됨의 이 사실, 내가 말려든 사건, 이 사유들로 환원되지 않는 유대관계를 통해 나의 대상이 되었던 것과 내가 맺는 이 사건, 이 실존은 이해로 해석된다. 따라서 안다^{connaître}는 동사의 타동사성은 존재[실존]한다^{exister}는 동사와 결합한다.[1] 아리스토텔레스 『형이상학』^{Metaphysics}의 첫번째 문장 "모든 인간은 선천적으로 지식을 갈망한다"는 우리가 경솔하게 지

---

[1] Jean Wahl, *Esquisse pour une histoire de "l'existentialisme"*, Paris: Éditions de l'Arche, 1949, pp. 95~96에 있는 이 주제에 대한 나의 견해를 참조하라.

성을 경멸하는 것으로 생각한 철학에 참된 것으로 남아 있다. 『니코마코스 윤리학』*Ethika Nikomacheia* 10권에서 본질들에 대한 관조가 미덕들에 왕관을 씌우는 것처럼, 존재론은 존재와 우리의 실천적 관계들에 왕관을 씌우는 것만은 아니다. 존재론은 존재들과의 모든 관계의 본질이고 심지어 존재 안에서의 모든 관계의 본질이다. 존재자가 '열려 있다'는 사실은 존재자의 존재의 사실 그 자체에 속하지 않는가? 우리의 구체적 실존은 그것이 존재 일반의 '열림'으로 진입하는 것에 따라서 해석된다. 우리는 현실과 지성의 순환 가운데 실존한다. 다시 말해 지성은 실존이 표현하는 사건 그 자체다. 모든 몰이해는 오직 이해의 결핍 양태일 뿐이다. 따라서 실존과 우리가 거기에^{ecceité, Da}라고 부르는 것에 대한 분석은 오직 진리의 본질에 대한 기술, 존재에 대한 이해가능성[이해] 그 자체의 조건에 대한 기술일 뿐이다.

4. 대화상대자로서의 타인

우리가 의미 있는 언어를 가질 수 있는 것은 철학과 이성의 분리를 위해서가 아니다. 그러나 우리는 그러한 언어의 가능성으로서 정립된 이성이 반드시 언어에 앞서는 것인지, 언어가 이해에 앞서고 이성을 구성하는 관계에 기초하는 것은 아닌지를 스스로에게 물을 권리가 있다. 앞으로의 내용이 시도하는 것은 이해 ——하이데거가 고전적 주지주의를 넘어 정착시켰던 이해조차——로 환원할 수 없는 이 관계의 특징을 매우 일반적으로 드러내는 것이다.

하이데거에게서 이해는 궁극적으로 존재의 **열림**에 기초한다. 버클리]George Berkeley의 관념론은 존재의 질적 내용 때문에 사유와의 관계를 존재 속에서 봤다면, 반면에 하이데거는 말하자면 형식적인 사실 속에서 존재자가——자기의 존재 행위 속에서, 자기의 독립 그 자체 속에서——자기의 지성[이해]라는 것을 봤다. 이것은 주관적 사유에 대한 필수적인 의존을 내포하는 것이 아니라 존재자가 존재한다는 사실 그 자체에 의해 열린 거주자를 기다리는 어떤 빈 자리와 같은 것을 내포한다. 하이데거는 그것의 가장 형식적인 구조 속에서 주체와 대상의 관계가 대상과 빛——자신은 대상이 아닌——의 관계로 종속되는 시각의 표현들을 그와 같이 기술한다. 따라서 존재자의 지성은 존재자를 넘어——바로 **열려진 것** 안으로—— 가는 데 있고, 존재자를 **존재의 지평** 위에서 보는 데 있다. 이것은 하이데거에게서 이해가 서구 철학의 위대한 전통에 합류한다는 것을 의미한다. 다시 말해 특수한 존재를 이해한다는 것은 이미 특수한 존재들 너머에 자기 자신을 놓는 것이다. 다시 말해 이해한다는 것은 늘 보편성의 지식인 지식을 통해 홀로 존재하는 특수한 존재들과 관계하는 것이라는 위대한 전통으로 복귀한다는 것을 의미한다.

우리는 개인적 선호와 하이데거가 지속시키는 존경할 만한 전통을 대립시킬 수 없다. 우리는 특수한 존재자와의 모든 관계가 존재와의 친밀함이나 존재 망각을 전제한다는 것보다 존재론의 조건으로서의 존재자와의 관계를 더 **좋아할** 수 없다. 우리가 반성에 들어가자마자, 플라톤 이후로 특수성의 감각을 보편성의 지식으로 종속시켰던 바로 이유 그 자체 때문에, 존재자들의 관계들을 존재의 구조로, 형이상학을 존재론으로, 실존적인 것l'existentiel을 실존론적인 것l'existential

으로 종속시키는 것으로 우리가 환원되는 것처럼 보인다. 게다가 어떻게 **존재자**와의 **관계**가 처음부터 존재자를 존재자로 **이해하는 것**, 즉 존재자를 존재자로서 자유롭게 존재하게 함의 사실과 다른 것일 수 있는가?

타인은 예외인 것이다. 타인과 우리의 관계는 분명 그 타인을 이해하고 싶은 데 있지만 이 관계는 이해를 초과한다. 타인에 대한 지식이 호기심 말고도 공감이나 사랑, 무감동의 관조와는 다른 존재 방식들을 필요로 하기 때문만이 아니라, 타인과 우리의 관계에서, 타인이 어떤 개념으로부터 우리에게 영향을 미치지 않기 때문이기도 하다. 타인은 존재자이고 그 자체로 중요하다.

여기서 존재론의 옹호자는, **존재자**를 말하는 것은 존재자가 존재의 계시로부터 우리와 관계있고, 결국 존재로의 열림에 놓인 존재자는 늘 이미 이해 안에 놓여 있다는 것을 이미 암시하는 것은 아닌가 하고 반대할 것이다. 존재자가 존재론에 준거하지 않는다면 존재자의 독립은 실제로 무엇을 의미하는가? 하이데거에게서 존재자로서의 존재자와 관계한다는 것은 존재자를 존재–하게 함, 즉 존재자를 발견하고 파악하는 지각과 관계없는 것으로 존재자를 이해하는 것이다. 바로 이 이해를 통해 존재자는 대상으로서만이 아니라 존재자로서 주어진다. 하이데거에게서 타인과–함께–있음l'être-avec-autrui ——서로 함께 있음Miteinandersein ——은 그와 같이 존재론적 관계에 기초한다.

우리는 타인과 우리의 관계에서 **존재–하게 함**이 필요하다고 대답한다. 타인의 독립은 호명된 사람으로서의 그의 역할 속에서 이뤄지지 않는가? 우리가 말하는 사람은 처음부터 그의 존재에서 이해되는가? 결코 아니다. 타인은 우선 이해의 대상이고 그다음에 대화상대자인 것이 아니다. 두 가지 관계가 합류한다. 다르게 말하자면, 타인을 부르는 것[타인에게 간청하는 것]invocation은 타인에 대한 이해와 분리할 수 없다.

어떤 인물을 이해한다는 것은 이미 그에게 말하는 것이다. 타인을 존재하게 함으로써 타인의 실존을 받아들이는 것은 이미 이 실존을 받아들인 것이고, 이 실존을 배려한 것이다. '받아들인 것'과 '배려한 것'은 이해, 존재-하게 함으로 귀착되지 않는다. 말은 최초의 관계를 드러낸다. 우리가 언어의 기능을 타인의 현존[현전, 현재], 타인의 근접성 또는 타인과의 공동체에 대해 갖는 의식에 종속된 것으로 보지 말고 이 '의식의 생성' 조건으로 보는 것이 중요하다.

물론 왜 언어 사건이 더는 이해의 차원에 있지 않은지를 우리는 여전히 설명해야 한다. 실제로 왜 현상학을 통해 친숙하게 된 절차를 따라 이해라는 개념을 확대하지 않는가? 왜 타인을 부르는 것[타인에게 간청하는 것]을 타인에 대한 이해에 속하는 특징으로 보여 주지 않는가?

그것은 우리에게 불가능한 것처럼 보인다. 예컨대, 일용품들을 취급하는 것은 그 일용품들에 대한 이해로 해석된다. 지식의 개념을 확대하는 것은, 이 예에서, 알려진 대상들을 초월함으로써 정당화된다. '도구들'을 취급하는 데 있어 모든 이론 이전의 참여에도 불구하고 이 초월은 이뤄진다. 취급하는 가운데, 존재자는 그 존재자를 파악하는 운동 그 자체에서 **초월되고**, 우리는 '손안에'auprès de 있음에 필요한 이 '초월'에서 이해의 여정 그 자체를 인식한다. 이 초월은, 하이데거가

하고자 하듯이, 우리가 취급할 수 있는 것을 만질 때마다 그보다 앞선 '세계'의 나타남에서 기인하는 것만은 아니다. 그 초월은 또한 대상에 대한 **소유**와 **소비**에서 나타난다. 타인과 나의 관계에서는 당치도 않다. 거기에서도, 말하자면, 나는 존재자로서의 타인의 특수성을 넘어 타인 속에서 존재를 이해한다. 나와 관계가 있는 그 사람을 나는 존재라고 부르지만, 그 사람을 **존재**라고 부르면서 나는 그 사람에게 호소한다. 나는 그저 그 사람이 존재한다고 생각하지 않고, 나는 그 사람에게 말한다. 그 사람이 오직 나에게 현재하게 해야만 했던 관계 속에서 그 사람은 나의 **협력자**다. 나는 그에게 말했고, 다시 말해, 나는 특수한 존재자인 그 사람을 나에게 국한시키기 위해 그 사람이 구체화하는 보편적 존재를 무시했다. 여기서 "어떤 존재와의 관계에서 존재 이전에, 나는 그 존재를 존재로서 이해했음에 틀림없다"라는 표현은 그것의 엄격한 적용 곧 존재를 이해하면서 나는 동시에 그 존재에게 나의 이해를 말한다를 상실한다.

인간은 내가 그에게 이 만남 자체를 표현하지 않고는 내가 만날 수 없는 유일한 존재다. 만남은 바로 이것을 통해 인식과 구별된다. 인간적인 것에 대한 모든 태도에는 인사가 있다. 비록 그 태도가 인사에 대한 거부라 할지라도. 지각은 여기서 친숙한 배경에 기대어 개인을 포착하기 위해 지평 ──나의 자유의 장場, 나의 권력의 장, 나의 소유의 장──을 향해 투사되지 않는다. 지각은 순전한 개인, 존재자 그 자체와 관계있다. 그리고 그것은 바로, 우리가 그것을 '이해'의 관점에서 말한다면, 존재자 그 자체에 대한 나의 이해는 이미 내가 그에게 제공하는 이해의 표현이라는 것을 의미한다.

말함 없이 타인에게 접근할 수 없음은 여기서 사유가 표현과 분리될 수 없다는 것을 의미한다. 그러나 그 표현은 말하자면 타인에 대한 사유를 타인의 정신에 옮겨 붓는 데 있지 않다. 우리는 하이데거 이후가 아니라 소크라테스Socrates 이후로 이것을 알았다. 표현은 더는 내가 이미 타인과 공동으로 가지는 이해를 **표현하는** 데 있지 않다. 표현은 이해를 통한 공통된 내용으로의 모든 참여 이전에 결국 이해로 환원할 수 없는 관계를 통해 사회성을 세우는 데 있다.

따라서 타인과의 관계는 존재론이 아니다. 타인에 대한 재현으로 환원되지 않고 타인의 간청[부름]으로 환원되며, 이해가 간청에 선행하지 않는, 타인과의 이 유대관계를 우리는 **종교**라고 부른다. 담론[말]의 본질은 기도다. 사물을 겨냥하는 사유와 어떤 사람과의 유대관계를 구별하는 것은 어떤 사람과의 유대관계에서 호격un vocatif이 표현된다는 것이다. 다시 말해 불리어진 것은 동시에 부름받은 것이다.

종교라는 용어를 선택하면서 ──신이라는 말이나 **성스러움**sacré이라는 말도 말하지 않고──우리는 우선 오귀스트 콩트Auguste Comte가 그의 『실증 정치학』Politique positive의 처음에서 그것에 주는 의미에 대하여 생각했다. 어떤 신학, 어떤 신비주의도 우리가 타인과의 만남의 형식적 구조를 강조하는 것이 중요했던 바로 그 타인과의 만남에 대해 방금 했던 분석 뒤로 숨지 않는다. 다시 말해 만남의 대상은 이 사회성의 사건이 주어진 것에서 드러나는 어떤 소유로 환원되지 않고, 지식이 사회성에 우선하지 않으며, 우리에게 주어지고 동시에 우리와 공동으로 **사회를 이룬다.** 그러나 만약 종교라는 말이 이해로 환원할 수 없는 인간들과의 관계가 바로 그것을 통해 권력행사와 멀어지지만 인간의 얼굴들과 무한은 함께한다는 것을 알리는 것이라면 우리는 그 말의 이 윤리적 공명과 그 모든 칸트Immanuel Kant의 울림을 받아들인다.

'종교'는 여전히 존재자로서의 존재자와의 관계로 있다. 종교는 존재자를 존재자로 **간주하는 것**에 있지 않고, **존재자가** 이미 동화된 어떤 행위에 있지 않다. 비록 이 동화가 결국 **존재자로서의 존재자를 해**방시키고 존재자를 **존재하게 한다** 해도. 종교는 더는 내가 모르는 어떤 **소속**을 확립하는 데 있지도 않고, **존재자**를 이해하려고 노력하는 가운데 비합리성과 부딪치는 데 있지도 않다. 합리성은 대상에 대한 권력으로 환원되는가? 이성은 존재자 그 자체의 저항이 이 저항 자체에 대한 부름을 통해 극복되는 지배가 아니라 마치 존재자의 약함을 통해, 존재자의 특수성에 대한 존재자의 포기를 통해, 보편적 존재의 지평에 존재자를 놓는 것을 통해 존재자 안에 있는 강하고 환원할 수 없는 것을 체포하는 사냥꾼의 계략을 통해 극복되는 지배인가? 계략으로서의 지성, 사물들에게 행한 투쟁과 폭력의 지성은 인간의 질서를 구성할 수 있게 되는가? 우리는 역설적으로 투쟁 속에서 정신의 드러냄 그 자체와 정신의 현실을 찾는 습관에 익숙해졌다. 그러나 이성의 질서는 오히려 '우리가 말하는' 상황에서, 존재자로서의 존재자의 저항이 파괴되지 않고 평화로워지는 상황에서 구성되지 않는가?

따라서 오직 사물들에만 적용된 범주들로부터 인간을 해방하려는 현대철학의 관심은 사물들의 정적이고 움직이지 않고 결정된 것과 인간의 본질로서의 역동성, 지속, 초월이나 자유를 대립시키는 것으로 만족해선 안 된다. 어떤 본질과 또 다른 본질을 대립시키고, 인간의 본질이 무엇인지를 말하는 것이 문제가 아니다. 무엇보다 인간이 존재의 지평으로부터 우리와 관계하는 것을 그치는 곳, 다시 말해 우리의 권력들에게 자기를 주는 것을 그치는 곳을 우리가 찾는 것이 문제다. 존재자 그 자체(보편적 존재의 구체화로서가 아닌)는 우리가 그 존재자에게 말 건네는 관계 속에서만 존재할 수 있다. 존재자는 인간이고 인간은 이웃으로서 접근할 수 있다. 얼굴로서.

5. 타인의 윤리적 의미

이해는 존재의 열림에서 존재자와 관계함으로써 존재로부터 존재자에 대한 의미를 찾는다. 이런 의미에서 이해는 존재자에게 간청하지 않고 오직 존재자에게 이름을 붙일 뿐이다. 그리고 그와 같이 이해는 존재자에 대해 폭력과 부정을 실행한다. 폭력인 부분적 부정. 그리고 이 **부분성**은 존재자가 없어지지 않고 나의 권력에 있다는 사실에서 기술된다. 폭력인 부분적 부정은 존재자의 독립을 부정한다. 다시 말해 존재자는 나의 것이다. 소유는 존재자가 존재하면서도 부분적으로 부정되는 양태다. 존재자가 도구나 연장, 다시 말해 수단이라는 사실만이 문제인 것은 아니다. 존재자는 또한 소비할 수 있는 목적이고 음식이며 향유 속에서 제공되고 주어지며 나의 것이다. 보는 것은 물론 대상에 대한 나의 권력을 측정하지만 보는 것은 이미 향유다. 타인과의 만남은 타인에 대한 나의 지배와 타인의 복종의 정도에도 불구하고 내가 타인을 소유하지 않는 데 있다. 존재자는 존재의 열림으로 완전히 들어가지 않는데, 존재의 열림에서 나는 나의 자유의 장場에 있는 것처럼 이미 있다. 존재자가 나를 만나기 위해 오는 것은 존재 일반으로부터가 아니다. 존재 일반으로부터 나에게 오는 그의 모든 것은 물론 나의 이해와 나의 소유에 주어진다. 나는 그의 역사, 그의 환경, 그의 습관들로부터 그를 이해한다. 이해를 빠져나가는 그 사람 안에 있는 것은 그, 곧 존재자다. 나는 존재 일반으로부터 그를 포착하고 그를 소유함으로써 폭력 속에서 그를 부분적으로 부정할 수 없다. 타인은 유일한 존재자인데, 유일한 존재자에 대한 부정은 오직 완전한 것 ──곧 살인 ──으로만 알려질 수 있다. 타인은 내가 죽이고 싶은 유일한 존재다.

나는 원할 수 있다. 그러나 이 할 수 있음pouvoir은 권력pouvoir과 정반대다. 이 할 수 있음의 승리는 권력으로서의 승리의 패배다. 죽이려는 나의 할 수 있음이 실현되는 바로 그 순간에 타인은 나에게서 빠져나갔다. 나는 물론 죽이면서 목표를 달성할 수 있고, 내가 사냥하듯 또는 내가 나무나 동물을 쓰러뜨리듯 나는 죽일 수 있지만, 그때 나는 존재 일반의 열림 속에서 타인을 내가 있는 세계의 요소로 포착했고, 나는 타인을 지평 위에서 봤다. 나는 타인을 마주보지 않았고, 나는 그의 얼굴을 만나지 않았다. 이 시도tentative의 무한과 그 시도의 불가능성을 측정하는 전적 부정의 유혹tentation은 얼굴의 현존現存이다. 마주해 타인과 관계하고 있다는 것은 죽일 수 없다는 것이다. 이것은 또한 대화의 상황이다.

사물들이 그저 사물들이라면, 그것은 사물들과의 관계가 이해로서 확립되기 때문이다. 다시 말해 존재자들로서의 존재자들은 존재로부터, 존재자들에게 어떤 의미를 주는 전체성으로부터 속아 넘어

간다. 직접적인 것은 이해의 대상이 아니다. 의식에 직접 주어진 것은 그 자체로 모순된다. 주어진다는 것은 지성의 계략에 노출된다는 것이고 개념의 매개를 통해, 존재 일반의 빛의 매개를 통해, 우회적으로, '간접적 수단으로' 포착된다는 것이다. 주어진다는 것은 우리가 존재하지 않는 것으로부터 의미하는 것이다. 얼굴과의 관계, 집단성의 사건 — 말 — 은 순전한 존재자로서의 존재자 그 자신과의 관계다.

존재자와의 관계가 얼굴의 간청[부름]과 이미 말이라는 것, 어떤 지평과의 관계보다는 오히려 깊이와의 관계 — 지평의 균열 — 라는 것, 즉 나의 이웃이 더할 나위 없는 존재자라는 것, 이 모든 것은 우리가 그 자체로 무의미한 존재자라는 개념, 이 지평 위에서의 현존을 통해서만 의미를 얻는 빛의 지평 위에서의 실루엣이라는 개념에 만족할 때 상당히 놀라운 것으로 나타날 수 있다. 얼굴은 다르게 의미한다. 얼굴에서 우리의 권력에 대한 존재자의 무한한 저항은 그 저항이 반항하는 살인의 의지에 반대해 바로 확증되는데, 왜냐하면 완전히 벌거벗은 — 그런데 얼굴의 벌거벗음은 스타일의 모습이 아니다 — 저항은 스스로 의미하기 때문이다. 우리는 얼굴이 열림이라고 말할 수조차 없다. 그것은 얼굴을, 에워싸고 있는 충만함에 대한 것으로 만들 것이다.

사물들은 얼굴을 가질 수 있나? 예술은 사물들에 얼굴들을 주는 행위가 아닌가? 집의 정면은 우리를 쳐다보는regarde 집이 아닌가? 지금까지 한 분석은 충분한 대답이 되지 못한다. 하지만 우리는 리듬의 비인칭적인 걸음걸이가 예술에서 매혹적이고 마술적으로 사회성, 얼굴, 말을 대체하는 것은 아닌지 스스로에게 묻는다.

우리는 지평으로부터 포착된 이해와 의미^{signification}를 얼굴의 의미성^{signifiance}과 대립시킨다. 우리가 이 개념을 도입한 짧은 언급들은 이해 그 자체에서 그리고 거의 의심받지 않은 관계들의 영역을 묘사하는, 그 개념의 모든 조건에서 그 개념의 역할을 어렴풋이 보게 할 수 있을 것인가? 그러나 우리가 그 영역에서 어렴풋이 보는 것은 우리가 특히 가깝게 느끼는 칸트의 실천철학에 의해 암시된 것처럼 보인다.

어떻게 얼굴을 보는 것이 보는 것이 아니라 듣는 것이고 말인가, 어떻게 얼굴과의 만남——다시 말해 도덕적 의식——이 그저 의식의 조건, 탈은폐의 조건으로 기술될 수 있는가, 어떻게 의식은 살인의 불가능성으로서 주장되는가, 얼굴의 나타남, 다시 말해 살인의 유혹과 살인의 불가능성의 조건들은 무엇인가, 어떻게 나는 얼굴로서 내 자신에게 나타날 수 있는가? 끝으로 어느 정도로 타인과의 관계 또는 집단성과의 관계가 이해로 환원할 수 없는, 무한과 우리의 관계인가? 이것은 존재론의 우위에 대한 첫번째 논박에서 생기는 주제들이다. 철학적 연구는 어쨌든 자기 또는 실존에 대한 반성으로 만족할 수 없다. 반성은 그것이 자기를 벗어나는 것처럼 보일 때조차 개인의 모험, 끊임없이 자기 자신으로 귀환하는 사적 영혼의 이야기만을 준다. 인간은 권력이 아닌 관계에만 자기를 준다.

자아와 전체성

1. 문제: 전체성 안에 있는 자아 또는 무죄

특수한 존재는 그 존재가 사유를 갖지 못할 경우에만 자기를 전체성이라고 생각할 수 있다. 그 존재가 틀리거나 그 존재가 나쁘게 또는 어리석게 생각하기 때문이 아니라 그 존재가 생각하지 않기 때문이다. 우리는 물론 개인들의 자유나 폭력을 알고 있다. 우리에게, 즉 전체성을 알고 모든 특수한 존재를 전체성과의 관계를 통해 배치하며 폭력의 자발성에서 의미를 찾는 사유하는 존재들에게, 이 자유는 그들의 특수성과 전체성을 혼동하는 개인들을 증명하는 것처럼 보인다. 개인들에게서 이 혼동은 사유가 아니라 삶이다. 전체성 속에서 사는 존재[생물]는 전체성으로서 실존한다, 마치 그러나 사는 존재가 존재의 중심을 차지하고 존재의 근원인 것처럼, 마치 사는 존재가 놓여지거나 창조되는 지금 여기에서 사는 존재가 모든 것을 끌어내는 것처럼. 사는 존재를 횡단하는 힘들은 늘 이미 사는 존재에게 인수된다. 다시 말해 사는 존재는 그 힘들을 자기의 욕구들과 향유로 이미 통합된 것으로서 경험한다. 사유하는 존재가 노동과 자기화에 초대하는 외부성

[바깥]extériorité으로 보는 것을, 사는 존재는 그것을 자기의 실질로, 외부성과 동질적인]cosubstantiel 것으로, 본질적으로 직접적인 것으로, 요소와 환경으로 경험한다. 우리는 사는 존재의 ─그 용어의 철학적 의미에서 냉소적인─ 이 행위를 인간에게서 발견한다. 물론 추상적으로 사유가 삶을 구체적 인간으로 이미 변형시켰기 때문이다. 구체적 인간은 음식 ─모든 향유가 어떤 것, 곧 자기의 독립이 없는 '어떤 것'을 즐긴다는 매우 일반적인 그 의미에서의 음식 ─과의 관계로 나타난다. 사는 존재에 의해 인수된 존재, 곧 동화될 수 있는 것은 음식이다.

순전히 사는 존재는 그와 같이 외부 세계를 모른다. 알려진 것의 한계를 정하는 무지의 문제가 아니라 사유의 부재로 인한 절대적 무지의 문제다. 감각들은 지식에 아무것도 가져오지 않거나 지식에 오직 감각들만을 가져온다. 지식은 감각들의 감각들이다. 다시 말해 '상像은 장미꽃 냄새다'. 사는 존재의 의식 그 자체로서의 감성은 그저 혼동된 사유가 아니라 결코 사유가 아니다. 여기에 후설주의자들이 했던 비판에 맞선 감각주의 철학들의 위대한 진리가 있다. 감각은 감각된 것의 감각이 아니다. 어쩌면 이것이 후설 자신이 지향에 대한 분석에서 '질료적으로 주어진 것'이라는 개념을 고집 세게 보존하면서 감각주의에 대한 이 기억에 여전히 충실한 채 있었던 이유일 것이다. 또한 여기에 감성의 순전히 공리주의적 성격에 대한, 주체 안에서 감각적으로 주어진 것의 철저한 상대성에 대한 데카르트적 명제의 영원한 진리가 있다. 유용한 것은 삶을 통해 인수된 감각된 존재다. 감성의 혼동과 애매성은 어떤 지평이 열리는 명확성을 정확히 반대한다. 존재 안에서 사는 존재의 모험은 내면성의 측면에서——그럼에도 불구하고 만일 '말함'이라는 개념이 여기서 어떤 의미를 가질 수 있다면—— 존재 안에서 말해진다. 「황금광 시대」The gold rush 에서 찰리 채플린Charlie Chaplin의 오두막을 아래로 내던질 위험이 있는 눈보라가 세계로의 열림 없이 이 오두막 안에 갇힌 채플린에게서 내면의 안정에 대한 관심으로 환원되는 것처럼. 만약 마룻바닥에 벌렁 눕혀지고 이미 물리학자인 그가 혼란해진 이 균형들의 기본 법칙을 탐색하면서 연구하고 세계로 돌아간다면, 그것은 바로 그가 생각하기 때문이다.

따라서 사는 존재는 의식 없이 있는 것은 아니지만 문제들이 없는 의식, 다시 말해 외부성이 없는 의식, 사는 존재가 내적 세계의 중심을 차지하는 그런 내적 세계, 외부성과 관계할 생각이 없고 자기를 전체의 일부로 포착하지 않는 의식(왜냐하면 의식은 모든 포착에 앞서기 때문이다), 무의식(모순들을 덜 은폐하지 않는)이나 본능의 개념과 일치하는 의식 없는 의식을 가지고 있다. 사유하는 존재에게서 외부성을 반대하는 내부성은 외부성의 부재로서의 사는 존재 안에서 행해진다. 자기의 역사를 통해 사는 존재의 동일성은 아무런 신비로운 것도 갖고 있지 않다. 다시 말해 사는 존재는 본질적으로 동일자[나], 즉 타자가 결코 동일자를 규정하지 않고 타자를 규정하는 동일자다. 만약 타자가 동일자를 규정한다면 ——만일 외부성이 사는 존재와 충돌한다면—— 타자는 본능적 존재를 죽일 것이다. 사는 존재는 자유냐 죽음이냐의 징조 아래 산다.

의식이 자기의 특수성에 대한 의식이 되는 바로 그때, 다시 말해 의식이 사는 존재로서의 자기의 본성을 넘어 자기를 가두는 외부성을 생각할 때, 사유가 자기의식이 되고 동시에 자기의 본성을 초월하는 외부성에 대한 의식이 될 때, 사유가 형이상학적인 것이 될 때, 사유는 시작한다. 사유는 인수되지 않은 외부성과의 관계를 확립한다. 사유하는 존재로서 인간은 외부 세계가 자기에 대해 존재하는 그런 인간이다. 그때부터 소위 인간의 생물학적 삶, 엄격하게 인간의 내적인 삶은 사유에 의해 조명된다. 이제는 외부 대상이 되는 욕구의 대상은 유용성을 초월한다. 욕망은 이국적인 세계에서 탐나는 것을 알아본다. 베르그손Henri Bergson의 표현인 "지성에 의해 조명된 본능"(베르그손의 이성론에 대한 것이 그 무엇이든)은 외부성을 보지 못하는 생물학적 의식에 자기의식이 가져오는 변혁을 가리킨다. 자기의 내부성에 따라 모든 외부성을 환대하지만, 그 외부성을 내적 체계에 낯선 것으로 생각할 수 있으며, 아직 인수되지 않은 외부성을 자기에게 재현할 수 있는 이 중심적 실존은 노동의 삶을 가능하게 할 것이다. 사유는 노동과 의지에서 솟아나오지 않고, 사유는 중지된 노동, 중성화된 의지와 대등하지 않다. 다시 말해 노동과 의지는 사유에 기초한다. 존재 안에 있는 인간 곧 이성적 동물이라는 지위는 의지와 노동으로 실행된다. 이성적 동물은 이성을 통해 말을 타고 가는 동물을 의미할 수 없다. 다시 말해 항들의 상호 침투는 독특한 구조를 묘사한다.

　본능의 내적 체계는 죽음 속에서 그 체계를 전복시키게 하는 전적으로 동화할 수 없는 장애물과 부딪칠 수 있는 것처럼 외부성과 부딪칠 수 있다. 죽음은 이런 의미에서 철저한 초월일 것이다. 그러나 외부성은 본능에 의미를 가질 수 없는데, 왜냐하면 외부성이 체계로 진입하는 것은 생명력 있는 의식 그 자체의 소멸을 의미하기 때문이다.

본능과 외부성의 관계는 지식이 아니라 죽음이다. 사는 존재는 죽음을 통해 전체성으로 들어가고 더는 아무것도 사유하지 않는다. 사유하는 동안 전체성 안에 있는 존재는 전체성에 흡수되지 않는다. 존재는 전체성과의 관계 속에 존재하지만 여기서 전체성과 분리된 채 있고, 곧 자아다.

그러나 그렇다면 전체성 안에 있음과 그것에 대한 보류나 분리의 이 동시성은 어떻게 실행되는가? 이 관계 속에서 인수되지 않은 채 있는 외부성과의 관계는 무엇을 의미하는가? 이것이 우리가 제기하는 자아와 전체성의 문제다. 그것은 무죄의 문제 그 자체다. 그 문제는 자유로운 존재들의 분리에 대한 단순한 긍정을 통해 해결되지 않는데, 왜냐하면 무죄는 존재들과 전체성에 대한 참여의 관계를 포함하기 때문이다. 무죄는 주권적인 내적 상태가 아니다. 외부성이 나에게 나타날 수 있도록, **외부성**으로서의 외부성은 생명력 있는 의식의 '개념들'을 초과해야 하지만 그와 동시에 **나타나는** 것으로서의 외부성은 의식에 치명적이어선 안 된다. 전체 체계를 동화시킬 수 없는 부분 체계로 전체 체계가 침투하는 것이 기적이다. 사유의 가능성은 기적에 대한 의식 또는 놀람이다. 기적은 생물학적 의식을 부수고 체험된 것과 사유된 것 사이에서 중간의 존재론적 지위를 소유한다. 기적은 사유의 시작 또는 **경험의 시작**이다. 시작하는 사유는 사실의 기적 앞에 있다. 관념과 다른 사실의 구조는 기적에 있다. 이것을 통해, 사유는 단순히 상기가 아니라 늘 새로움에 대한 인식이다.

그러나 기적은 사유의 시작을 설명하지 않고 이미 사유를 전제한다. 우리는 사유를 생물학적 의식에서 **연역**할 수 없다. 기적이 살아 있는 의식의 주의를 끌기 위해, 주의와 같은 사건이 오직 이 의식에서 나타날 수 있도록, 전체와의 관계가 전체에 의한 흡수나 죽음으로 환원되는 것 없이 의식은 이미 분명 전체와의 관계 속에 있었을 것이다. 사실의 **후험성**은 사유의 **선험성**으로 되돌려보낸다. 사유는 사실 그 자체에 대해 미리 아는 선견일 수 없다. 사유는 사유하는 개인이 한편으론 전체성의 일부가 되는 방식으로 전체성 내부에 정립되는 데에——자신을 정의내리는 데에, 다시 말해 다른 부분들과 관련돼 있는 데에——있어야 하며, 다른 한편으론 개인이 자신을 위태롭게 하는 다른 부분들로부터 자신을 구별하는 것에서 자기의 동일성을 끌어내는 데에 있어야 한다. 그러나 동시에 사유는 바깥에 남아 있는 데에——사유의 개념과 일치하지 않는 데에—— 전체 안에서의 사유의 자리로부터(사유의 성격, 사유의 행위, 사유의 유산으로부터)가 아니라 **자기 자신**soi으로부터 사유의 동일성을 끌어내는 데에 곧 **나됨**être moi에 있다. 나의 개체성이 모든 주어진 개체성과 구별되는 것은 나의 동일성이 동일성과 타자들을 구별하는 것에 의해 구성되지 않고 나와 자기 자신soi과의 관계에 의해 구성된다는 사실을 통해서다. 사유하는 존재가 설정되는 전체성은 존재들의 순전한 추가가 아니라, 서로 수ِ를 채우지 않는 존재들의 추가다. 이것은 사회의 완전한 독창성이다. 참여와 비–참여의 동시성은 바로 유죄와 무죄 사이에서, 타자들에 대한 지배, 자기 자신에 대한 배신과 자기 자신으로의 귀환 사이에서 움직이는 실존이다. 사유이고, 내가 내가 아닌 것을 그러나 거기에서 소멸되지 않는 것을 고려하는, 이 개인과 전체성의 관계는 전체성이, 말하자면 개인이 잠기는 요소로서 살아 있는 존재의 피부를 스치며 지나가는 환경처럼 나타나는 것이 아니라 존재가 자아와 **마주하는** 얼굴처럼 나타난다는 것을 전제한다. 사유의 도래와 **선험성**을 드러내는 참여와 동시에 분리의 이 관계 ——이 관계에서 부분들의 유대관계들은 부분들의 자유를 통해서만 구성된다——는 사회, 곧 말하고 서로 마주하는 존재들이다. 사유는 나의 자유 외부에 있는 자유를 생각할 가능성과 함께 시작한다. 나의 자유 외부에 있는 자유를 생각하는 것은 최초의 사유다. 사유는 세계에서의 나의 현존 그 자체를 드러낸다. 지각의 세계는 얼굴을 보여 준다. 다시 말해 사물들은 타인에 의해 **소유되는 것**으로 우리에게 영향을 미친다. 순전한 자연은, 그 자연이 신의 영광을 증명하지 않을 때, 그 자연이 누구의 소유물도 아니고 무관심하고 비인간적인 자연일 때, 이 인간세계 테두리 밖에 있고, 그 자체로 인간의 소유의 세계의 관점에서만 이해된다. 사물들로서의 사물들은 그것이 나에게 속하지 않는다는 사실에서 그리고 사물들은 그것이 유래하는 인간들과 관계하기 때문에 나에게 속하지 않는다는 사실에서 자기의 최초의 독립을 끌어낸다. 따라서 자아와 전체성의 관계는 내가 얼굴을 인식하는 인간 존재들과의 관계다. 그들 앞에서 나는 유죄 또는 무죄다. 사유의 조건은 도덕적 양심[도덕의식]이다.

　따라서 자아와 전체성의 관계라는 문제는 사유의 도덕적 조건들을 기술하는 것으로 되돌아간다. 이 조건들이 경제 정의의 행위에서 실현된다는 것이 우리의 주장이다. 우리는 경제 정의의 행위가 악화된 역사의 우연들에 의해 결정된 기획이 아니라 전체성 외부에 있는 존재들의 전체성을 가능하게 하는 관계들, 존재들의 무죄를 향한 능력과 존재들의 서로에 대한 현존을 표현한다는 것을 보여 주고 싶다.

따라서 경제 정의의 행위는 정신적 실존의 서막이 되는 것이 아니라 정신적 실존을 이미 완성한다. 그러나 우선 왜 사랑이 이 조건을 완성하지 않는지를 그리고 우리가 사랑을 대체하는 비인칭적이고 정합적인 담론이 어떻게 정신적 존재들의 유일성과 삶을 파괴하는지를 보여 줄 필요가 있을 것이다.

2. 제3자

유죄와 무죄는 존재의 전체성과 일치하지 않는 존재를 전제하는데, 왜냐하면 존재가 타인에 대해 또는 적어도 나를 초월하는 원리에 대해 유죄이거나 무죄이기 때문이다. 그러나 유죄와 무죄는 또한 결국 전체싱과 같은 가치가 있는 자유로운 자아 또는 자아가 부분이 되는 전체성과 철저히 분리되는 자유로운 자아를 전제한다. 결국 유죄와 무죄는 자유로운 존재가 자유로운 존재에게 상처를 입힐 수 있고 자유로운 존재가 일으킨 잘못의 결과들로 인해 고통받을 수 있다는 것을 전제하고, 결국 전체성 내부에서 자유로운 존재들의 분리는 여전히 불완전한 채 있다는 것을 전제한다.

　계시종교들이 제공한 존재론적 도식 ──초월적 신과 관계하는 자아──은 이 모순들을 화해시킨다. 이 도식은 인간 존재의 전체성이나 자유의 성격뿐만 아니라 인간 존재의 불충분성을 보존한다. 유죄나 무죄는 인간이 전체인 이 세계 외부에 있는 신과 관련해서만 이해된다. 자기를 낮추는 초월적인 신은 분리만이 아니라 관계도 보장한다. 게다가, 신의 용서는 잘못한 나에게 나의 최초의 본래적 상태[완전성]intégrité initiale을 회복시켜 주고 그렇게 변함 없는 신의 주권을 보증한다.

그러나 종교들은 근대적 의식에서의 지도적 역할을 상실했다. 종교들이 지도적 역할을 상실한 것은 이성이 물어뜯은 신비로운 도그마나 마법과 같은 이해할 수 없고 불쾌한 종교의례 때문이 아니다. '사제들의 기만'도 계몽주의 시대가 거부한 제의들의 도덕적 무영향력도 영혼들의 종교성을 충분히 뒤흔들지 못했다. 어떤 사람들이 신비로운 것이라고 부르는 그러나 논리가 아니더라도 적어도 심리적 필요성에 복종하는 길을 통해, 경건한 영혼들은 역사적으로 구성된 종교들로 되돌아간다. 그들이 자기를 위해 개인의 종교를 만들 때, 그들은 잃어버린 배에서 가져온 화약통과 소총에 의해서만 섬에서 독립하는 로빈슨 크루소Robinson Crusoe처럼 난파된 교회들의 표류물로 살아간다.

그러나 근대의 의식은 경건한 영혼 속에서 자기의 모습을 발견하는가? 인류의 대부분은 종교나 종교성에서 정신적 삶에 이르는 길을 더는 찾지 않는다. 그들은 지난 세대들보다 가책을 덜 느끼는 것은 아닌가? 그들은 가책을 다르게 느낀다. 그들을 짓누르는 잘못은 경건을 통해 용서받지 않는다. 또는 더 정확히 그들을 짓누르는 악은 용서의 질서에 속하지 않는다. 따라서 신의 존재나 비존재, 인간들에 대한 신의 관심이나 무관심은 중요하지 않다. 종교가 초대하는 선함은 선善을 이루지 못하고 그 선함이 제안하는 정화는 전혀 깨끗하게 하지 못한다.

자기의 마법적 의미와 분리된, 용서할 수 있는 잘못은 고의적이든 분석 그 자체에 의해 드러나든 한다. 그렇기 때문에 자성의 제1의 가치. 그러나 용서는 특히 피해자가 잘못의 모든 악을 받아들이고 결국 용서할 권리를 전적으로 자유롭게 사용한다는 것을 전제한다. 금지에 대한 비고의적 위반을 통해 저질러진 신비적 잘못과 비교해 볼 때, 용서할 수 있는 고의적 잘못이라는 관념은 어떤 정신적 진보를 이룬다. 그러나 정당한 용서의 조건들은 전적으로 서로에게 현재하는 존재들의 사회에서만, 곧 **친밀한 사회**에서만 실현된다. 서로 선택받은 존재들의 사회, 그러나 그 사회의 모든 면을 손아귀에서 통제하는 방식으로 서로 선택받은 존재들의 사회. 친밀한 사회의 자급자족을 통해 나의 잘못된 전체성과 아주 유사한, 진리 안에 있는 친밀한 사회. 사실상 그런 사회는 두 사람, 곧 나와 너로 이뤄진다. 우리는 우리 사이에 있다. 우리는 제3자들을 배제한다. 제3자는 본질적으로 이 친밀함을 방해한다. 다시 말해 내가 나의 의도들로부터 전적으로 인정할 수 있는 너에 대한 나의 잘못은 나에게 여전히 비밀들로 있는, 그와 너와의 관계들을 통해 객관적으로 방해받는데, 왜냐하면 이번에는 내가 너희들의 친밀함의 유일한 특권으로부터 배제되기 때문이다. 내가 너에 대한 잘못을 인정한다면, 나는 나의 뉘우침을 통해서조차 제3자를 해칠 수 있다.

따라서 나의 의도는 더는 나의 행위의 의미를 정확히 측정하지 못한다. 내가 친밀한 사회에 제한되고 그 행위와 관계된 유일한 자유와 마주하는 동안 나는 대화 속에서 그 행위에 대한 책임 해제를 받을 수 있었다. 나는 대화 속에서 용서를 통해 ——비록 용서가 사후에만 있을지라도—— 나의 고독한 주권을 그렇게 되찾았다. 나의 과거를 망각하고 나를 새롭게 만들 수 있는 그러나 그 행위를 통해 회복할 수 없는 것을 창조하는 나는 용서를 통해 자유에 대한 이 최후의 족쇄에서 해방됐는데, 왜냐하면 그 행위의 유일한 희생자는 그 행위에 동의했거나 그 행위를 망각하는 데 동의할 수 있었기 때문이다. 책임에서 해제된 나는 다시 절대적인 것이 됐다. 그러나 그 행위를 무효화할 수 있는 희생자가 겪는 폭력은 정확히 말해 폭력이 아니다. 폭력은 거의 신적 자유로서 자기의 책임 해제의 권력을 모두 보존하는 손상된 자유를 침해하지 않는다. 친밀한 사회에서의 폭력은 모욕하지만 결코 상처를 입히지 않는다. 그것은 정의와 불의를 넘어$^{\text{Au-delà}}$ 또는 정의와 불의 이전에$^{\text{en deçà de}}$ 있다. 자유에 행사된 폭력을 전제하는 후자, 곧 현실의 상처는 경건하거나 불경건한 사유들에 있는 것이 아니라 행위에 있고, 존중이나 존중의 결핍에 있는 것이 아니라 자유에 대한 지배에 있다. 용서를 가능하게 하는 친밀한 사회는 의지를 벗어나고 속박하는 행위들의 무게로부터 그리고 그 행위들을 통해 참된 사회에서 모든 의지가 소외될 위험이 있는 그런 행위들의 무게로부터 의지를 해방시킨다.

의지들의 행위들을 통해 서로 관계하는 그러나 얼굴에서——참된 사회에서 —— 마주보는 의지들의 배열에서 나는 나를 벗어나는 의미 속에서 행동한다. 나의 행동의 객관적 의미는 그 행동의 의도적 의미보다 우세하다. 다시 말해 나는 정확히 말해 더는 내가$^{\text{un je}}$ 아니고, 나는 나의 의도들 속에 반영되지 않는 잘못에 책임이 있다. 나는 객관적으로 유죄이고, 나의 경건은 그것으로부터 나를 정화시킬 수 없다. '나는 그것을 원하지 않았다', 이것은 웃음거리밖에 안 되는 변명이다. 이것을 통해 내가 충분히 자유로웠던 '친밀한 사회'에서 살아남는 '나'는 용서할 수 없는 잘못을 계속 변명하는데, 왜냐하면 잘못이 용서를 초과하기 때문이 아니라 잘못이 용서의 질서에 속하지 않기 때문이다. 경건한 영혼은 물론 자기의 사회적 유죄로부터 고통받을 수 있지만, 사회적 유죄가 내가 너에 대해 저지르는 잘못과 다르기 때문에 경건한 영혼은 '결백한 의식'과 타협한다. 경건한 영혼은 두번째 고통에서만 경건한 의식을 괴롭힌다. 우리는 자선을 통해, 문을 두드리는 이웃에 대한 사랑을 통해, 가난한 사람들에게 베푼 온정을 통해, 박애를 통해, 가장 먼저 온 사람에 대한 호의적 행동을 통해 그럭저럭 두번째 고통으로부터 치유된다.

　우리는 타인이 신이거나 성인聖人일 경우에만 용서를 정당하게 받아들일 수 있을 것이다. 사회 내부에서 모든 자세한 내용의 주인인 사회를 만드는 감정은 사랑이다. 사랑한다는 것은 마치 사랑하는 자와 사랑받는 자가 세계에 있는 유일한 사람인 것처럼 존재하는 것이다. 사랑의 상호주관적 관계는 사회의 시작이 아니라 사회에 대한 부정이다. 그리고 거기에 확실히 사회의 본질에 대한 단서가 있다. 사랑은 타인 속에서 타인의 존재에 대한 정당화를 포착하면서 너를 통해 만족한 나다. 타인의 현존은 그러한 사회의 내용을 고갈시킨다. 사랑의 정서적 따뜻함은 이 만족의 의식, 이 기쁨의 의식, 자기 바깥에서 발견된 즉 중심에서 벗어난 이 충만함의 의식을 확립한다. 사랑의 사회는 둘의 사회, 즉 보편성에 저항하는 고독들의 사회다. 사랑의 보편성은 연속적인 불충실을 통해, 새로운 친구들을 통해 시간 속에서만 세워질 수 있다. 다시 말해 이것은 근접성에 따른 이웃에 대한 사랑이고 결국 어떤 타자를 희생으로 한 어떤 존재에 대한 사랑이며, 비록 그 사랑이 편애가 아니라 해도 늘 특권이다. 존중의 도덕은 사랑의 도덕을 전제한다. 사랑은 존중을 맹목적이게 하는데, 제3자에 대한 맹목 없이는 불가능한 존중은, 현실 악을 망각하는 경건한 의도일 뿐이다.

우리는 물론 마치 이웃이 세계에 있는 유일한 사람인 것처럼 우리 이웃에게 접근하면서 일상적으로 행동할 수 없다. 구두 장수는 손님이 갈 곳을 손님에게 묻지 않고 구두를 만들고, 의사는 자기에게 오는 환자를 아낌없이 보살피며, 성직자는 자기에게 도움을 요청하는 절망에 빠진 영혼을 위로한다. 그리고 우리는 그 행위가 옳은 것인지 그 행위에 묻지 않는다. 사회의 일반 법칙들이 정당하지 않다는 것을 확신하지 않는 한, 그리고 제3자들에 대한 우리의 행동의 모든 영향이 우리의 일상 행동이 발생할 조건들에서 고려됐음을 확신하지 않는 한. 이웃에 대한 존중과 사랑은——비록 그것이 종교로부터 강요된다 해도——우리의 사적 행위들에 속하고 그 말의 어원론적 의미에서 무죄를 가능하게 하지 않는다.

따라서 주술적 개념들로부터 깨끗해진 현대 종교사상이 종교적 실존의 본질적 상황의 지위로 향상시킨 사랑은 사회 현실을 담고 있지 않다. 사회 현실은 불가피하게 제3자의 존재를 포함한다. 참된 '너'는 타자들로부터 분리된 사랑받는 사람이 아니다. 너는 또 다른 상황에서 나타난다. 현대의 정신적 삶에서 종교의 위기는 사회가 사랑을 벗어난다는 의식에서, 제3자가 사랑의 대화를 듣고 상처받는다는 의식에서, 사랑 그 자체의 사회가 제3자에 대해 잘못한다는 의식에서 생긴다. 보편성의 부족은 여기서 관용의 부족에서 생기는 것이 아니라 사랑의 친밀한 본질에서 생긴다. 모든 사랑——그것이 판단과 정의가 되지 않는다면 ─은 둘의 사랑이다. 닫힌 사회는 둘이다.

　따라서 종교의 위기는 우리 자신과 신을 분리시킬 수 없고 사랑의 대화 바깥에 남아 있는 모든 사람을 망각할 수 없음에서 생긴다. 참된 대화는 다른 곳에 있다. 우리는 물론 신과의 분리를 전체성을 포섭하는 것으로 간주할 수 있지만, 이 주장에 신비적이고 성례전적 의미를 주지 않는다면, 제3자를 포함하는 사회의 불가피한 필연성으로부터 신과 신에 대한 예배라는 개념을 발전시켜야 할 것이다(이것이 결코 시도되지 않았다는 것은 불확실하다). 그렇게 되면 신은 사랑의 배타적 친밀감 속에서 나의 상관자로 결코 나타나지 않을 것이고 세계가 빠질 현존으로 그리고 용서의 무한한 샘이 솟아나올 현존으로 결코 나타나지 않을 것이다. 신은 사회 바깥에 있는 고정점일 것이고 법은 그 고정점에서 나올 것이다. 신은 나의 도덕의식의 알레고리적 인격화가 결코 아니다. '우리'가 말해지기 이전에 '도덕의식'이 있는가? '도덕의식'이 특정한 타율로부터, 타자와의 관계 곧 외부성과의 관계로부터 '받아들여진 명령'과 분리될 수 있다는 것은 확실한가? 타자 곧 외부성은 반드시 독재와 폭력을 뜻하지 않는다. **폭력 없는 외부성은 대화의 외부성이다.** 정의를 지속시키는 절대자는 대화상대자의 절대자다. 절대자의 존재 방식과 절대자가 나타나는 방식은 자기의 얼굴을 나를 향해 돌리는 데 있고 얼굴이 되는 데 있다. 이런 까닭에 절대자는 사람이다. 타자들 가운데 어떤 존재를 고립시키는 것, 우리-사이의 비밀스러운 애매성에서 그와 분리되는 것이 절대자의 철저한 외부성을 보장하지 않는다. '우리 사이에' 끼어들고 말을 통해 우리의 사적 비밀을 공적인 것으로 만드는 거부할 수 없는 엄밀한 증언, 즉 인간과 인간 사이에 요구가 많은 매개자만이 정면으로 있고 너다. 전혀 신학적이지 않은 주장, 그러나 신은 무엇보다 먼저 이 대화상대자가 되지 않는다면 신이 될 수 없을 것이다.

아무튼, 우리는 전통적 경건의 왕도에서 멀리 벗어났다. 전통적 경건은 인간에게 준 상처를 느낀다. 마치 그것이 신에 대한 모독으로 전환할 수 있고 따라서 나의 의도들의 주인인 내가 용서로 만족하는 사랑의 사회성에서 제거할 수 있는 것처럼. 사회적 잘못은 나에게 알리지 않고 내가 결코 마주보지 못하고 내가 신의 면전에서 찾지 못하며 신이 증인이 될 수 없는 제3자에 대해 저질러진다. 의도는 그것의 마지막 결과까지 행위를 동반할 수 없지만, 나는 그것의 마지막 결과에 책임이 있다는 것을 안다.

따라서 제3자와의 관계가 놓이는 다수성이 우연한 사실, 순전히 경험적 다수성, 나로 특징지어진 실체가 다수의 비슷한 사람들 속에서 세계에 발생하고 자율적인 나를 위해 타자들 사이의 실천적 문제를 창조한다는 사실을 구성하지 않는다. 제3자와의 관계, 곧 의도의 '행동반경'을 초과하는 책임은 **본질적으로** 대화할 수 있는 주체적 존재의 특징을 나타낸다. 나는 인간 전체와의 관계 속에 있다. 따라서 지상의 도덕이라는 개념의 강한 의미, 다시 말해 지상의 도덕은 삶을 이 세상에 가두는 데 있지 않고 초자연적 운명들에 대한 무조건적 경멸에 가두는 데 있지 않다. 지상의 도덕은 지평을 제한하지 않는다. 지상의 도덕은 부재하는 모든 사람들과 분리된 사랑이 나타나는 초자연적 구원의 지평과는 다른 지평에서 움직인다. 지상의 도덕은 사랑 바깥에 남아 있는 제3자들을 향해 이끄는 어려운 우회로로 우리를 초대한다. 정의만이 지상의 도덕의 순수성의 욕구에 만족을 준다. 대화가 사회 정의의 행위에서 특권적 역할을 하도록 부름받는다는 것을 우리가 어떤 의미에서 방금 말했지만, 대화는 친밀한 사회와 유사하지 않고 대화를 구성하는 것은 사랑의 감정이 아니다. 법이 자비를 능가한다. 인간은 이런 의미에서 정치적 동물이기도 하다.

역설적 결과. 제3자와의 관계가 내 자신과 나의 친밀함과도 이웃에 대한 사랑과도 유사하지 않다는 확실성은, 우리가 앞으로 그 관계를 보겠지만, 그럼에도 불구하고 무죄를 향한 모든 열망이 전제하는 대체할 수 없는 유일성으로서의 인간의 지위 자체를 위태롭게 한다. 우리는 어떤 사람에게 타자를 위해 응답하고 용서할 권리를 인정하지 않을 만큼 인간의 유일성을 절대적으로 주장함으로써 시작하지 않았는가? 그러나 만약 잘못이 더는 자성에 따르지 않는다면, 내부성으로서의 인간은 모든 중요성을 상실한다. 잘못은 보편 법칙으로부터 결정되고 무례보다는 오히려 벌어진 잘못에 있다. 따라서 우리는 우리가 존재를 의식하는 것이 아니라 우리가 더는 드라마의 저자들이 아닌 드라마에서 행하는 역할 곧 우리의 친밀한 사회의 영역에 낯선 질서의 등장인물들이나 도구들이다. 그러니까 어쩌면 지성 그러나 자기의 계략에 의해서만 의식들에 드러나는 지성이 이끄는 질서이다. 인간은 자기의 행동 법칙을 자기 마음속에서 찾을 수 없다. 자유주의의 진퇴양난은 내 자신에 대한 나의 의식의 이 외부성에 있다. 잘못하는 주체는 자기의 존재의 의미를 외부에서 기다린다. 잘못하는 주체는 더는 자기의 죄들을 고백하는 인간이 아니라 고발들에 동의하는 인간이다. 우리의 심리학에서의 내적 반성에 대한 불신, 곧 자기분석에 대한 불신은 어쩌면 오직 사랑과 종교의 위기의 결과일 것이다. 그 불신은 참된 사회에 대한 발견에서 유래한다.

자기 바깥에서 형성되는 자기의식은 우리를 바깥과 연결시키는 언어에 최초의 역할을 준다. 자기의식은 또한 언어에 대한 파괴에 이른다. 우리는 더는 말할 수 없다. 우리가 대화상대자를 모르기 때문이 아니라 우리가 더는 그의 말을 중시하지 않기 때문이고 그의 내부성이 순전히 부수적 현상épiphénoménale이기 때문이다. 우리는 그의 거짓을 모르면서 피상적으로 주어진 것으로, 거짓의 가상으로 생각하는 그의 드러냄들에 만족하지 않는다. 사람은 자기 자신과 동일하지 않다. 존재들은 동일성을 가지고 있지 않다. 얼굴들은 가면들이다. 우리는 우리에게 말하고 우리가 말하는 얼굴들 뒤에서 영혼들의 시계와 그 영혼들의 극히 작은 태엽을 찾는다. 사회학자인 우리는 천체간의 영향을 찾듯이 타인의 눈짓들과 미소들이 복종하는 사회법칙을 찾는다. 언어학자와 역사학자인 우리는 모두가 자기 담론[말]discours의 저자가 될 수 있다는 것조차 부인할 것이다. 그렇게 함으로써 정신분석과 역사가 파괴하는 것은 말la parole만이 아니다. 정신분석과 역사는 실제로 자신들과 내부를 동일화하면서 나에 대한 파괴에 이른다. 나는 생각한다의 반성은 더는 내가 존재하는 것의 확실성을 보증하기 위해 생길 수 없고 나의 실존 그 자체의 확실성을 보증하기 위해 거의 생길 수 없다. 타인을 통한 인정에 종속되는 이 실존은, 이 인정이 없다면 실존은 무의미하고 실재 없는 실재로 이해되는데, 순전히 현상적이 것이 된다. 정신분석은 자기의식의 가장 의심할 수 없는 증언에 대해 강한 회의를 던진다. 나는 생각한다의 부활 그 자체를 무효화된 것으로 만드는 것은 우리가 좀 전에 심리학적 사실이라고 불렀던 것의 명석판명한 의식이 자기 자신에게 접근할 수 없는 전적으로 현실의 상징주의일 뿐이라는 것이고, 명석판명한 의식이 자기 자신의 의도와 전적으로 다른 사회 현실이나 역사적 영향을 표현하고 있을 뿐이라는 것이다. 따라서 우리는 현상과 본체의 구별을 자기의식의 영역으로도 들여올 수 있다! **나는 생각한다**는 그렇게 토대로서의 가치를 상실한다. 우리는 철학적 지식을 가능하게 하는 요소들로부터 현실을 더는 재구성할 수 없는데, 왜냐하면 그 요소들이 모든 관점과 관계없고 의식을 통해 변형될 수 없기 때문이다.

　나는 마치 내가 나의 초상화 속에 갇힌 것처럼 있다. 그의 논증들을 논박하기보다는 반대자의 초상화를 그리는 것이 현대 논쟁의 특징이다. 플라톤이 『파이돈』*Phaidon*에서부터 악용을 고발했던 언어학, 곧 말하는 사람의 면전에서 오직 '그가 누구지?' '그는 어느 나라 출신이지?'만을 스스로에게 묻는 언어학에 타인의 말과 행위를 말이 없고 움직이지 않는 이미지로 환원하는 화가의 예술이 추가된다. 진실성의 운동 속에서 우리가 악용이나 불의에 맞서 봉기할 때, 우리는 고집스러운 항의자의 초상을 닮을 위험을 무릅쓴다. 그 과정은 무한하다. 다시 말해 우리는 또한 초상화가의 초상화를 그려야 하고 정신분석학자를 정신분석해야 할 것이다. 현실세계는 시詩적 세계로, 다시 말해 우리가 우리가 **생각하는** 것을 **알지** 못하고 생각하는, 시작 없는 세계로 변형된다.

　담론의 조건들을 설명하고 절대적으로 정합적이며 조건들의 조건을 공급하는 담론은 담론이 대화상대자들의 조건을 통해 늘 결정되기 때문에 불가능한 '한 사람과 한 사람의' 담론에 반대한다. 그것은 대화상대자들이 없는 담론인데, 왜냐하면 대화상대자들 자신이 거기에서 '계기들'로 나타나기 때문이다. 담론이 비인칭적 이성의 보편성과 결부되면 (타자로서 비이성적인) 대화상대자의 타자성을 억압할 것이고, 말하는(나의 자기성 속에서 타자로서의 내 자신을 내가 참여하는 담론과 여전히 구별하는) 나의 타자성을 억압할 것이다. 이성은 다른 이성과 다를 수 없다.

그러나 개념들의 정합성을 표현하는 그런 담론은 대화상대자들의 실존이 개념들로 요약된다는 것을 전제한다. 이 희생을 치르고서만 인간은 인간 자신의 담론의 '계기'가 될 수 있다. 이것은 실제로 인간의 실현들로 환원된, 인간의 행위들 속에 비쳐진 인간, 담론에 완전히 비쳐지는 과거의 죽은 인간이다. 비인칭적 담론은 사망자 명부의 담론이다. 인간은 공유 재산의 전체성에 흡수된 인간의 유산으로 환원된다. 그가 살아 있는 자로서 (자기의 행위의 매개를 통해서만이 아닌) 자기의 행위에 행사하는 힘 ——본질적으로 개 같은[냉소적인]cynique 인간——은 무효화된다. 인간은 ——물론 사물이 되는 것이 아니라—— 죽은 영혼이 된다. 이것은 사물화가 아니다. 이것은 역사다. 더는 아무것도 변화시킬 수 없는 판단, 죽은 사람들에 대한 태어나지 않은 사람들의 판단을 통해 후세, 곧 부재자들이 판단하는 역사. 어떤 개념에 포섭할 수 없는 유일성들의 관계들을 통해 구성된 전체성 내부에서 유일성으로서의 나를 찾는 것은 살아 있는 인간이 그가 참여하는 역사를 판단하는 힘을 갖는 것은 아닌지를, 다시 말해 나로서의 사유자가 그가 소유하고 창조하고 남기는 것과 함께 행하는 모든 것을 넘어 견

유학자의 실질을 갖는 것은 아닌지를 스스로에게 묻는 것이다.

3. 유일성으로서의 자아

이성을 드러내는 언어는 나와 타인 안에 우리가 공통적으로 가지고 있는 것을 깨운다. 그러나 언어는 자기 표현의 의도 속에서 우리의 타자성과 우리의 이원성을 전제한다. 언어는 존재들 사이에서, 자기들의 말로 들어가지 않고 그 말을 실행하는 실체들 사이에서 행해진다. 대화상대자의 초월 그리고 언어를 통한 타인으로의 접근은 실제로 인간이 유일성이라는 것을 보여 준다. 어떤 개념에 포섭되고 그 개념의 계기들을 표현하는 개인들의 유일성과는 다른 유일성. 나는 이루 말할 수 없는데, 왜냐하면 내가 더할 나위 없이 말하고 응답하며 책임적이기 때문이다. 순전한 대화상대자로서의 타인은 어떤 일반적 관념으로부터 알려지고 규정되며 포착할 수 있는 그리고 그 관념에 복종하는 내용이 아니다. 타인은 자기 자신과 관련해서만 마주한다. 존재들과 사물들의 상호개인적 의미, 곧 보편성은 단수적 존재들 사이의 말에서만 구성된다.

어떤 개념도 존재자로서의 나와 일치하지 않는다. 이런 까닭에 타인의 '경험'의 틀 자체는 자기 자신에게 적용되고 나의 '개념'에 도달할 추상의 노동으로부터 나타날 수 없다. 감정 이입Einfühlung의 철학자들은 적어도 자기 자신에 대한 단순한 '변형'을 통해 그리고 자기 자신 바깥에 있는 이 변하기 쉬운 변형체들 가운데 하나의 변형체의 투사를 통해 타인의 '경험'을 획득할 수 없다는 것을 알고 있다. 철학자들은 너로 이끄는 환원할 수 없는 접근방법을 찾았고, 그들이 그 접근 방법을 공감과 사랑에 두었을 때, 그들은 결국 모든 만남은 새로운 애정의 역사를 시작한다고 주장했다. 돈 후안Don Juan은 같은 경험을 결코 반복하지 않았다. 따라서 나의 또는 너의 유일성은 감각적으로 주어진 것의 유일성과 유사하지 않다. 나의 특수성 ── 나의 개성 ──은 공간과 시간을 통해 나의 개체화를 요약하지 않는다. 나의 개체화는 지금 여기에서ici et maintenant 다만 공간과 시간이 여기에서로부터 그리고 지금으로부터 어떤 의미를 얻도록 허용한다. 개체화는 어떤 상황에 대한 지식으로 환원되지 않고 배치하고 동시에 배치된다. 개인의 개체화의 행동은 개인으로서의 개인의 주체성과 일치한다. 자기성ipséité은 이 일치에 있다. 지식은 이미 나를 전제할 것이다. 여기l'ici에 대한 모든 지식은 이미, 여기에 있는 나를 위한 지식이다. 지식은 자기성에 기초하고, 지식은 자기성을 구성하지 않는다. 이 반성 이전의 지식에서 자기 자신과의 관계는 물론 나의 보편적 구조로서 나타나지만, 장 발Jean Wahl의 의견에 동감하면서 우리는 만약 지향이 모든 '나들'에게 공통된 것이라면, 이 지향의 지향대상l'intentum은 절대적으로 특수하다고 말할 것이다. 나는 물론 나를 구성했고 내가 협력했던 모든 객관적 현실을 통해 비쳐진 내 자신을 안다. 따라서 나는 어떤 개념적 현실로부터 내 자신을 안다. 그러나 만약 이 개념적 현실이 그의 존재를 고갈시킨다면, 살아 있는 인간은 죽은 인간과 다르지 않을 것이다. 일반화는 죽음이다. 일반화는 나를 자기의 행위의 일반성으로 들어가게 하고 거기에서 나를 소멸시킨다. 대체할 수 없는 나의 유일성은 나의 삶에서 생긴다.

따라서 사랑의 대화와 분리된 자아가 참여하는 전체성은 존재들의 자기성이 자신들의 사회적 지위로 흡수되거나 소멸되거나 (거의 물리학이 그 용어에 주는 의미에서) 순화되는 보편적 질서로 해석될 수 없다. 어떤 개념의 확장에 속하는 개인의 단순한 추가도 아니고 인간이라는 개념에 대한 이해를 구성하거나 실현하는 계기들의 배열도 아닌 전체성은 목적의 왕국으로 환원되지 않는다. 실제로 이성들은 왕국을 어떻게 구성할 수 있을 것인가? 심지어 그들의 다수성은 어떻게 가능할 것인가? 우리는 자기성이라는 말만이 적합한 그들의 평등이나 불평등에 대해 어떻게 말할 수 있는가? 전체성은 그것이 다수성을 내포하는 한 이성들 사이에서가 아니라 관계들을 유지할 수 있는 실체적 존재들 사이에서 세워진다. 그 어떤 개념적 유대도 이 다수성 이전에 존재하지 않기 때문에 이 관계는 무엇일 수 있는가? 아리스토텔레스에게서 존재의 다양한 의미처럼, 개인들이 어떤 개념의 통일성을 갖지 않을 때, 개인들에 대한 단순한 비교를 통해 정의의 척도가 획득되지 않을 때, 불의나 정의는 이 관계에서 무엇을 의미할 수 있는가? 전체성은 이성에 대한 존중과는 다른, 개인들의 관계에 기초한다. 우리는 바로 이 관계를 끌어내야 한다. 제3자로서의 나의 존재론적 지위는 그 관계를 어렴풋이 보게 한다.

4. 제3자의 지위와 경제

자아가 순수한 존중(공감과 사랑에 기초하는) 속에서 그러나 제3자와 분리된 타인에게 다다르는 개념과 우리를 인간이라는 개념의 단수화로 변형시키는, 곧 비인칭적 이성의 입법에 복종하는 이 개념의 확장 속에 있는 개인으로 변형시키는 개념 사이에, 개념적 통일성이 없지만 동시에 관계 속에서 전체성을 나들의 전체성totalité de moi's으로 이해하기 위한 제3의 길이 주어진다.

이 전체성은 어떤 자유로운 존재가 다른 자유로운 존재를 지배할 수 있다고 요구한다. 만약 다른 자유로운 존재가 어떤 자유로운 존재에게 저지르는 폭력이 불의라면, 전체성은 불의를 통해서만 구성될 수 있다. 그러나 용서가 불의를 무효화하는 사랑의 사회에서 불의는 이뤄질 수 없다. 제3자와의 관계에서만 실질적 ──다시 말해 용서할 수 없는── 불의가 있다. 제3자는 내가 그의 자유를 억압함으로써 피해를 입힐 수 있는 자유로운 존재다. 전체성은 제3자로서의 타인 때문에 구성된다.

그러나 불의에는 필연적으로 형이상학적 역설이 뒤따른다. 다시 말해 불의는 그 자체로 결코 폭력의 대상이 되지 않는 자유로운 존재만을 겨냥할 수 있다. 그렇다면 제3자, 불의와 전체성이 가능하기 위해, 자유는 어떤 의미를 가질 수 있는가?

자유는 첫번째 분석에서 모든 영향에 휘둘리지 않는 의지의 모습으로 나타난다.

용기 속에서, 죽음을 받아들이면서 의지는 완전한 독립을 얻는다. 죽음을 받아들인 사람은 낯선 의지를 철저히 거부한다. 타인이 이 죽음 자체를 원하지 않는다면 말이다. 따라서 죽음에 대한 수용은 타인의 살인의 의지에 확실히 저항하는 것을 허락하지 않는다. 타인의 의지와의 절대적인 불일치는 타인의 의도들이 성취되는 것을 배제하지 않는다. 타자에 대한 거부, 곧 외부와의 모든 관계를 끊으면서 죽기로 결심한 의지는, 의지가 자신의 최고의 용기를 통해 도전하고 인식하는 이 낯선 계산으로 의지의 행위가 들어가는 것을 막을 수 없다. 의지는, 그 의지가 죽음으로 귀착되는 극단적 경우에서조차, 그와 같이 낯선 의지의 의도들로 들어간다. 의지는 자신의 결과를 통해 낯선 의지에 좌우된다.

따라서 의지는 의지 자신의 원함의 완전한 의미를 쥐고 있지 않다. 비록 의지가 원함의 주체로서 자유롭다 해도, 의지는 의지를 초월하는 운명의 장난감이다. 타자들이 의지의 저자와 분리된 행위를 어떤 새로운 맥락에 배치함으로써 타자들이 의지에게 주는 예측할 수 없는 의미를 의지는 의지의 행위를 통해 운반한다. 운명은 이 결정에 앞서지 않고 이 결정 뒤에 있다. 다시 말해 운명은 역사다. 의지는 역사로 들어가는데, 왜냐하면 의지는 **자기 자신과 분리되면서 존재하기** 때문이다. 다시 말해 의지는 자기 자신을 위해 원하면서도 우연히 타자들을 위해 원했던 것. 역사에 아무것도 빚지지 않고 역사를 세우는 소외, 곧 존재론적 소외. 소외는 동시에 제1의 불의다. 이 불의 때문에, 사람들은 우리가 다투는 행위들 근처에서 전체성을 구성한다. 행위들을 생산하는 의지가 없는 그런 행위들을 생산하면서 존재한다는 것은 말하자면 자기 존재의 모든 의미를 손 안에 쥐고 있지 못하는 존재자의 지위를 정확히 구성한다. 행위들을 생산하는 의지로서 자기의 의지에 제한되지 않는 자유는 자유를 경시하는 역사로 들어간다. 의지에 대한 제한은 여기서 내적인 것이 아니고(인간의 의지는 신의 의지처럼 무한하다), 의지의 원함 속에 있는 것이 아니라 의지의 상황 속에 있다.

그럼에도 불구하고 아무것도 포기하지 않는 자유가 자기에게 낯설게 남아 있는 의미를 수용하는 이 상황에서 우리는 피조물을 인식할 수 있다. 나들moi's의 다수성은 우연이 아니라 피조물의 구조다. 불의의 가능성은 자유를 제한할 유일한 가능성이고 전체성의 조건이다.

이 역사의 명백한 불의는 의지에게서 의지의 행위를 빼앗을 가능성에 있다. 모든 자기의 생산물 속에서 결코 죽지 않고, 역사가들이 곧 생존자들이 그것에 대해 이야기할 역사 속으로 쾌히 들어가지 않는 의지는 자기의 행위와 분리되고 자기의 동시대인들에 의해 무시당한다. 모든 행위는 이런 의미에서 실패한 행위다. 그래서 행위는 타인이 개인적으로 자기를 보여 주는 표현과 다르다. 행위는 저자의 부재 속에서 자기의 저자를 보여 준다. 행위는 저자를 행위의 결과로서만이 아니라 행위의 소유로서 보여 준다. 우리는 행위를 가로채기 위해 노동자를 고려해야 하고, 노동자는 그 행위를 강탈하거나 사야 한다. 강철과 금을 통해, 즉 사물들 사이의 사물들을 통해 나는 그러므로 자유로서 타인의 권력이 충돌할 수 있을 모든 수동성을 배제하는 이 자유를 완전히 인정하면서 타인의 자유에 대해 권력을 행사한다. 행위를 생산하는 의지는 자기를 배반하는 의지다. 배반을 통해 사회 ──자유들의 유일성에서 보존되고 동시에 전체성에 참여하는 자유들의 전체성──는 가능하다. 그러므로 나와 전체성의 관계는 본질적으로 경제적이다. '지상의 도덕'은 처음부터 경제적 관계가 아니었던 존재들의 모든 관계를 당연히 의심한다. 자유들의 관계는 존재와 동시에 소유인 의지의 애매성에 결정적으로 기초한다. 다시 말해 소유되고, 자기의 소유 외부에 있는, 그러나 소유에 매몰되고 소유를 통해 자기를 배반하는 존재.

이것은 제3자의 존재론적 구조가 신체로서 나타난다는 것을 의미하는 것이다. 다시 말해 의지의 '나는 할 수 있다' ──자신의 신체 ──와 동시에 신체의 상처받기 쉬움 ──생리학적 신체. 이 두 계기들의 동시성 ──'나는 할 수 있다'의 사물로의 전환──은 제3자의 실존 방식을 구성한다. 제3자의 실존은 건강과 질병이다. 실존은 내부로부터 자제할 수 없는, 외부의 약물 치료를 향해 내부로부터 굴절된 고통에서 구체적으로 드러난다. 의사의 경험에 의한 사실은, 그리스 현인들의 최초의 성찰들 이후로, 의지의 독재를 부정한다. 의사 앞에서 의지의 독재는 순전한 사물로서의 낯선 고백 속에서 의지의 '자기 자신을–위함'[대자]pour-soi을 버리고 자연의 직접성으로 귀환한다. 불의는 자기의 위엄 속에서 상처 입은 의지에 대한 모욕으로 환원되지 않는다. 의지가 의지의 자기를–위함을 망각하게 하기까지, 의지가 성향으로서 의지가 의지를 굽히는 힘을 느끼게 하기까지 의지는 학대받고 침해받으며 강요받는다. 우리는 인간과 함께 모든 것을 할 수 있다. 본질적으로 위반할 수 있는 의지는 의지가 배반을 위한 기회들을 제거하는 세계를 건설함으로써만 해방된다.

그러나 칼의 폭력은 칼이 지배하려고 애쓰는 의지를 탈출하게 한다. 참된 폭력은 그 폭력이 강요하는 자유를 보존한다. 폭력의 도구는 금이고, 폭력은 타락이다. 아직 정의에 의존하지 않는 평화적인 폭력, 착취, 느린 죽음의 길은 전쟁의 열정을 대체한다.

제3자의 행위로부터 파악할 수 있는 제3자는 현재하고 동시에 부재하며, 3인칭 속에서의 제3자의 현존은 이 현존과 이 부재의 동시성을 정확히 드러낸다. 제3자는 나의 지배를 벗어나는 것으로서 나의 권력에 넘겨진다. 제3자는 불의를 통해 접근하기 쉽다. 그리고 이런 이유로 불의 ─ 인정과 동시에 무시인 ─ 는 강요하고 유혹하는 금, 즉 속임수의 도구를 통해 가능하다. 내가 불의를 통해 전체성 속에서 살아가는 그런 불의는 늘 경제적이다.

5. 담론[말]과 윤리

그러나 만약 전체성이 불의(타인의 자유를 모르지 않지만 경제적 거래에서 이 자유를 배반으로 이끄는)에서 시작한다면, 그 불의는 **그 사실 때문에** 불의로 알려지지 않는다. 역사의 영역 그 자체에서 악이 소박하게 행해지는 무죄한 불의의 영역이 있다. 비참을 외치는 비명에서 정의가 외치는 소리를 듣기 위해, 또는 말하자면 양심의 소리를 듣기 위해, 자유와의 관계 속에 있는 것이 그리고 이 자유를 타인 속에서 언뜻 보는 것이 충분하지 않고 문제도 아닌데, 왜냐하면 우리가 거래 그 자체에서 자유를 이미 인식하기 때문이다. 내가 사거나 착취할 때 이 자유는 나에게 이미 현재한다. 내가 나의 불의를 알기 위해 ─ 내가 정의의 가능성을 어렴풋이 보기 위해 ─ 어떤 사람이 나에게 책임을 묻는 새로운 상황이 필요하다. 정의는 불의의 보통의 놀이에서 생기지 않는다. 정의는 중립적인 입장을 지키는 '문을 통해' 외부에서 유래하고, 정의는 역사 외부의 원리처럼 나타난다. 사회적 투쟁들 속에서 만들어지고 도덕적 관념들이 어떤 사회나 어떤 계급의 욕구들을 반영하는 것처럼 보이는 정의의 이론들에서조차, 우리는 이상적인 도덕의식에 호소하고, 우리가 최고의 정당화를 찾고 비록 이 욕구들이 완전히 상대적인 것이라 해도 이 욕구들을 절대자로 승격시킬 권리를 찾는 이상적인 정의에 호소한다. 비록 이 관념들이 사회의 객관적 관계들에 대한 표현이라 해도, 이 관념들은 또한 이 객관적 관계들을 판단하는 살아 있는 의식을 만족시켜야 한다. 인간의 세계는 우리가 역사를 판단할 수 있는 세계이다. 반드시 이성적인 세계는 아니지만 우리는 거기에서 역사를 판단할 수 있다. 비인간적인 것은 판단하는 사람 없이 판단받는 것이다.

역사를 판단할 힘으로서의 인간을 주장하는 것은 합리주의를 주장하는 것이다. 합리주의는 시적 사유가 사유하는 것을 알지 않고 사유하고 우리가 꿈꾸는 것처럼 사유하는 순전한 시적 사유를 고발함으로써 시작한다. 합리주의는 시적 사유를 절대자와의 관계 속에 배치하기 위해 자기에 대한 반성을 통해 시작한다. 그러나 그 반성은 우리가 정지하는 것을 허용하지 않는데, 왜냐하면 반성하는 주체의 상태가 대상들을 사유하는 사유자의 상태와 마찬가지로 시적이기 때문이고, 모든 사유가 원리와의 연결 없이, 시작 없이 시적이고 순전한 **행위**이기 때문이다. 사유자의 상태를 문제 삼는다는 것은 정신분석을 암시한다. 정신분석은 철학적 본질상 합리주의의 결과다. 다시 말해 정신분석은 반성이 소박하게 사유하는 사유에게 요구했던 것을 반성에게 요구한다. 정신분석의 비철학적 결과는 이해할 수 없을 만큼 홀로 명확할 어떤 근본적인 그러나 기초적인 이야기들──리비도, 사디즘 또는 마조히즘, 오이디푸스 콤플렉스, 기원에 대한 반감, 공격성──에 대한 편애에 있고, 그 이야기들보다 더 깊은 현실을 표현하지(또는 감추지 또는 상징화하지) 않음, 즉 심리학적 이해의 종말에 있다. 우리가 그 이야기들을 신화라고 명명함으로써 가장 다양한 문명들의 부스러기로부터 그 이야기들을 모았다는 사실은 해명하는 관념들로서의 그들의 가치에 아무것도 추가하지 않고, 40세기의 유일신론이 그들의 강박으로부터 인류를 해방시키는 것 말고는 다른 목표를 가지지 않았던 것보다 그만큼 더 놀라운 신화들로 돌아가는 것을 기껏해야 보여 준다. 신화들의 얼빠지게 하는 효과는 신화들이 지성에 주는 것으로 여겨지는 위로와 여전히 구별돼야 한다.

만약 자기인식이 조건들에 기초한다면, 심지어 반성적이고 심지어 정신분석적인 그 어떤 지식도 시작을 갖지 않게 된다.

우리는 물론 회의주의의 고전적 논박에 따라, 이 형식적 진리 그 자체의 조건 지어지지 않은 성격을 반대할 수 있을 것이다. 그러나 실제로 이 논박은 자기의 힘을 오직 언어의 존재로부터만, 다시 말해 대화상대자의 현존이 말을 통해 정확히 불러내어진 그런 대화상대자의 존재로부터만 얻는다. 물론 이 말들은 거짓이고 역사, 사회, 무의식의 산물로서의 이 말들은 모든 사람 앞에서 그리고 거짓말쟁이 그 자신 앞에서 거짓말들을 숨긴다. 그리고 표현된 사유에서 우리가 배후에 있는 생각들을 찾지 않을 때, 우리가 우리에게 말해진 것을 문자 그대로 받아들일 때, 우리는 치료할 수 없을 만큼 속는다. 그러나 우리는 이 모든 마술환등에서 우리의 길을 찾지 않고, 고정점으로부터만 비평 행위 그 자체를 시작한다. 이 고정점은 논박할 수 없는 진리가 될 수 없고, 정신분석에 늘 넘겨진 '확실한' 서술이 될 수 없으며 존재들에 대한 진리의 절대자가 아니라 대화상대자의 절대자 즉 존재의 절대자가 될 수 있다. 고정점은 진리처럼 확실해지지 않고 신앙된다. 여기서 지식들의 제2의 근원을 의미하지 않고 모든 이론적 서술이 전제하는 신앙 또는 신뢰. 신앙은 의심이나 확실성이 가능한 진리에 대한 지식이 아니다. 이 양태들의 외부에서, 신앙은 실질적인 대화상대자——자기 기원적이고, 대화상대자를 구성하고 뒤흔드는 힘들을 이미 지배하며, 즉 밤의 카오스 속에서 닫히고 얼굴이 인수할 수 있고 얼굴이 책임질 수 있는 것으로 열리는 얼굴이라는 이름의 절대적으로 점잖은 피부의 이 일부에서 인식된 인간의 배후에서 불가피하게 나타나고 고체적이며 실체적인 너$^{un\ toi}$인 ——와의 얼굴을 마주함이다.

표현수단인 언어는 타인에게 말을 걸고 타인을 부른다. 물론, 언어는 타인을 재현되고 사유된 것으로서 부르는 데 있지 않지만, 바로 그런 이유로 언어가 있는 동일자와 타자의 거리는 개념들의 관계로, 타자를 제한하는 일자로 환원되지 않고, 초월을 기술하는데 이 초월에서 **타자는 동일자**를 짓누르지 않고 오직 동일자를 의무 지우며 동일자가 책임적이도록 만들고 즉 동일자가 말하도록 만든다. 언어를 통한 관계는 사유에 주어지는 대상을 사유에 연결시키는 관계로 환원되지 않는다. 언어는 타인을 포섭할 수 없다. 다시 말해 우리가 이 순간 자체에 그 개념을 가지고 사용하는 타인은 개념으로서 불러진 것이 아니라 인격으로서 불러진 것이다. 말에서, 우리는 대화상대자에 대해서만 사유하는 것이 아니라 대화상대자에게 말하고, 우리는 우리가 '대화상대자 일반'으로서의 그에 대해 가질 수 있는 개념 그 자체를 그에게 말한다. 내가 말하는 사람은 내가 그에게 전달하는 개념 뒤에 있다. 공통된 영역의 부재——초월——가 말의 특성을 나타낸다. 전달된 내용은 물론 공통적이고 또는 전달된 내용은 더 정확히 언어를 통해 언어가 된다. 청원은 공통성에 앞선다. 청원은 말하자면 나와 관계하지 않는 존재와의 관계 또는 말하자면 그가 오직 자기 자신과 관계하는 그만큼만 나와 관계하는 존재와의 관계다. 존재는 모든 속성 너머에 있는 존재인데, 모든 속성은 바로 그 존재를 규정하고, 그 존재를 다른 존재들과 공통적인 사람으로 환원하며 그 존재에 대해 어떤 개념을 만드는 결과를 갖게 될 것이다. 자기 자신과 동일한 존재를 가지고 나에 대해 현재하는 것을 우리는 얼굴의 현존이라고 부른다. 얼굴은 존재의 동일성 그 자체다. 얼굴은 거기에서 개념 없이 자기 자신으로부터 나타난다. 이마, 코, 눈, 입을 가진 이 순결한 약간의 피부의 감각적 현존은 우리로 하여금 의미화된 것을 향해 다시 올라가도록 허용하는 기호도 아니고, 의미화된 것을 은폐하는 가면도 아니다. 감각적 현존은 여기서 자기 자신과만 관계하는 사람 즉 동일성이 직접 침투하도록 하기 위해 둔감해진다. 대화상대자로서의 그는 나와 마주한다. 그리고 정확히 말해 적대나 우정을 의미하는 '마주함' 없이 대화상대자만이 마주할 수 있다. 둔감해짐으로서의 얼굴, 감각적으로 주어진 것의 탈물질화로서의 얼굴은 신화적 괴물들의 모습들 속에서 여전히 방해받은 운동을 완성하는데, 신화적 괴물들의 모습에서 신체 또는 동물의 반半-신체는 괴물들이 지탱하는 인간 머리의 얼굴에서 점차 소멸하는 표현이 뚫고 나오도록 내버려 둔다. 언어를 통한 타인의 특수성은 타인의 동물성 또는 타인의 동물성의 잔재를 재현하기는커녕 타자의 완전한 인간화를 구성한다.

대화상대자는 늘 마주하지 않는다. 순수한 언어는 타인이 제3자의 역할을 하는 관계에서 나온다. 직접적인 말함은 속임수다. 우리는 대화상대자가 말하고 대답하는 것을 쳐다보고 몰래 감시한다. 그러나 대화상대자는 또한 그에게 걸어진 말이 그 말의 독창성에서 인정하는 환원할 수 없는 지위를 갖는다. 말은 애정을 통해 그리고 외교와 웅변과 선전을 통해 타인의 자유를 다루고, 말은 자유를 자기 자신의 포기로 귀착될 수밖에 없는 음모의 공범자로 만들기 위해 자유를 위협하고 자유에 아첨한다. 그러나 만약 폭력이, 플라톤의 추방된 영혼이 자기의 신체에 여전히 낯설게 있는 것만큼 그저 자유가 부동의 존재에 대해 여전히 분리된 것으로 있는 그런 부동의 존재에 대한 지배가 아니라 자유에 대한 지배를 의미한다면, 이 말은 여전히 폭력의 방식이다. 환자의 고백을 듣는 의사는 사물로서의 자기의 존재로 되돌아가는 자유를 놀라게 하고, 이 흉한 얼굴에게 얼굴에서 표현되는 신체에 대해 말한다. 정신분석학자는 질병 그 자체에서 그 인물을 포착하고 제3자에게 접근하듯이 타인에게 접근한다. 다시 말해 대화상대자는 우리가 말하는 동안 승리하는 바로 그 사람인데, 왜냐하면 우리가 요구하는 충분한 신뢰가 충분한 배반이기 때문이고, 의사의 모든 말이 여기서 발명의 재간과 속임수이기 때문이다. 피고에게 말하는 판사는 아직 말하지 않고 있다. 피고는 물론 말할 권리가 있다. 그러나 그 말은 말 이전의 말이다. 다시 말해 피고는 참된 말을 할 권리를 얻기 위해서만 말한다. 우리는 그의 말을 듣지만, 우리는 그가 말하는 것을 쳐다본다. 그는 피고다. 즉 그는 이미 어떤 범주 아래 있다. 그는 상호성 속에 있는 대화상대자가 아니다.

　전체성을 지배하고 정의의 의식에 이르기 위해, 우리는 사유가 오히려 그 사유가 포섭해야 하는 체계의 일부를 이루는 한 불가피한 정신분석의 애매한 담론으로부터 벗어나야 한다. 이 포섭 그 자체는 그 체계를 구성하는 관계들로 소멸된다. 그 결과 진리의 의미는 사유의 실현된 의도에 있는 것이 아니라 이 진리 자체가 존재론적 사건의 부수적 현상에 불과한 그런 존재론적 사건 속에 있게 된다. 내가 그것의 일부를 이루는 전체성을 지배할 수 있는 것은 바로 신화들로 되돌아가게 하는 정신분석을 통해서가 아니라 체계 안에 있지 않은 존재 즉 초월적 존재를 만남으로써다. 만약 그 어떤 말해진 진리도 기만 없이 제1의 진리로서 자기를 강요할 수 없다면, 존재로서의 대화상대자와 그 대화상대자의 존재와의 관계 즉 언어는 전체성 위에 우리를 놓고 우리로 하여금 폭로하는 것이 아니라 해도 말해진 진리들의 기만 그 자체를 찾을 수 있게 한다.

초월은 우리를 향해 마주하는 것이다. 얼굴은 체계를 부순다. 존재의 존재론과 진리의 존재론은 이 얼굴을 마주함의 구조 즉 신앙의 구조를 무시할 수 없다. 명제의 진리를 위한 조건은 존재자 또는 존재자의 존재의 탈은폐에 있지 않고 대화상대자의 표현에 있는데, 나는 대화상대자인 존재자와 대화상대자의 존재자의 존재를 대화상대자에게 **말한다**. 우리는 동일성을 가지고 마주해야 한다. 대화상대자는 역사가 없는 것으로, 체계를 벗어나는 것으로 나타난다. 나는 대화상대자에게 피해를 줄 수도 없고 그의 요구를 들어줄 수도 없으며, 대화상대자는 표현 속에서 여전히 초월적인 것으로 있다. 대화상대자가 매우 정확한 이런 의미에서 자유로울 때, 대화상대자는 어떻게 나를 촉발시키는가?

나는 대화상대자를 승인한다. 다시 말해 나는 그를 믿는다. 그러나 만약 이 인정이 그에 대한 복종이라면, 이 복종은 나의 인정에게서 모든 가치를 빼앗을 것이다. 다시 말해 복종을 통한 인정은 나의 존엄을 무효화할 것인데 나의 존엄을 통해 인정은 가치가 있다. 나를 쳐다보는 얼굴은 나를 긍정한다. 그러나 마주하는 나는 더는 타인을 부정할 수 없다. 다시 말해 타인의 본체의 영광만이 마주함을 가능하게 한다. 마주함은 그와 같이 부정할 수 없음 즉 부정의 부정이다. 이 표현의 이중적 구조는 구체적으로 다음을 의미한다. 다시 말해 '살인하지 말라'는 얼굴에 적혀 있고 얼굴의 타자성 그 자체를 구성한다. 그러므로 말은 서로를 제한하지도 서로를 부정하지도 않지만 상호적으로 서로 긍정하는 자유들의 관계다. 그들은 서로에 대해 초월적이다. 적대적이지도 우호적이지도 않다. 모든 적대, 모든 호의는 대화상대자와의 순수한 마주함을 이미 변질시킬 것이다. 우리는 어쩌면 여기서 존경이라는 말을 수용할 것이다. 단 우리가 이 존경[경의]의 상호성이 차분한 관조와 같은 무관심한 관계가 아니라는 것 그리고 이 존경의 상호성이 윤리의 결과가 아니라 윤리의 조건이라는 것을 강조한다는 조건으로. 이 존경의 상호성은 말 즉 책임이다. 존경은 정의를 요구하는 인간과 정의로운 사람을 결합시키기 이전에 정의로운 사람을 그의 정의의 협력자와 결합시킨다. 언어의 마주함은 실제로 더 철저한 현상학적 분석을 허용한다. 존경한다는 것은 자기를 예속시키는 것을 의미하지 않지만 타인은 나에게 명령한다. 나는 명령받는다. 다시 말해 나는 어떤 행동을 할 수 있는 것으로 승인받는다. 존경한다는 것은 법에 복종하는 것이 아니라 나에게 행동을 명령하는 존재에게 복종하는 것이다. 그러나 이 명령이 그 어떤 굴종——나에게서 존중할 가능성 그 자체를 빼앗을——도 내포하지 않기 위해, 내가 받아들이는 명령은 또한 나에게 명령하는 사람에게 명령하기 위한 명령이어야 한다. 이 명령은 나에게 명령할 존재에게 명령하는 데 있다. 어떤 명령과 어떤 명령의 지시연관은 우리Nous를 말하고 공동[팀]parti을 구성한다는 사실이다. 어떤 명령과 다른 명령의 지시연관 때문에 우리는 나의 복수가 아니다.

그러나 그렇게 기술된 존경은 정의의 결과가 아닌데, 왜냐하면 명령받은 인간은 정의와 불의의 외부에 있기 때문이다. 존경받은 사람은 우리가 정의를 되돌려 주는 사람이 아니라 우리가 그와 함께 정의가 실현되는 사람이다. 존경은 동등한 사람들의 관계다. 정의는 이 최초의 평등을 전제한다. 사랑은 본질적으로 동등하지 않은 사람들 사이에서 이뤄지고, 불평등으로 살아간다. 그 앞에서 상호성이 시작되는 대화상대자는 과거, 가족, 크고 작은 불행들을 연장하고 연민과 동정을 요구하는 개인의 역사를 갖는 경험적 개인이 아니다. 생텍쥐페리Saint-Exupéry가 『야간비행』Vol de nuit에서 봤듯이, 상호적 책임의 관계가 정지되자마자 세계의 모든 느슨함과 모든 여성성은 '공감하는' 얼굴들을 통해 침투한다. 우리는 인간과 인간의 관계를 기술하고 싶었다. 정의가 관계를 구성하지 않는다. 정의를 가능하게 하는 것은 관계다. 정의는 전체성에 굴복한다.

우리는 우리인데, 왜냐하면 우리가 동일성에서 동일성으로 명령할 때 우리는 전체성과 역사에서 벗어나기 때문이다. 그러나 바로 우리가 서로 승인하는 어떤 행동을 위해 우리가 서로 명령하는 만큼 우리는 우리다. 어떤 행동을 완수하면서 동시에 거기에서 완전히 벗어나는 것은 전체성에 대항해 있는 것이 아니라 전체성을 위해 즉 전체성에 대한 섬김 속에 있는 것이다. 전체성을 섬기는 것은 정의를 위해 투쟁하는 것이다. 전체성은 폭력과 타락을 통해 구성된다. 행동은 놀이로 넘겨진 그리고 자유들의 치명적인 투쟁들로 넘겨진 세계에 평등을 들여오는 데 있다. 정의는 경제적 평등과 다른 목표를 가질 수 없다. 정의는 불의의 놀이 그 자체에서 생기지 않는다. 다시 말해 정의는 외부에서 생긴다. 그러나 정의가 경제적 관계들의 외부에서 생기고 정의가 순수한 존경의 왕국에서 여전히 외부에 있다고 가정하는 것은 착각이나 위선이다.

6. 돈

자아와 전체성의 관계들은 형식논리의 연구가 부분과 전체 사이에서 또는 개인과 개인이라는 개념 사이에서 확립할 것과 일치하지 않는다. 자아는 자기의 동일성을 전체에서의 자기 자리에서 끌어내는 것 없이, 그럼에도 불구하고 자아가 보편적 질서로 들어가는 자아의 상황, 자아의 부재 또는 자아의 행동과 일치하는 것 없이, 전체로 들어간다. 그러므로 매우 다른 구조들 ──우리가 이 연구의 과정에서 몇 가지를 끌어낸──은 후설의 의미에서 '형식적 존재론'의 구조들을 대체한다. 그 구조들은 순전히 후자의 구조들에만 이식되지 않는다.

　절대적으로 단수의 존재들이라는 개념들이 조금도 없고 존재들의 유일성 그 자체 때문에 추가를 거부하는 그런 절대적으로 단수의 존재들에 대한 전체화가 경제 ——어떤 의지가 의지로서의 의지를 파괴하지 않고 다른 의지를 지배할 수 있는 요소——에서 발생한다. 다른 자유에 대한 어떤 자유의 행동은 거래에서 이뤄진다. 형이상학적 의미가 어쩌면 아직 측정되지 않은 돈(돈에 대한 경제적 그리고 사회학적 연구들의 풍요로움에도 불구하고), 돈이 돈에 주는 힘을 통해 의지를 타락시키는 돈은[1] 더할 나위 없는 중개념[매개념]이다. 돈은 동시에 개인들을 전체성의 외부에 있게 하는데, 왜냐하면 개인들이 돈을 자유로이 처분하기 때문이다. 또 돈은 개인들을 전체성에 포함시키는데, 왜냐하면 상업과 거래에서 인간 자신이 팔리거나 사지기 때문이다. 다시 말해 돈은 늘 어느 정도 임금이다. 생산물의 교환가치로서의 돈은 돈이 기분 좋게 하는 의지에 작용하고 사람을 점령한다. **따라서 돈은 개념을 갖지 않는 것의 일반화, 양量을 갖지 않는 것의 평형[같음]이 이뤄지는 추상적 요소다.** 사람들이 상품들의 질서 ——자연의 질서와 같지 않은——에 통합되지만 동시에 상품들의 질서가 결국 상품들이 팔리는 거래 그 자체에서 양도할 수 없는 것으로 남아 있는 사람들을 전제하기 때문에 사람들이 사람들로 남아 있는 애매한 환경. 순전히 거래의 대상일 때조차 노예는 노예를 사거나 파는 주인들에게 암암리에 동의한다.

따라서 돈은 무조건 인간에 대한 사물화만을 가리키지 않는다. 돈은 돈으로부터 양화되는 동안 인간적인 것이 보존되는 요소이고 바

---

1) 그러나 1951년 3월 10일 『르 피가로 리테레르』(*Le Figaro littéraire*)에 실린 폴 클로델(Paul Claudel)의 매우 주목할 만한 분석을 참조하라.

로 거기에 돈의 독창성과 말하자면 철학적 범주의 돈의 위엄이 있다. 돈은 순전히 사람들의 관계가 띠는 우연한 형식만이 아니다. 우리가 향유할 사물이 아니라 취득할 보편적 권력으로서의 돈은 교환된 생산물들을 통한 욕구들의 만족을 넘어 지속하는 관계들을 창조한다. 돈은 인간들의 욕구들과 욕망들을 기다리게 할 수 있는 인간들의 특성이다. 돈에 소유되는 것은 대상이 아니라 대상들에 대한 소유다. 소유의 소유로서 돈은 순간적 접촉들을 넘어 지속하는 세계에서 현재하는, 시간을 자유로이 처분하는 인간들, 즉 서로 신뢰하고 사회를 형성하는 인간들을 전제한다.

그러나 인간에 대한 양화——돈의 애매성이 양화를 가능하게 하는 것과 같은——는 새로운 정의를 알린다. 만약 인간들 사이의 철저한 차이——성격이나 사회적 지위의 차이들에서 생기는 것이 아니라 개념으로 환원할 수 없는 그들의 인격적 동일성 즉 우리가 오늘날 말하듯이 그들의 자기성 그 자체에서 생기는 차이——가 돈을 통해 측정할 수 있는 경제의 양적 평등에 의해 극복되지 않았다면, 인간의 폭력은 보복이나 용서를 통해서만 보상될 수 있었다. 그와 같은 보상은 폭력을 종식시키지 않는다. 다시 말해 악은 악을 낳고 무한한 용서는 악을 부추긴다. 역사는 그렇게 전진한다. 그러나 정의는 이 역사를 정지시킨다. 우리는 이 역사의 정지를 정확히 주장했는데, 이 역사의 정지에서 **우리**가 구성된다. 돈은 보복이나 용서의 지옥 같거나 사악한 순환을 대체하는 구원의 정의를 어렴풋이 보게 한다. 우리는 「아모스서」 2장 6절[2]부터 『공산당 선언』*Manifest der Kommunistischen Pactei*에 이르기까지 바로 인간을 사는 돈의 권력 때문에 돈에 쏠리는 비난을 줄일 수 없다. 그러나 돈으로부터 구원해야 하는 정의는 인간에 대한 양화가 나타나는 경제——다시 말해 인간의 전체성——의 더 높은 형식 즉 돈——돈의 경험적 형태가 무엇이든——이 인간들에게 **범주**를 제공하는, 인간들 사이의 공통된 척도를 부정할 수 없다. 물론 인간에 대한 양화에서 정의의 본질적 조건들 가운데 하나를 보는 것은 매우 충격적이다. 그러나 우리는 양量 없이 그리고 보상 없이 정의를 생각할 수 있는가?

---

2) "나 주가 선고한다. 이스라엘이 지은 서너 가지 죄를, 내가 용서하지 않겠다. 그들이 돈을 받고 의로운 사람을 팔고, 신 한 켤레 값에 빈민을 팔았기 때문이다."—옮긴이

레비 브륄과 현대철학

인정받았든 논박받았든 간에 원시인의 정신세계[심성]la mentalité에 대한 레비 브륄Lucien Lévy-Bruhl의 잘 알려진 생각들은 현대철학의 방향 설정에 흔적을 남기지 않았는가?

레비 브륄의 연구들이 가설과 사실들의 목록들을 제시하고 우리가 그 가치를 탐구할 생각이 없는 사회학이나 심리학에 대해 우리는 이 문제를 제기하지 않는다. 우리는 정확히 말해 철학에 대해 이 문제를 제기한다.

레비 브륄 자신은 자기의 작품이 응답하는 과학적 문제를 가장 존중한다. 그의 가설은 인간 정신의 통일성에 대한 고전 심리학의 암묵적 가설이 설명하는 것보다 더 많은 사실들을 설명할 것이다.[1] 그는 '건강한 성인 백인 남성'의 심리학을 넘어갈 것이다. 그러나 철학이 이 연구를 지배한다. 레비 브륄이 주장하는 철학은 실증주의에 아주 가까운 경험주의 그러나 주지주의적 경험주의와 연결된다. 18~19세기

---

1) "나는 지금까지 설명되지 않았던 여러 사실들을 설명할 수 있다"(Lucien Lévy-Bruhl, "Avant-propos", *La Mentalité primitive*, Paris: Retz, 1976, p. III).

와 아주 많이 연결되는 어떤 작품은 과학——비록 과학이 사실들에 대한 충실한 읽기로서의 과학이라 해도——이 정확히 드러내는 지성의 존엄보다 더 높은 존엄을 인식한다. 형이상학적이든 원시적이든 모든 사유의 기초 개념들은 과학의 심판권에 복종한다. 원시인의 정신세계는 거기에서 해방되는 정신세계보다 비교할 수 없을 만큼 열등하다——다시 말해 대상과 주제로서만 섬길 수 있다. 오직 후자만이 18세기에 '계몽'과 연결된 놀라운 효과를 소유한다.

레비 브륄의 이 주지주의적 경험주의는 그것을 지탱하는 존재의 철학une philosophie de l'être——분명 덜 명료한—— 없이 진행되지 않는다. 자연처럼 구조화된 존재 그리고 실재로의 유일한 참된 접근, 즉 경험을 지배하는 **선험적** 접근인 지식과 상관적인 존재가 문제다. 원시인의 정신세계의 존재는 세계의 입법자로서의 이성과 세계보다 더 오래된 이성을 소환한다. 정신과 주체의 통일성은 역사가 향하는 이상을 가리킬 것이다. 통일성은 레비 브륄이 『원시인의 사회에서 정신기능』Fonctions mentales dans les sociétés primitives의 말미에서 말하는 역사의 출발점이 아닐 것이다.

『수첩들』Carnets[2]을 포함해 이후의 5권을 통해 비록 인간 정신의 통일성이 점진적으로 강요되고 **논리 이전**이라는 용어가 지워진다 해도[3], 비록 형식적 모순에 무감각한 사유가 단순히 사실들의 양립불가능성에 무감각한 것으로 드러난다 해도, 그리고 비록 원시인의 정신

---

2) Lucien Lévy-Bruhl, *Carnets*, Paris: Presses Universitaires de France, 1949.
3) *Ibid.*, pp. 164~166과 여러 곳.

세계와 근대인의 정신세계의 차이가 두 영혼들보다 오히려 영혼의 두 깊이를 구별한다 해도, 레비 브륄은 그럼에도 불구하고 이 진화의 과정에서 자기의 주장에 중요한 어떤 것을 포기하는 것 같다. 따라서 『수첩들』의 감동적인 어조들("내가 지금 있는 가파른 길……"[4]). 통일성의 문제나 사유의 다양성의 문제 그리고 그가 그것에 주었던 실증주의적 해결책은 따라서 매우 중요했다.

우리는 우리 시대에 그것에 대해 덜 민감할 수 있다. 우리는 심지어 레비 브륄의 작품들이 갖는 힘과 새로움이 논리 이전에 대한 포기를 결코 괴로워하지 않는다고 생각할 수 있다. 왜냐하면 이 주지주의의 가장 놀라운 특징이 합리주의의 경험주의적 비판에 있었기 때문만이 아니라 주지주의 그 자체에 대한 반대에 있었기 때문이다. 이 반대는 여전히 있다. 민속학의 사실들을 연구하기 위해 자연과학들로부터 자신의 방법을 빌려 오는 연구는 자연적 실재를 구성하는 범주들을 폭발시키는 개념들에 정확히 이른다.

이 범주들의 폭발은 모든 심리적 삶의 토대였던 **재현**과 단절하고 존재를 지탱시켰던 실체와 단절한다. 레비 브륄의 분석들은 경험을 아리스토텔레스에서 칸트에 이르기까지 ──그 뉘앙스들에도 불구하고── 경험을 조건 짓는다고 주장했던 범주들 그러나 또한 약간 모순적으로 마술과 기적이 포함되는 범주들 안에 부어 넣는 것으로 묘사하지 않는다. 레비 브륄은 경험의 가능성을 위한 소위 이 범주들의 필연성을 정확히 문제 삼는다. 그는 인과관계, 실체, 상호성 ──공간과

---

4) *Ibid.*, p. 72

시간처럼 ─ , '모든 가능한 대상'의 그 조건들을 경시하는 경험을 묘사한다. 따라서 범주들의 문제 그 자체가 제기된다. 우리는 현대인들의 사변에서 그것의 역할을 알고 있다. 따라서 레비 브륄의 작품들은 18~19세기의 유산인 그것의 개념적 구조에도 불구하고 심리학이나 사회 심리학을 벗어나고 주지주의적 자연주의의 구조를 공격한다. 물론 원시인들의 신념들 그 자체로 되돌아가는 것이 문제가 아니라 그런 신념들을 가능하게 하는 정신의 구조들과 결국 그런 구조들을 가능하게 하는 존재 방식들을 부각시키는 것이 문제다. 1910년 이래로 세계의 지적 청중에게 친숙하고 1921년에 계속돼 발전된 그리고 그때부터 4권의 새로운 책에서 더 깊이 연구된 레비 브륄의 기초 개념들은 많은 점에서 베르그손의 반주지주의를 반영하고 ─ 우리가 지금 가장 잘 보는 것처럼 ─ 현대인들의 충격을 완화시켰다. 그것들은 현대인들의 기초 개념들의 형성에 상당한 정도로 흔적을 남겼다. 우리가 특히 초기의 작품들과 모든 작품이 심사숙고되는 『수첩들』에 의존하면서 곧 생각하게 될 것은 그 개념들이 섬기는 체계보다는 오히려 그 개념들의 양식이다.

1. 재현[표상]의 붕괴

재현représentation은 철학적 전통에 실재[현실]와의 접촉 그 자체를 보증했다. 후설은 금세기 처음에 『논리 연구』*Logische Untersuchungen*에서 재현의 붕괴를 준비하면서 모든 심리적 사실이 재현이거나 재현에 근거하는 명제를 여전히 지탱시켰다.

재현은 비록 그것이 실험적인 시작에 속하고 감각들에 의존한다 해도 이론적·관조적 태도, 즉 지식으로 이해돼야 한다. 감각은 정확히 늘 재현의 원자로 간주돼 왔다. 재현의 상관자는 존재가 제공하는 광경에 무관심한, 자연을 타고난 결국 영원한 고정된, 고체의 존재다, 비록 존재의 변화의 정식이 불변하기 때문에 존재가 변한다 해도. 그런 존재들, 그런 존재들의 배치들을 연결시키는 관계들은 또한 재현에 자기를 준다. 행동 이전에, 감정 이전에, 행동과 관련될 또는 느낌을 야기하는 존재가 **재현**돼야 한다. 처해 있음affectivité은 그 자체로 내적인 상태들만을 포함한다. 처해 있음은 세계에 대해 아무것도 드러내지 않는다. 철학자들은 우리의 지적 삶에 대한 감정들과 정념들이 행사했던 영향도, 사유가 우리의 처해 있음에 미치는 결과들도 모르지 않았다. 관념들에는 감정들의 논리와 정서적 하중이 있다. 그러나 감정과 재현은 여전히 분리된 채 있다. 몇 가지 진리들은 예감 속에서 드러날 수 있지만 예감은 혼란스러운 재현에 불과하다.

오늘의 철학은 이 재현의 특권을 더는 인정하지 않는다. 예컨대 베르그손의 직관은 지속에 대한 지식이 아니고, 심지어 자기 자신이 지속되는 지식도 지속과의 일치가 대상에 접근하는 재현의 한계일 지식도 아니다. 직관은 어쨌든 재현이 아니라 지속이다. 지속은 존재가 경과하는 형식적 차원을 나타내지 않고 존재이자 동시에 존재에 대한 **경험**이다. 존재는 영혼에 대한 그의 존재와 그의 현존이 일치하는 창조적 노력 속에서 실현된다. 마찬가지로 현상학적 운동에서 후설과 셸러Max Scheler가 여전히 말했던——그리고 감정이 비록 그것의 상관자가 가치였다 해도 **의식작용**noésis의 구조를 보존했던—— 감정의 지향성은 재현 속에서 고정되지 않은 감정에 의해 대체된다. 감정의 가슴을 파고드는 성격은 자기-자신 안에 갇힌 처해 있음에 대한 지식의 울림으로 더는 해석되지 않고 감각보다 더 직접적인 존재와의 접촉으로 해석된다. 우리 안에서 가장 눈멀고 가장 귀먹은 것으로 간주된 것은 **가장 멀리** 간다. 이것은 존재의 존재함 그 자체가 실체의 고요한 존속처럼 펼쳐지지 않고 지배와 소유로서 인간의 실존이 있고 인간의 실존이 들어간, 우리가 레비 브륄의 용어들 속에서 이미 말할 수 있을 것처럼, 인간의 실존이 참여하는 힘들의 장場처럼 펼쳐지기 때문이다. 감정의 충격은 그와 같은 사건의 정확한 척도다. 재현은 자기의 굳어지고 표면적인 모습들만을 붙잡는다. 그래서 현대철학에서 객관적 실재는 그 실재가 실재의 기호도 현상도 아닌 더 깊은 실재의 표면에 있다(실재가 대상과 존재의 구별에서 여전히 존재였던 것처럼). 기호와 현상은 물론 언어 기호의 의미signifié 또는 본체本體, noumène의 위엄을 갖지 않는다. **재현된 것**의 구조는 그러나 그들에게 공통된 것이다. 깊은 실재는 어떤 재현의 범주에 의해서도 정의될 수 없는 차원들 속에서 그러나 칸트의 형식주의와는 반대로 비록 이론과 구별된 우리의 실존 양태들을 통한 것일지라도 우리가 직접적으로 접근하는 차원들 속에서 자기의 실존을 드러내 보인다.

『열등한 사회들에서 정신의 기능들』*Fonctions mentales dans les sociétés inférieures*의 처음부터 레비 브륄은 정서적 요소들이 혼재돼 있을 뿐만 아니라 그 요소들이 새로운 방식으로 방향설정하는 재현을 묘사한다.

우리가 상상력의 노력을 통해 정서적이고 역동적인 요소들이 재현들의 구성요소들이 되는 더 복잡한 상태들을 깨닫는 것은 매우 어렵다. 이 상태들이 참으로 재현들이 아닌 것처럼 보인다. 그리고 실제로 우리가 이 용어를 보존하려면 이 용어의 의미를 수정해야 한다. 원시인들에게 있어 이 정신적 활동의 형식은 순전히 또는 거의 순전히 지적 또는 인지적 요소가 아니라 우리에게 있어 정확히 '재현'인 것이 정서적 또는 역동적 성질의 다른 요소들과 혼합되고 그들에 의해 채색되고 침투된 그리고 결국 재현된 대상들에 대한 다른 태도를 내포하는 여전히 혼합된 더 복합적인 현상으로 이해돼야 한다. [……] 재현의 대상은 단순히 생각들이나 이미지들의 형태로 정신에 의해 포착되지 않는다. 경우에 따라서 두려움, 희망, 종교적 경외, 욕구 및 공통된 본질과 섞일 강렬한 욕망, 보호하는 힘에 대한 열정적 호소는 이 재현들의 영혼이고 거기에서 시작한 사람들에게 이 재현들이 소중한 것으로, 무서운 것으로 만드는 것과 동시에 정확히 성스러운 것으로 만든다. [……] 이 대상은 결코 무채색과 무관심한 형태로 나타나지 않을 것이다.[5)]

고전 심리학에 의하면 우리를 우리 자신 안에 가두는 정서는 그로 인해 어떤 초월을 획득한다. 이 개념의 독창성은, 우리가 오늘 말할 것처럼, 이 확장, 이 정서의 '지향성'에 있다. 레비 브륄은 원시인의 재

---

5) Lucien Lévy-Bruhl, *Les Fonctions mentales dans les sociétés inférieures*, Paris: Félix Alcan, 1910, pp. 28~29.

현들의 정서적 강도를 주장하는 것으로 그치지 않는다. 다시 말해 그는 정서를 통해 존재의 범주, 즉 초자연적이고 신비적인 것의 범주를 곧 기술할 것이다.

정서는 대상에 대한 재현을 뒤따르지 않고 그 재현에 앞선다. 지각이 대상의 성질들을 구별하기 이전에, 정확히 정서적 종합이 세계를 조직한다.

> [······] 종합들은 거기에서 근원적인 것으로 나타나고 [······] 거의 늘 분해되지 않은 그리고 분해할 수 없는 것으로 나타난다. [······] 집단적 재현들은 거기에서 고립해[개별적으로] 나타나지 않는다. 집단적 재현들은 그다음에 논리적 질서 속에 배치되기 위해 분석되지 않는다. 집단적 재현들은 지각-이전pré-perceptions, 점령-이전pré-occupations과 개념-이전pré-conceptions, 결합-이전pré-liaisons에 들어가고, 우리는 거의 추론들-이전을 말할 수 있을 것이다. 따라서 이 정신세계는 그것이 신비적이기 때문에 논리-이전이기도 하다.[6]

처음부터 ──우리가 여기서 보는 것처럼 ── 신비적인 것에 의존하는 논리 이전이라는 개념을 옆에 두고 가자. 신비적 경험은 부정적으로 정의되지 않는다. 신비적 경험은 "결핍된 또는 부정적 이성"[7]을 갖지 않는다. 신비주의는 어둠이나 혼란, 또는 논리적 사유의 어떤 불

---

6) *Ibid.*
7) Lévy-Bruhl, *La Mentalité primitive*, p. 47 참조.

완전이 아니다. 신비주의는 완전히 다른 영역으로 접근하는데, 그 대상은 영역의 확장에 불과하고 그 영역에서 다른 손가락들 사이에서 사유들로 번역될 수 없지만 직접적으로 정서에 접근할 수 있는 혈족 관계가 확립된다.[8]

이 '형이상학적' 세계는 물리적 자연 뒤에 있지 않고 감각보다 더 직접적으로 그리고 더 빠르게 느껴진다. 이 세계는 존재로 완전히 열리면서 재현들로 종속되지 않는 정서에 의존한다. 레비 브륄과 현대 형이상학자들에게 공통된 정서의 관념Notion d'émotion. 정서가 드러내는 구조의 **독특한** 성격은 『수첩들』의 마지막 페이지들 가운데 하나에서 매우 힘차게 표현된다.

> "존재들이 우선 **주어지고** 그다음에 참여들로 들어간다"는 것을 인정해선 안 될 것이다. "존재들이 주어지기 위해, 존재들이 존재하기 위해 이미 참여들이 필요하다. 참여는 그저 자신의 동일성을 상실하고 동시에 보존하는 존재들의 신비롭고 설명할 수 없는 융합이 아니다. [……] 참여가 없다면, 존재들은 그들의 경험 속에 **주어지지** 않을 것이다. 즉 존재들은 존재하지 않을 것이다. [……]"

개인에게 있어, 참여는 "**개인의 실존의 조건**이고, 어쩌면 가장 중요하고 가장 본질적인 것일 것이다 [……] 이 정신세계에 있어, 실존

---

8) Lévy-Bruhl, *Carnets*, p. 138.

한다는 것은 신비적인 힘, 본질, 실재에 참여하는 것이다."[9]

2. 익명성의 형이상학

아리스토텔레스의 형이상학 이래로, 실체는 존재의 궁극적이고 내부
적인 구조를 드러낸다. 실체는 존재의 유비analogie de l'être의 종착점
terme이다. 실체는 항상성과 고체성의 관념을 초래할 뿐만 아니라 경
험의 집중과 실체가 속성들과 행동들에 행사한 지배의 관념을 초래
한다. 존재는 사유에 의해 주제화될 수 있고 이런 의미에서 이해되고
포착될 수 있다. 우리는 무엇? 누구? 라는 물음을 가지고 존재에 접근
한다. 명사nom는 이 물음에 반응한다. 실체substance는 명사substantif
다. 실체주의에 대한 고발은 실체들의 관계들로의 환원, 사물들 가운
데 인간을 따로 분리시킴 ──이 모든 새로움은 정밀과학들과 인문과
학들의 비약적 발전에 기인한다── 이 명사의 논리적이고 문법적인
우선권을 뒤흔들지 못했다. 이와 반대로, 근대철학에서 재현으로부
터 해방된 감정적 경험의 향상은 더는 아무런 명사를 갖지 않는 존재
의 구조들을 지휘한다. 동사에 의해 표현되는 **행동**, 그리고 부사에 의
해 번역되는 **어떻게**comment는 명사에 앞선다. 예컨대 ──하이데거와
하이데거주의자들에게 있어── **존재**être는 **존재자**étant가 아니라 **존재
자의 존재**, 존재자들을 계시하는 '어두운 밝음'의 근원, 존재의 현재분
사들이다. 모든 존재자의 조건, 즉 최초로 계시된 것은 존재자가 아니

---

9) *Ibid.*, pp. 250~251.

다. 존재들은 명사적으로 표현할 수 있는 단수적 존재들의 전체성이 아니라 장場이나 분위기인 세계에서 나타난다. 근대 소설은 이 방향을 향한다. 근대 회화는 사물들을 비구상적[비사실적] 현실에 다시 빠뜨린다. 풍부한 기괴한 모습들 속에서 근대 회화는 공존불가능성의 공존가능성을 추구한다. 아무것도 더는 선택을 강요하지 않고 상상력은 상상력이 지각의 범주들을 깨뜨리는 그런 지각과 자기는 그렇게 관계없다는 것을 발견한다. 예컨대 영향력이 매우 큰 종교 심리학——루돌프 오토Rudolf Otto의 종교 심리학 작품(1917)인 『성스러움』Das Heilige처럼——은 결국 대상도 아니고 말하는 사람도 아닌 **신비감**le numineux이나 성스러움과 관계있는 경험을 제시한다. 따라서 그리스인들 이후로 존재와 형이상학적인 것의 관념들과 분리할 수 없는 것처럼 보였던 형식과 자연의 관념 그 자체가 파괴된다.

레비 브륄은 범주들의 전복이 문제가 된다는 것을 충분히 의식하면서 원시인의 정신세계를 분석한다. "우리에게 자연의 구조 그 자체, 자연의 실재와 자연의 안정성의 토대인 인과관계의 연결들은 (원시인들의 눈에) 거의 관심이 없는 것이다."[10] "우리는 여기서 경험이 지배하지 않는 일종의 **선험적인 것** 앞에 있다."[11]

"존재한다는 것은 참여한다는 것이다."[12] 초자연적인 것의 감정적 범주에 관여하는 참여는 결코 형이상학적 존재를 향한 불명확한

10) Lévy-Bruhl, *La Mentalité primitive*, p. 19.
11) *Ibid.*, p. 21.
12) Lévy-Bruhl, *Carnets*, p. 22.

물리적 현상으로부터가 아니라 더는 존재의 구조를 갖지 않는 힘을 향해, 신비한 영향력의 확산된 현존을 향해 주어진 것으로부터 이끈다. 익명적 실재들이 문제다. "접근할 수 없는 영역에서 유래한 익명적 실재들은 떠돌아다니고 그들은 말하자면 빛난다."[13] 이 힘들은 실체적 형식 속에 들어가지 않고, 이 힘들은 자기를 계시하는 주체들의 더 많은 의지들이다. 이와 반대로, 사물들은 어느 정도 물신物神들로서 존재한다. 사물들은 그들의 속성들이 아닌 힘들에 의해 지탱된다. 하이데거의 세계에 대한 분석에서 우선 사물들이고 그리고 그다음에 이용할 수 있는 사물들이 아니라 처음부터 존재자들의 합계가 아니라 실천의 연결인 세계에서 유래하는 '사용품'인 도구들처럼, 물신들은 자신의 존재를 자연으로 환원할 수 없는, 힘들의 결합에서 얻는다. 가장 완전한 도구들은 거기에 속한다. "가장 중요한 것은 도구들이 잘 만들어진다는 것이 아니라 그 도구들이 행복하다는 것이다."[14] 힘들은 자연으로 환원할 수 없는데, 왜냐하면 그 힘들이 너머l'au-delà를 고려할 것이기 때문이 아니라 그 너머가 이 세상과 결코 분리되지 않기 때문이다. "원시인은 이 세상과 저 세상 사이를 구별하지 않는다."[15] 따라서 존재를 표현하기 위해 "양쪽 모두임",[16] "이원성-일원성", "동질성[공실체성]",[17] "상호 침투"[18]와 같은 표현들이 있다.

---

13) Lévy-Bruhl, *La Mentalité primitive*, p. 86.
14) *Ibid.*, p. 350. 게다가 잘 만들어진 도구들의 사실은 재현을 필요로 하지 않고 레비 브륄이 재현과 관계없는 것으로 허용하는 단순히 손의 직관(p. 518)을 필요로 한다.
15) *Ibid.*, p. 14와 원시인의 정신세계에 할애한 6권의 작품의 여러 곳에서.
16) Lévy-Bruhl, *Carnets*, p. 64.

이 애매성이 실체를 "탈실체화한다". 가시적인 것과 비가시적인 것의 혼동은 실제로 인과성의 관계로도 환원되지 않고, 비非원시인의 정신세계에서 초자연적인 것과 자연적인 것을 결합시키는 상징작용(기호와 의미의 연관)으로도 환원되지 않는다. 만약 참여가 초자연적인 것을 향해 이끄는 차원을 연다면, 이 초자연적인 것은 최상급 속에 있는, 이 세상의 단순한 복사물이 아니고 또는 대상들처럼 구조화되고 초월의 순전히 형식적 심연에 의해서만 분리된, 대상들의 승화가 아니다. 초자연적인 것의 초자연성은 정서적 경험에 직접적으로 접근할 수 있고, 레비 브륄이 더 나중에 말할 것처럼 "경험-신앙"에 직접적으로 접근할 수 있다.[19] 초자연적인 것은 우리의 안전,[20] "마법의 **지속 가능성**",[21] 자연 및 세계와 반대 지점에 있는 것에 대한 경험을 이미 문제 삼으면시 처음부터 두려움의 대상이 되고, 희망의 대상이 되며, 존경받는다. 따라서 이 반反우주의 유동성. 사물들은 서로 뒤섞여 변형되는데, 왜냐하면 사물들의 모습들이 그들을 지배하는 이름 없는 힘들에 비해 쓸모없기 때문이다.

레비 브륄이 참여의 특징을 나타내는 **감정**sentir은 그저 형식과의 직접적이고 여전히 불확실한 관계가 아니다. 감정은 엉망이 된 **사유도** 아니고 단축된 사유도 아니다. 즉 감정은 다른 차원에 다다른다. 감정

---

17) *Ibid.*, p. 92.
18) *Ibid.*, p. 134.
19) *Ibid.*, p. 251.
20) *Ibid.*, p. 68, p. 75.
21) Lévy-Bruhl, *La Mentalité primitive*, p. 52.

은 힘을 어쩔 수 없이 받아들이는 방식이다. 신비적 실재는 "비록 가장 종종 비가시적이고 감각에 지각되지 않는다 해도 현재하고 활동적인 존재에 대한" 감정 속에 주어진다. "그것은 궁극적으로 주어진 것이다.……"[22] 어떤 관조된 이미지도 이 힘과 인간 사이에서 화면[스크린]을 만들지 않는다. 즉 "원시인이 자기의 감각에 주어진 것을 지각하는 바로 그 순간에 원시인은 그렇게 자기를 드러내는 신비적 힘을 자기에게 재현한다."[23] 감정은 인식의 공허한 형식이 아니라 매혹, 마법의 확산성의 위협으로의 노출, **마주하는** 사물들의 현존이 아니라 잠복해 있다가 놀라게 하는 존재의 어둠 속에서의 현존이다.

3. 실존

재현의 붕괴와 상관관계가 있는 실체의(또는 정확히 말해 존재들의 '실체성'의) 파괴는 근대철학에서 외부성 즉 관념론적인 철학을 가능하게 했던 주체에서 이미 아주 가까운 이 외부성에 대한 확실한 관념의 종말에 영향을 줬다. 존재에 대한 최초의 경험은 정서의 차원에 있기 때문에 외부적 존재는 사유에게 외부적 존재와의 친밀성을 보증했던 형식을 빼앗긴다. 주체는 그렇게 주체가 내맡겨진 외부성 앞에 있는데, 왜냐하면 외부성이 절대적으로 낯설고 다시 말해 예측할 수 없고 따라서 단수적이기 때문이다. 내 쪽에서 그렇게 존재에 내맡겨진 나

---

22) Lévy-Bruhl, *Carnets*, p. 34.
23) Lévy-Bruhl, *La Mentalité primitive*, p. 48과 여러 곳.

는 자기 집 바깥에서 영원한 추방의 장소들로 내던져지고, 자기에 대한 자신의 지배를 상실하며, 자기의 존재 자체에 의해 당황한다. 나는 늘 이미 나를 규정했던 사건들에 시달린다. 재현된 세계와의 관계가 또한 이탈, 거리, 지연, 자유, 역사에도 불구하고 자기에 대한 소유를 의미했던 반면에 세계-내-존재는 더할 나위 없는 기정 사실이다. 미리 알리는 존재는 늘 이미 여러분을 한쪽에서 저쪽으로 횡단한 존재다. 이 규정과 동시에 이 영향은 인과관계가 아닌데, 왜냐하면 규정과 영향으로부터 포착되는 나는 결단하고 참여하며 자신의 입장을 정하기 때문이다. 현재 속에서 이미 느껴진 그러나 여전히 결단을 위한 핑계를 남기는 미래의 구조.

레비 브륄은 참여에서 미래의 구조를 본 것으로 보이고 예지들에 대한 분석들에서 미래의 구조를 발전시킨 것으로 보이는데, 예지들에 대한 분석들에서 기호는 원인이고, 예언은 생산이며,[24] 미리 알리고 동시에 규정하는 힘은 또한 간청받는다.[25] "…… 신비적 힘들의 행동의 장場은 사실들이 우리를 위해 반드시 배치되는, 시간과 공간의 범주들을 지배하는 현실의 범주와 같은 그런 것을 구성한다."[26] 우리가 우리 자신에게 미래를 재현하는 대신에 우리가 우리의 미래로 **존재하는**est 실존철학자들의 언어에서처럼, 예언의 실천의 결과들을 관찰하는 원시인들은 "개인적으로 위태로움을 느낀다". 시련 속에서 그들과

---

24) *Ibid.*, p. 143.
25) *Ibid.*, p. 219.
26) *Ibid.*, p. 225.

관계있는 측면은 "그저 그들의 것이 아니라 그들 자신이다".[27]

그러나 만약 실존이 주체를 대체한다면, 존재 사유는 새로운 의미를 얻는다. 오직 실체적 형식들만이 그들 없이 무채색으로 그리고 중립적으로 남아 있던 **존재함**exister에 다양성과 현실성을 주었다. 이 형식들을 벗어난 벌거벗은 존재함은 그때부터 매우 일반적이고 공허한 말과 같은 것이 아니라 펼침, 효과, 영향, 지배와 타동사성과 같은 것으로 드러난다. 이것은 분명 존재가 베르그손주의에서 얻는 의미인데, 베르그손주의에선 존재도 존재가 시간의 펼침인 그런 시간도 더는 형식적이지 않지만 지속에서 형식과 내용이 완전히 융합된다. 즉 내용들은 말하자면 형식의 양태들 그 자체다. 이것은 또한 현대 존재론에서 존재가 얻는 의미다. 존재는 존재의 유비 속에서 실체라는 종착점을 향한 자기의 방향설정을 통해 끌어낸 일의성一義性을 상실한다. 존재자들은 더는 그들의 성질들이나 그들의 본성 때문이 아니라 그들의 존재 양상 때문에 다르다.

존재자로서의 주체와 능동적이고 타동사적인 존재 동사가 원시인의 정신세계에서 나타난다. 원시인에게서 세계는 결코 **주어진 것**이 아니라 주체에 의해 아직 인수되지 않은 존재의 매우 불안한 익명성과 많이 닮은 익명적 영역과 같다.

원시인의 정신세계의 존재는 일반적이지 않다. "각기의 이 참여들은 질적으로 느껴진다……, 참여들 사이의 각자는 특수하다."[28] 순

---

27) *Ibid.*, p. 218.
28) Lévy-Bruhl, *Carnets*, p. 75.

수형식으로서의 시간은 원시인들에게 알려져 있지 않고,[29] 모든 순간은 형식적 시간의 동질성과 반대로 다른 잠재력을 갖는다. 이 잠재력은 순간을 가득 채우는 존재 그 자체에서, 즉 이 벌거벗은 존재의 힘에서 유래한다. 사건의 효과efficacité는, 우리가 오늘 말할 것처럼 사건의 사실성effectivité에, 즉 존재의 현사실성에 있다. 사건은 선례로서 행동한다. 그러므로 과거는 특별한 형상format을 갖고, 과거는 과거로서 신비적이다. 과거는 그것이 존재했던 사실을 통해 여전히 행동한다. 그리고 반대로, 존재의 사실[존재한다는 사실]은 다양한 풍경들 속에서 동일한 것으로 실현되는 공허한 관념이 아니다. 이 풍경과 이 풍경을 가득 채우는 모든 것은 이 **존재함**의 재료[내용]와 존재함의 실행 그 자체다. 즉 "주어진 개인에게 산다는 것은 그의 사회적 집단의 살아 있거나 죽은 다른 구성원들과 함께, 동일한 땅에서 태어난 동물과 식물 집단들과 함께, 땅 그 자체 따위와 함께 신비적 참여들의 복잡한 그물망에 지금 참여한다는 것이다".[30] 죽어 가는 원시인을 살리는 백인은 "그 말의 토착적이고 신비적 의미에서"[31] 원시인의 생명을 위태롭게 한다. 산다는 것, 즉 존재한다는 것은 생생하고 느껴진 다양한 의미들을 갖는다. "그들의 경험은…… 우리가 상상하는 것처럼 단일한 차원

---

29) 이 점에 대해 그리고 원시인들의 시간과 베르그손의 지속의 가까움, 그리고 또 우리가 현대 언어에서 "생생한 공간"이라 부를 것에 대해선 Lévy-Bruhl, *La Mentalité primitive*, pp. 90~93, p. 231 이하 및 여러 곳 참조. 지각의 공간과 공간의 구체적 성질들은 유클리드의 공간과 그 공간의 기하학적 성질들에 앞선다(p. 232. 또한 결론의 p. 520 참조).

30) *Ibid.*, p. 500.

31) *Ibid.*

에서 동질적이지 않다."[32] "······ 경험의 '실재'는 일의적이지 않다."[33]

4. 정신세계라는 관념

"우리는 재현들의 차원, 심지어 가장 요소적인 것들의 차원에 있지 않고 존재의 깊이에 있는 다른 차원에 있는데, 존재의 깊이에서 발생하는 현상들은 비록 재현들의 가능성이 그것으로부터 실질적으로 배제되지 않는다 해도 즉 그들이 본래적으로 인간이라는 점에서 분명 정신적이지만 본질적으로 감정적이다."[34] 원시인들의 세계는 우주의 변형된 재현이 아니다. 그 세계는 비록 그 세계를 드러내는 정서가 '지향성'이라 해도 전혀 재현이 아니다. 그러나 만약 레비 브륄이 서구의 사유가 다른 사유를 생산할 수 있었을 정세들의 일치에서 유래한다는 것을 점점 증명하고 싶지 않다면, 그는 그럼에도 불구하고 심지어 **논리 이전**이라는 용어를 포기함으로써 이론적 사유의 특권을 문제 삼는다. 이 특권은 실제로 **나는 생각한다**의 확실성에서도 흔들리지 않는 논리 법칙들에서도 유래하지 않고 재현이 그 자체로 주피터의 머리에서 완전 무장한 채 나타났던 미네르바Minerva와 닮은 모든 역사에 대해 보존하는 독립에서 유래한다. 인간과 인류의 시대를 통해 정신적 습관들의 변화를 발견하는 경험주의자들에게서 진리의 상대주의는 감각에서

---

32) Lévy-Bruhl, *Carnets*, p. 55.
33) *Ibid.*, p. 81.
34) *Ibid.*, p. 108. 강조는 인용자.

의 이미 아주 완전한 인지적 태도의 절대성, 기초적인 정보, 관념들의 세계에서 영혼에게 자기의 조국을 드러내는 빛을 여전히 조금도 감소시키지 않는다. 레비 브륄은 재현이 인간 영혼의 근원적 몸짓이 아니라 하나의 선택이라는 것, 그리고 소위 주권적 정신^{mens}은 **정신세계**에 의존한다는 것을 보여 줌으로써 이 절대성을 정확히 파괴한다.

정신세계라는 용어는 새롭다. 그것은 근대적인 관념을 지시한다. 우리는 예전에 이성이 외부 요인들에 굴복할 수 있다고 생각했고 이성에 무감각한 정신들의 포로상태를 정신 외부에 있는 이 요인들에 결부시켰다. 그러나 좋은 방법이 인간들 사이에 매우 놀라울 만큼 공유된 공통 감관[상식]을 돋보이게 할 수 있었다. 이성은 방법의 열쇠를 장악하고, 이성은 혼자 힘으로 해방될 수 있는데, 왜냐하면 이성은 늘 이미 자기 자신이기 때문이다. 정신세계라는 개념은 인간 정신이 외부 상황——풍토, 인종, 제도 그리고 심지어 자연의 빛[이성]을 왜곡할 계약 맺은 정신의 습관들——에 의존할 뿐만 아니라 정신세계가 **그 자체로** 의존이고 정신세계가 개념적 관계들로 향하거나 참여의 관계들 속에 남아 있을 모호한 가능성에서 출현한다는 것, 정신세계가 재현 **이전**에 매우 인상적인 방식으로 존재에 참여한다는 것, 정신세계가 존재 속에서 **방향을 설정**한다는 것, 정신세계가 그 방향설정의 양태인 지식을 선택하기 이전의 그 방향설정이라는 것을 긍정하는 데 있다. 대상을 향한 운동은 원시인의 정신세계에서 우리의 것에서보다 더 시각적인 더 깊은 운동에 의존한다.³⁵⁾

---

35) *Ibid.*, p. 131, p. 165, p. 234.

따라서 재현 아래에서 행해지는 그러나 존재와의 관계 속에 여전히 있는 이 새로운 유형의 사건들에 대한 하나의 관점이 열린다. 이것은 특히 실존철학들이 어렴풋이 보는 관점이다. 실존철학들의 공헌은 **존재하는 인간**l'homme qui est과 인간의 존재를 연결시키는 겉보기에 동어반복적인 관계 속에서 사건과 문제를 탈은폐하는 것이었다. 존재가 천진난만하게 존재자에 의해 소유되었고 갈등과 투쟁이 오직 존재들 사이에서만 그리고 재현의 매개를 통해서만 행해지는 고전 심리학에 반대해, 존재 철학은 '재현-이전의' 존재로의 참여를 드라마로 보는데, 이 드라마에서 존재한다는 것은 '붙잡다'prendre 또는 '포착한다'saisir와 같은 타동사와 동시에 '자기 자신을 느낀다'se sentir 또는 '있다'se tenir와 같은 재귀동사가 된다. 이 동사가 드러내는 반성은 이론적 시각이 아니라 이미 존재함 그 자체의 사건이고, 의식이 아니라 이미 참여 즉 우리가 배경으로 간주하고 싶은 생각이 들었을 모든 정세들에 의해 규정된 존재 **방식**이다. 우리가 앞선 말했던 옹호하는 또는 적대하는 힘들이 침투된 땅에 참여하는 **존재함**exister의 개념은 쪼개진 동일한 면을 따라 전통적이고 매우 형식적인 존재 개념을 깨뜨리지 않는가?

『수첩들』의 중요한 페이지들에서 이 존재함의 방식 ──존재자가 모든 것과 분리되고 동시에 이 모든 것에 참여하는── 은 개인적 실존의 자율이 집단에의 소속과 분리되지 않는 사회적 경험에 가깝다.[36] "개인의 사회집단에의 참여는 개인이 자기 자신의 존재에 대해 갖는

---

36) *Ibid.*, p. 98, p. 106.

감정 속에 내포된, 즉각적으로 주어진 것이다."[37] 그리고 이 참여의 이론은 존재에 대한 근대적인 감정을 설명하기 위해서도, 심지어 그것의 부분적 정당화를 위해서도 가치가 있다. 어쩌면 우리는 철학적 시대에 속할 것인데, 철학적 시대에는 살아 있는 것을 견본으로 해서 사유된, 기계론적인 물질과 존재의 동일화의 결과로 생긴 존재의 개념이 존재에 대한 제1의 직관으로서의 사회적 경험에 의해 대체된다. 그러나 만약 레비 브륄의 분석들이 정서적 경험과 참여의 개념들, 자신들의 존재함 자체 때문에 유효한(내용들이 형식들과 분리되는 것 없이 모든 실체적 형식을 벗어나는) 실존l'existence과 존재l'être의 개념들 즉 무신론적이고 종교적인 근대사상이 충동들을 발견했고 이성의 개념 그 자체를 확장할 기회를 발견했던 개념들을 만드는 것을 도왔다면, 그 분석들은 또한 시대에 뒤지고 퇴보적인 형태들에 대한 향수를 만족시킨다. 신화학의 부흥, 세속적 사상가들에 의해 더 높은 사유의 수준으로의 신화의 상승, 종교의 영역에서 우리가 최근에 도그마와 도덕의 정신화라 불렀던 것과의 투쟁은 이성의 확장이 아니라 원시인의 정신 세계로의 순전한 귀환을 표현한다. 어쩌면 기술 이성의 불충분에 의해 그리고 기술 이성이 폭발시키는 대파국들에 의해 설명될 향수. 그러나 유일신론에서 생긴 문명은 신화들의 공포, 그 신화들이 유발하는 정신들의 혼란, 그리고 그 신화들이 관습들에서 영속시키는 잔인성들에서 해방된 방향설정을 통해 이 위기에 응답할 수 없는가?

---

37) *Ibid.*, p. 107.

신-인간?

철학은 빛 속에 놓는 것이다. 마치 철학적 기획의 경솔함을 강조하기 위해 발명된 유행하는 표현에 따르면, 철학은 탈은폐다. 그렇다면 우리는 수억 명의 신앙인에게 친밀한 개념, 즉 거의 2,000년 동안 내가 지금 오늘 밤 문제가 되는 신앙의 예외를 정확히 가지고 내가 그들의 생각들의 대부분과 더불어 그들의 운명을 공유하는 사람들을 집결시키는 그들의 신학의 신비 중의 신비를 철학자로서 어떻게 논할 수 있는가?

나는 물론 안 할 수 있었다. 그러나 이 만남에 참여하라는 요구가 우정으로 전해진 것이어서 거부할 수 없었다. 내가 예의가 없는 것을 두려워했기 때문이 아니라, 내가 어떻게 우리 시대의 관대한 의도들에 눈을 감고 비극적 시기의 우정을 망각할 수 있었겠는가?

나는 신앙이 없는 사람들에게 금지된 세계에 참견할 만큼 교만하지 않고, 신앙의 궁극적 차원들은 분명 나를 벗어난다. 나는 신-인간이라는 표상이 암시하는 다양한 의미 가운데 두 가지를 성찰하고 싶다.

신-인간의 문제는 한편으론 최고 존재가 당하는 낮아짐[비천함,

겸손]의 사상, 곧 창조주가 피조물의 차원으로 내려오는 하강의 사상, 즉 가장 능동적인 능동성의 가장 수동적인 수동성으로의 흡수의 사상을 포함한다.

신-인간의 문제는, 다른 한편으로 마치 수난 속에서 자기의 마지막 한계로 떠밀린 이 수동성을 통해 발생하는 것처럼, 타자들을 위한 속죄expiation pour les autres, 곧 대속substitution의 사상을 포함한다. 다시 말해 더할 나위 없는 동일성, 서로 교환할 수 없는 것, 더할 나위 없이 유일성인 것은 대속 그 자체일 것이다.

첫눈에 신학적인 이 생각들은 우리의 표상의 범주들을 전복시킨다. 따라서 나는 그리스도교 신앙에 무조건적으로 가치가 있는 이 생각들이 얼마만큼 철학적 가치를 갖는지를 스스로에게 묻고 싶다. 다시 말해 그 생각들은 어느 정도는 현상학에서 드러날 수 있다. 이미 유대-그리스도교의 지혜의 수혜자인 현상학. 물론이다. 그러나 의식은 모든 것을 지혜들로 동화시키지 않는다. 의식은 의식을 공급할 수 있는 것을 현상학에만 회복시켜 준다. 따라서 나는 우리가 방금 기술한 새로운 범주들이 어느 정도 철학적인지를 스스로에게 묻는다. 나는 이 정도가 신앙하는 그리스도인을 통해 불충분하다고 판단될 것으로 확신한다. 그러나 어떤 것도 종교를 대신할 수 없는 몇 가지 점을 드러내는 것은 어쩌면 무용하지 않을 것이다.

나는 신의 낮아짐이 소박함이나 범신론의 용어들과는 다른 용어들 속에서 어느 정도까지는 초월과의 관계를 생각하게 해준다고 생각한다. 그리고 나는 대속의 사상——어떤 양태에 따라——이 주체성에 대한 이해에 꼭 필요하다고 생각한다.

순전히 인간인 인간들의 정념과 즐거움을 공유하는 신들-인간들의 출현은 물론 이교도들의 시詩의 진부한 사실이다. 이교에서 이 드러냄의 대가로 신들은 자기의 신성을 상실한다. 그래서 철학자들은 인간들의 정신 속에 신들의 신성을 보존하기 위해 도시의 시인들을 추방한다. 그러나 그와 같이 구원받은 신성에는 모든 겸손 condescendance이 없다. 플라톤의 신은 선善이라는 비인격적 이데아이다. 아리스토텔레스의 신은 자기를 사유하는 사유다. 헤겔의 『백과사전』Enzyklopädie der philosophischen Wissenschaften은, 다시 말해 어쩌면 철학은 인간들의 세계에 무관심한 이 신성으로 끝날 것이다. 세계가 시인들의 작품 속에 신들을 흡수했던 것처럼, 세계는 철학자들의 작품 속에서 절대자로 승화된다. 따라서 무한은 유한 속에dans le fini 나타나지만, 무한은 유한에au fini 나타나지 않는다. 인간은 더는 신 앞에coram Deo 있지 않다. 유한과 무한 사이의 근접성의 질서를 벗어난 extraordinaire 넘침은 질서ordre로 되돌아온다. 인간들, 인간들의 비참과 절망, 인간들의 전쟁과 희생, 공포와 숭고함은 절대자와 전체성의 무감각한 질서로 변하고 요약된다. 우리가 철학자들을 믿어야 한다면, 우리 삶의 참된 의미는 자기 자신의 방해조차 상세히 이야기할 수 있고, 불멸의 상호주관성에서 늘 되살아날 수 있는 끊임없는 담론 속에서 물론 나타난다.

그러나 철학자가 신과의 대면과 신의 근접성과 섬뜩함l'insolite과 그 만남의 낯선 생산성을 사유할 수 없는 이 불가능성은 논리적 사유의 어떤 오류에서 유래하지 않는다. 이 불가능성은 논리 그 자체의 논박할 수 없는 형식주의에서 생긴다. 만약 절대적으로 다른 것이 나에게 나타난다면, 절대적으로 다른 것의 진리가 바로 그것을 통해 거기서 어떤 의미를 얻기 위해 나의 사유들의 맥락으로 통합되고 거기서 현대적인 것이 되기 위해 나의 시간으로 통합되지 않는가? 모든 방해는 결국 질서로 되돌아가고 더 크고 더 복잡한 질서가 나타나게 한다. 그것은 정신의 관점이 아니다. 다시 말해 그것은 우리 시대의 큰 경험이다. 다시 말해 역사학자는 섬뜩한 모든 침입에서 자연적인 의미를 발견한다. 모든 것이 신이고 모든 것이 세계인 우주에 맞서 두 질서의 소통을 우리는 어떻게 유지할 수 있는가? 신을 향한 과도한 운동은, 행성 사이의 비행처럼, 그 비행을 가능하게 하는 질서의 통일을 강조하지 않고 어떻게 가능한가?

그 나타남이 영광스럽지도 않고 빛나지도 않는 진리의 관념, 성서의 표현에 따라 가느다란 침묵의 목소리처럼 자기의 낮아짐에서 나타나는 진리의 관념, 즉 박해받은 진리의 관념은 따라서 유일하게 가능한 초월의 양태가 아닌가? 내가 다른 점에서 보면 결코 반대하고 싶지 않은 겸손의 도덕적 성질 때문이 아니라, 어쩌면 그것의 도덕적 가치의 근원일 그것의 **존재 방식** 때문이다. 비천한 것으로 나타나는 것, 즉 정복당한 사람들, 가난한 사람들, 쫓기는 사람들과 결합된 것으로 나타나는 것은 질서로 되돌아가는 것이 아니다. 이 패배주의에서, 뻔뻔스럽게 요구하지 않는 이 요구를 통해 그리고 대담하지-않음 그 자체인 이 요구를 통해, 거지와 머리 둘 곳 없는 무국적자의 이 요구——환대하는 사람의 **긍정**oui과 **부정**non에 좌우되는——를 통해 감행하는 것을 감행하지 않는 이 수줍음에서 비천한 사람은 절대적으로 방해한다. 비천한 사람은 세계에 속하지 않는다. 비천함과 가난은 존재 속에 있는 하나의 방식, 다시 말해 사회적 조건이 아니라 존재론적 (또는 의무론적^{mé-ontologique}) 방식이다. 이 추방된 사람의 가난에서 나타나는 것은 우주의 통일성을 방해하는 것이다. 내부성에 자리 잡지 않고 내부성을 돌파하는 것.

그와 같은 열림은 아주 명백하게 애매성 말고는 다른 것이 될 수 없다. 그러나 세계의 찢어지지 않는 조직에서 애매성의 출현은 세계의 음모의 느슨함도 아니고, 그 세계를 탐색하는 지성의 실패도 아니라, 바로 비천함을 통해서만 발생할 수 있는 신의 근접성^{la proximité de Dieu}이다. 초월의 애매성——그래서 결국 무신론에서 신앙으로 신앙에서 무신론으로 가는 영혼의 변화, 그리고 결국 믿는다^{croire}라는 동사의 직설법 현재 단수 1인칭을 사용해야 할 어법 위반——은 신의 죽음 이후에 살아남는 연약한 신앙이 아니라, 신의 현존의 최초의 방식, 소통의 최초의 방식이다. 소통은 자기 자신의 자기 자신으로의 확실성의 현존, 다시 말해 동일자 안에서의 끊임없는 체류를 뜻하지 않는 초월의 모험과 위험이다. 위험스럽게 산다는 것은 절망이 아니라 불확실성에 대한 긍정적 관용이다. 따라서 박해받은 진리의 관념은 우리로 하여금 내부성이 늘 초월을 이기는 탈은폐의 놀이를 끝내도록 허용하는데, 왜냐하면 한번 존재가 탈은폐되면——비록 존재가 부분적으로 있고, 신비 속에 있다 해도—— 존재는 내재적인 것이 되기 때문이다.

신의 비천함이라는 성서의 주제를 야기하는 초월이라는 철학적 관념을 가장 잘 이해한 사람은 분명 키르케고르^{Søren Kierkegaard}다. 키르케고르에게서 박해받은 진리는 나쁘게 접근된 진리가 결코 아니다. 박해와 그 박해가 노출되는 더할 나위 없는 굴욕은 진리의 양태들이다. 초월적 진리의 힘은 그것의 비천함에 있다. 그것은 마치 그것이 자기의 이름을 감히 말하지 않는 것처럼 나타나고, 그것은 마치 그것이 너머에서d'au-delà 오지 않는 것처럼 그것이 곧바로 혼동될 세계에 자리를 잡지 않게 된다. 우리는 키르케고르를 읽으면서 자기의 기원을 말하는 계시가 그것을 통해 세계에 맞선 자기의 무력한 권위를 여전히 주장할 초월적 진리의 본질과 반대되는 것은 아닌지 스스로에게조차 물을 수 있고, 우리는 참된 신은 자기의 익명을 언젠가 버릴 수 있는지를 스스로에게 물을 수 있다. 진리에 역사의 모든 이름들을 괴상하게 입히고, 진리의 가느다란 침묵의 목소리를 전쟁터와 시장에서 일어서는 소리의 울림으로 환원하고 또는 의미 없는 요소들의 구조 지어진 배치로 환원할 역사가들, 문헌학자들, 사회학자들의 절도와 객관성을 벗어나기 위해, 우리는 말해진 진리가 곧바로 말해지지 않은 것으로 나타나선 안 되는 것인지를 스스로에게 물을 수 있다. 우리는 계시의 첫 말이 신앙인이 그가 받는 것에 감사하는 것이 아니라 감사한다는 이 사실 그 자체에 감사하는 유대인 예배의 고대 기도에서처럼 인간으로부터 와선 안 되는 것인지를 스스로에게 물을 수 있다.

그러나 초월이 슬그머니 스며드는 애매성의 열림은 어쩌면 보충적 분석을 필요로 할 것이다. "겸손한 사람과도 함께 있고 잘못을 뉘우치고 회개하는 사람과도 함께 있기"(「이사야서」 57장 15절) 위해 자기를 낮추는 신, '무국적자, 과부와 고아'의 신, 세계에서 배제되는 것과의 결합을 통해 세계에 나타나는 신은 자기의 넘침 가운데 세계의 시간에서 **현재**가 될 수 있는가? 그것은 신의 가난에 비해 너무 많지 않은가? 그것은 신의 가난이 굴욕이 아닌 신의 영광에 비해 너무 적지 않은가? 질서를 방해하는 타자성이 곧바로 질서에 대한 **참여**가 되지 않기 위해, 너머의 지평이 열린 채 있기 위해, 나타남의 비천함이 이미 멀리 떨어져 있음이어야 한다. 질서를 떼어 내는 것이 그 사실 때문에 질서에 대한 참여가 되지 않기 위해 이 떼어 냄——극단의 시대착오를 통해——은 그 떼어 냄이 질서로 들어가는 것에 앞서야 한다. 그것은 전진에 내재하는 후퇴, 말하자면 결코 현재하지 않았던 과거를 필요로 한다. 후퇴 이후의 들어감이 발생하고 그 결과 나의 시간에 결코 담기지 않으며 따라서 기억할 수 없는 이 시대착오의 애매성——또는 수수께끼——이 점차 나타나는 개념적 모습을 우리는 흔적trace이라고 부른다. 그러나 흔적은 게다가 아직 어떤 말이 아니다. 다시 말해 흔적은 나의 이웃의 얼굴에서의 신의 근접성이다.

얼굴의 벌거벗음은 세계의 맥락을, 맥락으로서 의미하는 세계를 떼어 내는 것이다. 얼굴은 바로 얼굴을 통해 **마주함**'en-face의 예외적 사건이 근원적으로 발생하는 것이고, 건물과 사물들의 정면을 모방할 뿐인 것이다. 그러나 이 **면전**coram의 관계는 또한 가장 벌거벗은 벌거 벗음, '방어할 수 없음'과 '속수무책' 그 자체, 신의 근접성이 구성하는 부재의 궁핍과 가난, 곧 흔적이다. 왜냐하면 만약 얼굴이 마주함 그 자체라면, 질서의 계열을 방해하는 근접성은 무한과 무한의 기억할 수 없는 과거로부터 수수께끼같이 오기 때문이고, 얼굴의 가난과 무한의 이 결합이 내 편에서의 모든 참여 이전에 이웃이 나의 책임에 강제되는 힘을 통해 드러나기 때문이다. 다시 말해 신과 가난한 자들의 결합은 우리의 형제애에서 드러난다. 무한은 동화할 수 없는 타자성이고, 나타나고 신호로 알려지며 상징되고 알려지며 회상하는 모든 것과의 관계에서, 현재화되고 재현되며 그것을 통해 유한과 동일자와 '공시화'되는 모든 것과의 관계에서 절대적 차이다. 무한은 그^{Il}, 그임^{Illéité}[3인칭성, 절대 차이]이다. 무한의 기억할 수 없는 과거는 인간의 지속으로부터의 외삽법이 아니라, 신을 머무르게 할 수 없는 세계와의 관계에서 신의 근원적 앞섬 또는 근원적 궁극성이다. 무한과의 관계는 지식이 아니라, 수면에 나타나는 포함할 수 없는 것의 넘침을 보존하는 근접성이다. 무한과의 관계는 욕망, 다시 말해 바로 사유가 사유하는 것보다 더 무한히 사유하는 사유다. 사유가 사유하는 것보다 더 사유하는 사유를 요구하기 위해 무한은 욕망할 수 있는 것에서 물질화될 수 없고, 무한하기에 종말에 갇힐 수 없다. 무한은 얼굴을 통해 요구한다. 너$^{Un\ Tu}$가 나$^{le\ Je}$와 절대적 그$^{le\ Il\ absolu}$ 사이에 끼어든다. 비천하고 초월적인 신의 수수께끼 같은 둘–사이$^{l'entre-deux}$는 역사의 현재가 아니라 타자의 얼굴이다. 따라서 우리는 섬뜩한 의미 또는 우리가 우리의 설교의 속삭임을 망각하자마자 다시 섬뜩하고 놀라운 것이 되는 의미를 이해할 것이다. 다시 말해 우리는 "그는 가난한 사람과 억압받는 사람의 사정을 헤아려서 처리해 주면서, 잘 살지 않았느냐? 바로 이것이 나를 아는 것이 아니겠느냐? 나 주의 말이다"(「예레미야」 22장 16절)의 놀라운 의미를 이해할 것이다.

그러나 신–인간이라는 관념은 창조주의 피조물로의 이 실체변화에서 대속의 관념을 확증한다. 동일성의 원리에 대한 이 훼손은 어느 정도——그러나 정확히 어느 정도 보는 것이 필요하다—— 주체성의 비밀을 표현하지 않았는가? 우리 시대에 이론과는 다른 실천의 정신을 인정하지 않는 철학에서, 그리고 객관적 구조들에 대한 순수한 성찰로 되돌아가는 철학에서 의식으로 환원된 인간의 인간성 곧 대속의 사상은 자연주의적 휴머니즘이 자연주의 속에서 인간적인 것의 특권들을 빠르게 상실하면서 늘 얻지 못하는 주체의 복권을 허용하지 않는가?

의식으로 해석된 인간의 주체성은 늘 능동성이다. 늘 나는 나에게 강제되는 것을 인수할 수 있다. 늘 나는 내가 겪는 것에 동의하고 불리한 상황을 상냥한 얼굴로 대할 가능성이 있다. 그래서 모든 것은 마치 내가 처음에 있는 것처럼 발생한다. 이웃의 접근에서는 제외하고 말이다. 결코 맺지 않은, 타인의 얼굴에 적혀진 책임으로 나는 호명된다. 모든 자유에 앞선 이 소환됨보다 더 수동적인 것은 없다. 우리는 그것을 날카롭게 생각해야 한다. 근접성은 근접성에 대한 의식이 아니다. 근접성은 사로잡힘obsession인데, 사로잡힘은 확장된 의식이 아니라 의식을 뒤엎으면서 흐름을 거스르는 의식이다. 의식의 자발적 행위를 빼앗고, 나를 해체하며, 타인 앞에서 유죄 가능성의 상태에 나를 놓는 사건. 나를 기소하는 사건. 모든 잘못에 앞서기 때문에 나에 대해 박해하는 기소. 나를me **자기 자신**soi으로, 어떤 주격도 앞서지 않는 목적격으로 되돌아가게 하는 기소.

자기 자신은 자기를 통한 자기에 대한 재현이 아니라——자기의식이 아니라—— 의식의 자기-자신으로의 모든 귀환을 다만 가능하게 하는 앞선 회귀une récurrence préalable이다. 자기 자신, 수동성 또는 인내, '자기 자신을 멀리 떠날 수 없음'. 나는 자기 자신 안에 있고, 자기 자신에게 몰리며, 아무것에도 의지하지 않고 나의 피부 안에 있으며——나의 피부 안에서 마음이 편하지 않으며mal dans sa peau —— 그 어떤 비유적 의미를 갖지 않고 다른 모든 언어가 이미 어림잡아 말할 뿐일 절대적 회귀에 대한 가장 문자대로의 표현이 되는 이 물질화[성육신] incarnation다. 자기 자신은 나의 자기 자신으로의 추방 **그 이상으로** 물질화된 나^{moi}가 아니고, 이 물질화는 이미 나의 자기 자신으로의 추방이며 모욕, 기소, 고통으로의 노출이다.

무한한 수동성? 자기 자신의 동일성은 겪음의 수동성에, 물질조차 자기의 형식을 반대하는 최후의 저항에 한계를 설정하지 않는가? 그러나 자기 자신의 수동성은 물질이 아니다. 끝까지 떠밀린 수동성은 자기의 동일성으로 전환되고, 동일성으로부터 벗어나는 데 있다.

만일 그와 같은 동일성에 대한 배반, 그와 같은 전복이 순전한 소외로 전환하지 않고 가능하다면, 그 동일성은 그것이 겪는 박해 그 자체를 책임지도록 만들어지기까지 타자들에 대한 책임, 타자들이 행하는 것에 대한 책임이 아니라면 다른 무엇이 될 수 있는가? 「예레미야 애가」 3장 30절에 따르면 "때리려는 사람에게 뺨을 대주고, 굴욕으로 배를 채워라[욕을 하거든 기꺼이 들어라]." 고통이 어떤 초자연적 힘을 가질 것이기 때문이 아니다. 내가 겪는 박해에 책임이 있는 사람이 여전히 나이기 때문이다. 자기 자신은 동일성 이전의 수동성, 포로의 수동성이다.

절대적 거부할 수 없음으로 변하는, 즉 자유를 넘어 기소된, 그러나 바로 응답의 자발적 행위에 헌신하는 절대 수동성. 여기에 인내가 능동성으로 그리고 유일성이 보편성으로 변하는 섬뜩한 전환이 있고, 문화적 활동에도 단순히 구조화에만도 의존하지 않는 존재 안에 있는 질서와 의미의 맹아가 있다. 존재 안에서 목적 그 자체로서의 인간의 우위성을 부정하고, 결국 요소들의 단순한 배치[위치]에서 그 의미를 찾는 근대의 반﹅휴머니즘은 어쩌면 대속으로서의 주체성에 자리를 남겨 둘 것이다. 나는 내가 속성들로서 가지고 있을 소위 도덕적 성질들을 타고난 존재만은 아니다. 나의 무한한 수동성 또는 수난 또는 인내——나의 자기——내가 환원되는 예외적 유일성이 이 대속의 끝없는 사건, **존재의 존재가 비워지는** 존재의 사실이다.

그러나 나의 결론들로 이끌었던 분석은 신, 정신, 인격, 영혼, **합리적 동물**로부터도 출발하지 않았다. 이 모든 개념은 동일한 실체다. 나의 동일성을 취소하는 것은 나의 일이다. 타자들의 희생을 요구하지 않고 타자가 나를 위해 자기를 희생할 것을 내가 어떻게 타자로부터 기대할 수 있는가? 포로로서의 나의 조건을 통해 타자의 책임 그 자체에 곧바로 내가 책임이 있음을 발견하는 것 없이 나에 대해 타자가 책임 있다는 것을 어떻게 인정할 수 있는가? 내가 된다는 것은 늘 더 많은 책임을 지는 것이다.

잘못과 처벌 사이의, 자유와 책임 사이의 정확한 비례에 기초한 관계들(집단성들을 유한 책임을 갖는 사회들로 변형시키는 관계들)이 뒤집히는 포로라는 관념, 타자에 대한 나의 속죄라는 관념은 나 바깥으로 확장될 수 없다. 타자들의 고통과 잘못이 강제하는 책임에 노출된다는 것이 나의 자기 자신을 정립한다. 오직 나만이 잔인성 없이 희생자로 지명될 수 있다. 나는 모든 결심 이전에 세계에 대한 모든 책임을 짊어지도록 선택받은 사람이다. 메시아주의$^{\text{Le messianisme}}$, 그것은 내 안에서 시작하는 존재 안에서의 이 절정$^{\text{cet apogée de l'Être}}$——'자기의 존재를 보존하는' 존재의 전복——이다.

새로운 합리성: 가브리엘 마르셀에 대해

우리의 문명이 이야기된 25세기 동안 신神이라는 난공불락의 바위, 나는 생각한다라는 **확실한 토대**fundamentum inconcussum, 세계라는 별이 총총한 하늘은 서로 교대하면서 시간의 유동성에 저항했고 현재에 현존을 보증했다. 우리는 그 이후로 신의 죽음과 인간의 우연성 및 인간의 사유에서 휴머니즘의 우연성에 대해 연속적으로 가르침을 받았다. 그리고 이제 세계의 종말, 즉 마르셀Gabriel Marcel이 이미 말하는 깨진 세계가 온다.

이 모든 것은 글쓰기의 퇴폐, 싫증 난 지식인들의 환상들인가? 나는 그렇게 생각하지 않는다. 어떤 것이 일어나거나 일어났다. 그리고 그것은 내가 가브리엘 마르셀을 상기시키는 좋았던 옛 시절의 철학에 대한 추억을 가지고 나를 위로하는 것이 아니다. 이 붕괴 속에서 나는 정신의 긍정적 양태들, 즉 의미의 새로운 의미성들significances nouvelles du Sens을 이미 의심한다. 이 파멸들의 한가운데서 가브리엘 마르셀 자신은 이 종말과 이 종말이 포함하는 시작들을 생각했다.

세계의 파멸. 여전히 순조롭게 진척되는 세계에서, 세계의 파멸은 사물들의 삶을 공시화하지 못하는 자기의 무능력을 고백하면서 기표들 없는 기의들의 놀이를 하는 언어다. 마치 지속이 더는 명제들의 동시성에 있지 않은 것처럼, 마치 재현의 통일성을 보존했던 플라톤 학파의 상기anamnèse가 기억 상실증amnésie이 되는 것처럼. 베르그손 주의 안에서의 반反베르그손주의. 즉 모든 무질서는 더는 다른 질서 가 아닐 것이다. 그것은 권위 있는 강의의 어려움들처럼, 블랑쇼Maurice Blanchot가 말하는 책의 종말이다. 그러나 니체F. W. Nietzsche의 아포리 즘적 언어 이후로 그것은 헤겔(과 디드로Denis Diderot)의 『백과사전』과 사후의 자료나 아직 지불하지 않은 잔금으로서의 그 어떤 종합을 추구 하지 않고 일기의 연대순으로 공개할 수 있는 마르셀의 『형이상학 일 기』Journal Métaphysique, 1914~1923를 분리시키는 큰 거리이다. 가장 지식 이 있는 철학이 자유시詩의 새로운 리듬들, 모든 강압적인 운율에 맞 춰 읽기 운율에서 해방된 시간의 통시성을 옹호하는 장 발——마르셀 의 동료이자 친구, 동일한 종말들에 대한 증인이자 동일한 시작들의 창시자——의 작품처럼. 그것은 긍정된 의미들에 대한, 신앙으로서의 유의미성에 대한 불만이고, 논리적 명제의 엄격함과 판단의 억압적 판결에 대한 고발이며, 도그마가 확립하는 신에 대한 불만보다는 오 히려 도그마에 대한 불만이다. 표현할 수 없는 것, 말로 표현할 수 없 는 것, 비록 말해지지-않은 것이 부적합하게 말해진 것 또는 말 실수 라 해도 말해지지-않은 것에 사로잡힘, 단어들의 계보학과 어원학에 사로잡힘. 즉 근대성은 그것이기도 하다.

근대성은 신비주의가 아니다. 신비주의는 여전히 논리를 통해 세 워진 질서, 논리와 상관관계에 있는 존재로서의 절대자에 충실한 채 있다. 개념의 노동 없이 절대자에 이르려는 대담성에도 불구하고 존재론에 대한 충실성. 이와 반대로 근대철학의 문헌은 기호들의 말해진 것에 내재한 체계를 중시하기보다는 오히려 언어적 기호들을 가지고 노는 것을 더 좋아한다. 그러나 그렇게 의미성의 종말, 낱말들 속에서 오로지 존재, 말함의 말해진 것, 지식들을 열광시키는 말해진 것에 결부된 합리성의 종말이 나타난다. 콩디야크E. B. de Condillac는 과학에서 잘 만들어진 언어를 봤다. 언어——비록 언어가 잘못 만들어질 것이라 해도——는 그 언어가 아는 모든 것 때문에, 이 지식의 진리 때문에, 다시 말해 **존재하는 것**의 또는 **존재하는 것**의 존재의 변함없는 동일성——언어를 배반하거나 제한하는 것처럼 보이는 차이들 그 자체들을 통해 언어의 자기만족——언어의 완성——을 자랑스럽게 부활시킬수 있는—— 때문에 서구 전통에 유의미하다. 따라서 종말이 있지만새로운 지혜, 새로운 합리성, 정신에 대한 새로운 이해가 시작된다. 가브리엘 마르셀은 1919년 10월 21일 『형이상학 일기』 207쪽에서 그것을 말할 것이다.

분명 우리는 **자기 충족성**autarkia 즉 자기 자신에 대한 자기 자신의 만족이 갖는 탁월한 가치에 대한 고전적 생각에 강력하게 저항해야 한다. 완전한 것은 자기만으로 충분한 것이 아니다. 또는 적어도 이 완전함은 존재의 완전함이 아니라 체계의 완전함이다. [……] 존재와 존재가 필요로 하는 것을 연결시키는 관계는 어떤 조건들 아래에서 정신적 가치를 가질 수 있는가? 거기에 상호성, 깨어남이 있어야만 한다는 것처럼 보인다. 존재와 존재의 유일한 관계는 정신적인 것으로 말해질 수 있다. [……] 중요한 것은 존재들의 정신적 교류이고 여기서 문제는 경의가 아니라 사랑이다.

중요한 텍스트! 존재, 정신 그리고 정신적인 것의 문제가 그 텍스트에 많이 있고, 사랑은 끝에서 언급된다. 그러나 존재는 여기서 자기의식이 아니라 자기와 다른 것과의 관계와 깨어남이다. 그리고 자기와 다른 것은 타인이 아닌가? 그리고 사랑은 무엇보다 너^{toi}로서의 타인에 대한 환대 즉 가득 찬 손을 의미한다. 정신은 말해진 것이 아니고, 차이를 억압하지 않고 동일자에서 타자로 가는 것은 바로 말함이다. 그것은 아무것도 공통되지 않는 길을 연다. 타자를 위한 일자의 무관심하지-않음[차이]! 부버^{Martin Buber}에게서처럼 마르셀에게서 너^{tu}에 의해 깨어난 나^{je}의 정신성과 더불어 새로운 의미성이 의미한다. 동일성과 비동일성의 비동일성도 아니고 동일성과 비동일성의 동일성도 아니다!『일기』이후로 마르셀의 작품들에 있는 매우 많은 전통적인 표현들과 규칙들의 복원에도 불구하고, 매우 높은 이 작품은 이 유의미성의 새로운 의미성에 의해 사로잡히고 불타오른다.

그 작품은 손해 없이 나쁜 정신주의로부터 해방될 수 있을 정도로 내용이 풍부하다. 내가 말함의 무관심하지-않음이라고 부르는 것은 그것의 이중 부정 속에서 그 배후에 아무런 공통성도 실체로서 일어나지 않는 차이다. 따라서 관계와 파열, 따라서 깨어남, 즉 타인을 통한 나의 깨어남, 이방인을 통한 나의 깨어남, 조국이 없는 무국적자를 통한 나의 깨어남, 다시 말해 오직 이웃인 이웃을 통한 나의 깨어남. 자기에 대한 반성도 아니고 보편화도 아닌 깨어남. 먹이고 입혀야 할 타인에 대한 책임, 타인에 대한 나의 대속, 고통에 대한 나의 속죄 그리고 분명 타인의 잘못에 대한 나의 속죄를 의미하는 깨어남. 가능한 탈주 없이 나에게 주어진 그리고 나의 유일성이 고양되고 누구와도 바꿀 수 없게 되는 속죄.

그러나 이 파열에서 그리고 이 깨어남에서 그리고 이 속죄에서 그리고 이 고양에서 존재론적 긍정들을 넘어 초월의 신곡[신의 희극]神曲이 펼쳐진다.

해석학과 너머

신에게 깨어난 사유가 자기가 세계 너머로 간다고 믿든 또는 내면성보다 더 내면적인 목소리를 듣든 간에, 종교적인 이 삶이나 이 종교적 영혼을 해석하는 해석학은 이 사유가 바로 초월한다고 생각하는 어떤 경험에 동화될 수 없다. 이 사유는 너머, 자기-보다-더-깊음 곧 지향적 의식이 열고 가로지르는 **자기-바깥**과는 다른 초월을 열망한다. 이 초월은 무엇을 뜻하는가? 이 차이는 무엇을 뜻하는가? 어떤 형이상학적 성격의 결단을 하지 않고,[1] 우리는 여기서 다만 이 초월이 자기의 의식작용의 구조에서 지향성의 **자기-바깥**과 어떻게 단절하는지 묻고 싶을 뿐이다. 이것은 지향성의 세계와 존재와의 관계에서 지향성의 고유한 양식에 대한 예비적 성찰을 필요로 한다.

1. 우리는 후설의 의식의 현상학을 출발점으로 삼을 것이다. 상당한 정도로 우리가 '모든 의식은 어떤 것에 대한 의식'이라는 정식의 전환

---

[1] 그 결단은 어쩌면 우리가 그것에 대한 존재론적 설명에서 아무런 의미를 갖지 않을 것인데, 왜냐하면 그것은 **존재 너머**의 문제이기 때문이다.

으로 생각할 수 있는 후설의 의식의 현상학의 근본원칙은 존재가 자기의 **주어짐**의 방식들을 명령하고, 존재가 존재를 포착하는 지식의 형태들을 명령하며, 본질적 필연성이 존재를 존재가 의식에 나타나는 방식들과 연결시킨다고 말한다. 이 정식들은 물론, 만약 이 정식들이 존재-지식의 상관관계에 대한 모든 진리, 모든 경험과 모든 형상의 가능성을 보증하는 것과 관련돼 있지 않다면, '형상적' 진리들 사이의 하나의 '형상적' 진리처럼, **선험적인 것** 또는 심지어 경험적으로 어떤 **사물들의 상태**를 긍정하는 것으로 이해될 수 있을 것이다. 노출로서의 나타남과 지식으로서의 의식은 이것에 의존한다. 의식과 현실의 현실성 사이의 관계는 여기서 존재와 철저히 구별되고 자기의 고유한 필연들에 복종하며 어떤 '심리학적 법칙들'의 뜻대로 ──충실히 또는 충실하지 않게 ── 만나진 존재를 반영하고, 그리고 맹목적인 영혼 속에 있는 통일된 꿈에 이미지들을 배치하는 의식과 존재의 만남으로 더는 사유되지 않는다. 따라서 그와 같은 심리주의의 가능성은 파괴된다. 비록 존재와 존재가 나타나는 주체성의 차이가 의식이나 지식인 영혼을 **자기성**으로 실체화하는 것으로 나타난다 해도 말이다.

2. 따라서 후설의 정식들을 그 정식들의 정식화들을 넘어 사유해야 한다. 의식은 말하자면 **나타남** 속에서 ──드러냄 속에서── 존재의 활력이나 존재의 행위essance[2]를 펼치고 이런 의미에서 영혼이 되는 '사

─────────────

2) 우리는 **존재**(esse)의 행위 또는 존재 사건 또는 존재의 과정, 동사 **존재**(être)의 행위를 표현하기 위해 '*a*'가 있는 'ess*a*nce'를 쓴다.

건'의 지위로 올라서게 된다. 존재의 존재 행위L'essance de l'être는 자기 바깥[노출, 폭로]ex-position과 일치할 것이다. 자기-바깥으로 이해된 존재의 존재 행위는 한편으로는 존재자로서의 자기 정립, 하늘 아래에 있는 땅인 견고한 장소를 견고하게 함, 다시 말해 지금 여기의 **정립**positivité, 현존의 정립 즉 동일성의 정지로 반송[추방]한다. 더욱이 이 정립 ——현존과 동일성, 현존이나 동일성 ——을 통해 철학적 전통은 거의 늘 **존재의 존재 행위**를 이해한다. **기초 지어짐**과 동일성의 이해 가능성과 합리성은 자기의 동일성에서 **존재의 존재 행위**로 환원된다. 다른 한편으로 노출은 존재를 제시, 나타남, 현상으로 추방한다. 정립position 또는 존재의 행위에서 현상까지, 우리는 단순한 타락이 아니라 과장emphase을 기술한다.

재-현이 되는 동안 현존은 이 재현에서 고양된다, 마치 존재의 행위, 토대를 견고하게 함이 의식 속에서의 정립적 확증l'affirmation thétique까지 가는 것처럼, 마치 존재 행위의 정립의 '활력'이 영혼의 삶——이 힘 외부에 있는—— 으로서 존재자가 존재에 거는 활력 그 자체를 펼치면서 모든 인과관계를 벗어나 의식의 능동성을 발생시키고, 자아로부터 발생하는 경험을 발생시키는 것처럼. 헤겔의 정식(『대논리학』 II, p. 2)을 되찾아오기 위한 지식의 과정은 여기서 '존재 자신의 운동'이 아닌가? 종합적이고 포함하는 능동성을 통해(비록 '내부성 안에서 초월적인' 초월론적 통각의 나의 자기성을 통해 초월론적 통각의 차이를 드러낸다 해도) 초월론적 통각은 현존을 확증한다. 다시 말해 현존은 재-현 속에서 자기 자신으로 복귀하고 자기를 가득 채우거나, 후설이 말할 것처럼, 동일시된다. 재-현 속에서의 이 현존의 **삶**은 물론 나의 삶이기도 하지만 의식의 삶 속에서 현존은 현존의 사건이나 현존의 지속이 된다. 현존의 지속 또는 현존으로서의 지속. 여기에서 모든 시간의 상실, 모든 시간의 경과는 보존되거나 기억 속에서 다시 나타나고, '발견'되거나 '재구성'되며, 기억이나 역사편찬을 통해 **전체**ensemble에 가담한다. 상기로서의 의식은 재현 속에서 현존의 궁극적 활력을 찬양한다. **재현에 탐닉하는 의식의 시간은 통시성보다 더 강한 공시성이다.** 지향성의 일들 가운데 하나의 일인 공시화 곧 재현. 이것이 후설의 모든 현상학 곧 지향성 속에 있는 재현의 근본적 성격을 통해 브렌타노Franz Brentano의 그 유명한 정식을 보존하는 이유다. 영혼은 재현이고 또는 토대로서의 재현을 갖는다. 영혼은 어쨌든 자기의 모든 양태 속에서 억견의 주장으로 변할 수 있다. 의식은 **현존**을 만들고 다시 만든다. 다시 말해 의식은 현존의 삶이다. **현재의 존재자들**을 위해 이미 자기를 망각하게 하는 의식. 다시 말해 의식 자신은 존재자들의 자리를 만들기 위해 나타남과 단절한다. 직접적이고, 선先-반성적이며, 비-객관화되고, 생생하고 처음부터 익명적이거나 '말 없는' 의식의 삶은 자기의 퇴각을 통한 이 **나타나게 함**, 나타나게-함 속에서의 이 사라짐이다. 동일화하는 지향성이 목적론적으로 진리 속에서 존재의 행위의 '구성'을 향해 방향을 잡지만, 자기 자신의 양태들에 따라──진정 **선험적으로** ── 존재의 행위의 활력이나 잠재성에 대한 현실성entéléchie이 지배하는 의식. 따라서 활력은 그렇게 존재를 존재의 주제에 고정시키고 생생할 때 이 고정 속에서 자기 자신을 망각하는 일하는 의식으로 **전환된** 것으로 펼쳐진다. 의식과의 관계는 의식의 결과 속에서 지워진다. "대상이 경험하는 사람들에게 접근가능한 범위 내에서 바로 모든 대상에 속하는 **보편적이고 필연적인 주체와의 관계**를 우리가 다루기 때문에, 이 주체와의 관계는 대상 **자신의 내용으로 들어갈 수 없다.** 대상의 경험은 대상을 향한 경험의 정향이다. 불가피하게 주체는 거기에 있고 말하자면 익명적으로 있다. …… 모든 대상에 대한 경험은 자기 자신 뒤에 나를 남기지 자기 자신 앞에 나를 남기지 않는다."[3] **최초에 주제화된 존재자의 견고함, 실정성[확실성], 현존——존재——**은 의식 속에서 '생생하고' 동일시되며, 처음부터 익명적인 선-반성적 의식 뒤에 의식은 숨어 있고 어쨌든 의식이 고정시키는 '대상의 영역'으로부터 여전히 부재한 채 있다.

선험적 환원의 지속적 노력은 '말 없는 의식'을 말로 이끌게 되고, 말로 이끌어진 구성적 지향성의 실행을 세계의 확실성에서 정립된 존재라고 생각하지 않게 된다. 의식의 삶은 세계의 확실성으로부터 배제되고 바로 세계의 확실성에서 배제된 말 없는 주체로서의 의식의 삶은 세계의 존재들이 그들의 현존과 그들의 숫자상의 동일성에서 자기를 긍정하도록 허용한다.

따라서 후설 현상학의 선험적 관념론에서 우리는 모든 교리 너머에 있는데, 이 교리에서 의식에 입각한 존재에 대한 해석은 지각된 존재에 대한 그 어떤 제한된 의미를 보존할 것이고, 존재는 **오직** 지각의 양태일 뿐이라는 것을 의미할 것이며, **자기 자신 안에 있음**[즉자]이라는 관념은 언젠가 동일화하는 사유들의 일치에서 발생할 수 있을 것보다 더 강한 견고함을 열망할 것이다. 이와 반대로 후설의 모든 작품

---

3) Edmund Husserl, *Psychologie phénoménologique*, p. 384. 강조는 인용자.

은 **자기 자신 안에 있음**이 생생하게 되는 지향적 놀이와 분리된 자기 자신 안에 있음이라는 관념을 추상으로 이해하는 데 있다.

3. 그러나 현존과 재현의 친화력은 여전히 더 긴밀하다. 모나드의 자기성으로서 자아와 구별되는 자아의 삶에 나타나는, 존재의 행위가 **주어지는** 삶에 나타나는 존재의 행위. 사유의 생생한 내부성에 대한 ──**체험**으로서의 사유에 대한, ('여전히 혼란한' 그리고 비객관화하는 의식의 관념[표상]이 고갈시키지 않는) 체험된 것에 대한 ── 사물들의 초월, 대상들의 초월, 환경의 초월은 주제화된 개념의 이념성처럼 열리지만 또한 지향성이 스며들기도 한다. 초월은 접근 가능성뿐만 아니라 거리를 의미한다. 초월은 거리가 자기를 주는 방식이다. **지각**은 이미 포착한다. 그 개념은 이 지배의 의미를 보존한다. 사물들과 개념들의 자기화와 사용에 무슨 노력이 필요하든지 간에, 사물과 개념의 초월은 사유와 사유 속의 사유의 대상과의 생생한 같음, 동일자의 동일화, 만족을 신성화하는 소유와 향유를 약속한다. 지식이 자기를 위해 찾는 놀람──**사유와 사유대상**의 불균형 ──은 지식 속에서 약해진다. 실재가 체험된 것에 '적절한' 지향적 초월에 있는 이 방식 그리고 사유가 자기의 한도에 따라 사유하고 따라서 향유하는 이 방식은 내부성을 의미한다. 지향적 초월은 사물과 지성의 합치가 발생하는 평면도[지도]를 그린다. 이 평면도는 세계라는 현상이다.

　지향성, 안정된 것으로서의 동일성의 동일화는 겨냥하는 겨냥, 광선 같은 직선, 표적의 고정점이다. 그것은 항들^{termes}, 존재자들, 존재자들이 견고한 지반 위에 정립하는 것과 일치하는 정신성이다. 그것

은 땅의 토대적 견고함과 일치하는 정신성이고, 존재의 행위essance로
서의 토대와 일치하는 정신성이다. "명증성에서······ 우리는 존재와
존재의 존재방식을 경험한다."[4] 논리학의 억견적 주장에서 증명되는
정립Position과 확실성[실정성]. 손가락이 가리키고 손이 포착하는 되찾
음의 현존, 사유가 자기의 범위 내에서 사유가 사유하는 것을 **결합시키**
는 손에 쥠maintenance 또는 현재. 내부성과 만족의 사유와 영혼.

4. 영혼은 존재 행위의 '활력', 존재자들의 정립position의 활력을 힘껏
펼치는가?

그런 질문을 하는 것은 존재자들의 자기 자신 안에 있음이 동일
화하는 의식으로부터 받아들이는 의미보다 더 강한 의미를 갖는다는
것을 기대하는 것이 아니다. 그것은 영혼이 영혼 속에서 고양되고 **살**
아 가는se vit 이 존재 행위의 '서사시'를 통한 것과는 **다르게** 의미하는
것은 아닌지를 스스로에게 묻는 것이다. 그것은 **존재**의 확실성, 동일
성의 확실성, 현존의 확실성 ──그리고 결국 지식 ──이 영혼의 궁극
적 관심사인지를 스스로에게 묻는 것이다. 처해 있음이나 의지가 지
식보다 더 의미 있다고 기대할 이유가 있다는 것이 아니다. 가치론과
실천 ──후설이 가르치는── 은 여전히 재-현에 의존한다. 따라서 가
치론과 실천은 존재자들과 존재자들의 존재와 관계하고 지식의 우선
성을 위태롭게 하지 않지만 지식의 우선성을 전제한다. 영혼이 존재

---

4) Edmund Husserl, *Méditations Cartésiennes*, trans. Gabrielle Peiffer and
    Emmanuel Levinas, Paris: Vrin, 1969, p. 10.

자들의 정립position 속에 있는 존재자들에 대한 확증에 국한되는지를 스스로에게 묻는 것은 **동일자**로 되돌아가는 의식, 의식의 지향적 대상의 외부성에서조차 동일시되는 의식, 의식의 초월들에서조차 여전히 내재적인 것으로 있는 의식이 자기의 능력보다 더 이해하기 위해 **동일한 영혼**âme égale의 이 균형과 자기의 정도에 따라 사유하는 영혼의 이 균형을 깨뜨린다는 것을 암시하는 것이다. 그것은 의식의 욕망들, 의식의 물음들, 의식의 탐구가 의식의 공허함과 유한성을 측정하는 대신에 넘침으로의 깨어남이라는 것을 암시하는 것이다. 그것은 연속적 계기들 ─ 그러나 과거지향과 미래지향에서, 기억과 기대에서 그리고 역사적 서사와 예측 속에서 공시화되는 ─ 속에서 의식을 깨뜨리는 의식의 시간성에서 타자성이 이 동시성과 이 연속적인 것의 재-현의 현존으로의 집합을 해체할 수 있다는 것을 암시하는 것이고 의식이 기억할 수 없는 것을 통해 관련돼 있다는 것을 암시하는 것이다. 우리의 지혜는 그럼에도 불구하고 세계에서 내부성으로 전환되는 지향성의 초월만을 중시하도록 우리를 강요한다. 신에게로 깨어난 ─ 또는 경우에 따라서는 신에게 바쳐진 ─ 사유는 의미에 대한 지각과 의미의 충족이라는 의식작용–의식대상의 상응의 측면에서 ─ 그리고 그것의 표현들에 따라 ─ 자발적으로 해석된다. 신의 관념과 신이라는 말 ─ 우리가 어디에서부터 또는 어떻게도 모르면서 우리 가운데 떨어지는, 그리고 언어의 낱말들 가운데 명사로서 이미 순환하고 규범을 벗어난é-norme ─의 수수께끼조차 현재의 해석을 위해 지향성의 질서에 가담한다. 주제화된 것이나 재현된 것을 체험된 것과 분리시키는 것과 다른 차이를 주장할 그리고 영혼에 다른 매듭[얽힘]

intrigue을 요구할 신에 대한 공경[가져옴을-벗어남]^{dé-férence}은 지향성
속에서 되찾아진다. 우리는 세계와 관계하기 위해 하늘로 가는 수직
적 종교와 교체할 생각일 인간들의 땅에 남아 있는 수평적 종교라는
관념에 의존하는데, 왜냐하면 우리가 세계로부터 인간들 자신을 지속
적으로 사유하기 때문이다. 실제 무슨 권리로 나의 곁에서 지각된 인
간이 인간에게 이름을 붙이거나 부르는 신이라는 말과 일치하는 '지
향적 대상'의 자리를 차지하게 될 것인가? 그러나 이 개념들의 혼란
은 자기의 독단 속에서 어쩌면 세계를 겨냥하고 사유들의 질서 속에
서 궁극적이고 넘을 수 없는 것일 사유의 내부성에 따라서 종교의 대
상을 고정시킬 논리적 필연성을 드러낼 것이다. 다르게 구조화된 사
유를 요청하는 것은 그 논리에 도전할 것이고 이 대상들의 대체보다
더 참을 수 없는 사유——또는 이 사유에 대한 반성——의 독단을 알
릴 것이다. 철학적 유신론뿐만 아니라 철학적 무신론은 세계 너머를
열망하는 영혼의 독창성조차, 영혼의 의식작용의 맹아의 환원불가능
성조차 인정하기를 거부한다. 너머에 대한 이야기에서, 우리는 지향적
거리를 위한 과장된 비유를 의심한다. 비록 이 의심 속에서 우리가 너
머의 '운동'이 비유와 과장 그 자체라는 것을, 그리고 비유는 언어라는
것을, 그리고 담론 속에서 사유의 표현은 거울의 무관심한 환경에서
의 반영과 동등하지 않고 경멸적으로 동사적인 것으로 불리어진 어떤
급변과도 동등하지 않다는 것을, 또 말함은 의미성의 체험된 것에서
지향성의 관계들과 다른 관계 즉 바로 되찾을 수 없는 방식으로 타인
의 타자성과 상관있는 관계들을 전제한다는 것을, **말해진 것**^{le dit}에서
비유를 통한 의미의 상승이 자기의 높이의 빛을 타인에게 **말함의 초월**

la transcendance du dire à autrui에 지고 있다는 것을 우리가 망각할 위험이 있다 할지라도 말이다.

5. 왜 말함이 있는가? 말함은 만족하는 영혼에 있는 최초의 가시적 균열이다. 우리는 물론 인간의 기획들에 더 잘 성공하기 위해 소통의 필요성을 내세워 언어를 존재의 목적론으로 환원할 수 있다. 따라서 우리는 **말해진 것**, 다양한 장르들과 그들의 다양한 구조들에 관심을 가질 수 있고, 낱말들 속에서 소통할 수 있는 의미의 탄생과 가장 확실히 그리고 가장 효과적으로 의미와 소통할 수 있는 수단들을 탐구할 수 있다. 우리는 그렇게 언어를 또다시 세계와 인간의 기획들이 관계하는 존재에 결합시킬 수 있고, 따라서 언어를 지향성에 결합시킬 수 있다. 아무것도 이런 확실한 해석을 반대하지 않는다. 그리고 **말해진 것**에 의거한 언어 분석은 존경할 만하고 상당하며 어려운 일이다. 그럼에도 불구하고 말함의 관계 자체는 지향성으로 환원할 수 없고 또는 말함의 관계 자체는 정확히 말해 실패하는 지향성에 의존한다는 것은 사실이다. 그것은 실제로 타인과 함께 확립되는데, 타인의 모나드적 내부성은 나의 시선과 나의 지배를 벗어난다. 그러나 이 **재-현의 결핍은 더 높은 질서의 관계로 전환**하거나 또는 더 정확히 더 높은 것과 다른 질서의 의미 그 자체만이 나타나는 관계로 전환한다. 만족에 이르지 않는, 재-현의 직관적 성취에 이르지 않는 후설의 '간접현전'[간접제시, 유비적 통각]apprésentation은 실패한 경험으로부터 **경험의 너머로**, 곧 **초월**로 전도되는데, 초월의 엄격한 **규정**은 윤리적 태도들과 요구들을 통해, 책임을 통해 기술되고 언어는 책임의 양태 가운데 하나의 양

태다. 이웃의 근접성은, 타인에 의한 나의 제한 또는 여전히 이뤄질 통일성을 향한 열망으로 간주되지 않고 자기의 배고픔을 먹고 사는 욕망이 되거나 또는 진부한 말을 사용하자면 자기 자신에 의한 자기 자신의 충만한 소유보다 영혼에게 소중한 사랑이 된다.

이것은 모든 유의미한 의미가 세계의 나타남으로, 말하자면 동일자의 동일화로, 말하자면 존재로 되돌아가는 질서에서는 이해되지 않는 변형 또는 결국 존재론으로 환원되지 않는 새로운 합리성 ──합리성이 세계의 가능성과 일치하는 합리성 이전에 가장 오래된 것이라 한다면 ──이다. 아리스토텔레스에서 하이데거에 이르기까지 동일성과 존재의 사유로 남아 있는 신학 그리고 신과 성서의 인간 또는 그들의 동음이의어들에 치명적이었던 신학이 추구했던 모험으로 이끌리게 내버려 두지 않는, 다른différente 또는 더 깊은 합리성. 일자에 치명적인, 우리가 니체를 믿어야 한다면, 현대의 반휴머니즘을 따라 타자에게 치명적인. 어쨌든 동음이의어들에 치명적인. 하늘의 둥근 천장 아래 땅의 절대적 정지에서 동일한 것 ──존재 ──을 자리 잡게 하도록 이끌지 않을 모든 사유는 주관적일 것이다, 곧 불행한 의식의 불행일 것이다.

비-정지, 곧 완성된 것과 확립된 것의 안전이 문제 삼아지는 불안은 대답, 의외의 발견, **만족**의 확실성으로부터 늘 이해돼야 하는가? 물음은 늘 기능적 언어에서처럼 ──또는 과학적 언어의 대답들이 새로운 물음들로 열리지만 대답들만을 겨냥하는 과학적 언어조차 ── 자기를 만들고 있는 과정 속에 있는 지식, 불충분한 사유가 거기에서 기대에 따라 시작하면서 만족시킬 수 있을 **주어진 것**에 대한 **여전히 불충**

분한 사유인가? 물음은 플라톤이 처음부터 고독하고 자기 자신과의 일치를 향해, 자기의식을 향해 가는 사유를 보았던 영혼의 자기 자신과의 대화에서 대답을 교대하는 늘 이미 그 유명한 물음인가? 이와 반대로 우리는 우리가 물음에서 은폐시킬 수 없는 요구와 기도가 타인과의 관계, 고독한 영혼의 내부성으로 들어갈 수 없는 관계, 물음 속에서 뚜렷이 드러나는 관계를 증명한다는 것을 인정해야 하지 않는가? 그 어떤 물음의 양태에서가 아니라 근원적인 물음의 양태에서처럼 물음 속에서 뚜렷이 드러나는 관계. 바로 자기의 환원할 수 없는 차이를 통해 주제화하는 지식 그리고 그렇게 늘 동일시하는 지식을 거부하는 **타인과의 관계**. 그렇게 상관관계가 되지 않는 관계. 따라서 궁극적 공통성으로서 어떤 관계가 자기의 항들을 거부할 수 없는 공시성의 공통성la communauté de la synchronie조차 자기의 항들 사이에서 결핍될 것이기 때문에 정확히 말해 관계로 불리어질 수 없는 관계. 그러나 타자와의 관계. 관계와 비⧸-관계. 물음은 이것을 의미하지 않는가? 절대적으로 다른 것 ──동일자에 의해 제한되지 않는 것── 무한과의 관계로서의 초월은 근원적인 물음과 같지 않을 것인가? 항들의 동시성이 없는 관계. 다시 말해 시간 그 자체가 이 비⧸관계의 관계relation-non relation로서, 이 물음으로서 지속된다면. '감성의 순수 형식'으로서가 아니라 자기의 통-시성에서 시작되는 시간. 다시 말해 과거지향이 시간의 경과도 미래지향도 취소하지 않는 자기의 통시적 시간성 속에 있는 영혼 ──절대적 새로움──, 곧 늙음과 아직 도래하지-않음à-venir의 수동적 종합 속에 있는 영혼은 자기의 삶 속에서 근원적인 물음, 신을-향함 그 자체일 것이다. 물음으로서의 시간. 다시 말해 무한과의 곧 이해될 수 없는 것과의 불균형한 관계. 다시 말해 포섭되지도 않고, 만져지지도 않는, 상관관계의 파열 ──상관관계에서 그리고 의식작용–의식대상의 상응과 균형에서, 기호적인 것[의미지향]의 텅 빔과 충만에서의 파열 ── 즉 물음 또는 근원적인 '불면', 영혼으로의 깨어남 그 자체. 그러나 또한 어쩌면 데카르트René Descartes가 우리 안에 있는 무한의 관념이라 불렀던 것인 비교할 수 없는 것이 유한과 관계있는 방식. 근접성과 종교. 다시 말해 배고픔과 대립하는 사랑, 욕구와 대립하는 욕망이 허용하는 모든 새로움. 모든 내재화와 모든 공생보다 나에게 더 좋은 근접성. 지향이 전제하고 지향이 자기의 지향적 대상과의 일치 속에서 파생되는 지향적 목표의 직선적인 방향에서의 파열, 이 근원적인 깨어 있음, 비록 이 영혼의 불면이 자기 자신의 파생된 것들이 그것에 대해 만드는 것에 따라 자기를 빌려주고 또한 만족과 불만족이라는 용어로 말해질 위험이 있다 해도. 정신적인 것의 애매성 또는 수수께끼.

신을 향한 초월──지향적 목표처럼 직선적이지도 않고, 극점에 이르기 위해 그리고 그렇게 존재자들과 명사들에 집착하기 위해 목적론적이지도 않으며, 심지어 처음에 너un tu라 부르는 대화적인 것도 아닌──은 욕망과 사랑이 만족보다 더 완전해지기 위해 윤리적 초월을 통해 이미 발생되지 않는가?[5] 그러나 여기서 그것이 신을 향한 초월

---

5) 나는 언어가 탄생하는 윤리적 관계에 대한 분석을 한 번 더 반복하지 않을 것이다. 자아가 모든 참여를 넘어 무한하게 포로로서 이 책임을 통해 시간 이전에(en deçà du temps) 기억할 수 없는 것을 증언하면서 응답하는 타인 앞에서의 자아의 **분열**(fission)을 묘사해 왔다. 증언되지만 객관성으로서 생기지 않는 무한을 증언하면서. 그렇게

의 문제인지 아니면 신과 같은 단어가 오직 자기의 의미를 계시하는 초월의 문제인지를 묻는 것이 적절할 것이다. 이 초월이 타인과의 (수평적?) 관계로부터 발생된다는 것은 타인이 신이라는 것도 아니고 신이 큰 타인이라는 것도 아니라는 것을 의미한다.

완성되는 욕망? 만족의 사유는 그것에 대해 다르게 판단했다. 그리고 그것은 물론 양식良識 그 자체다. 디오티마Diotime는 열망으로서의 사랑이 확립되지도 않고 완전하지도 않다는 핑계로 사랑을 반신半神으로 선언함으로써 사랑을 의심했다. 이 양식은 물론 먹고 마시기 위한 세계와 세계의 사물들과의 관계에서 필연적이다. 세계의 질서에서 그것을 논박하는 것은 부조리의 징표다. 아름다운 영혼에 대해 반어적으로 말했던 플라톤부터 헤겔까지! 그러나 키르케고르가 불만족 속에서 지고의 존재로의 접근을 인정했을 때, 그는 헤겔의 경고에도 불구하고 낭만주의에 다시 빠지지 않는다. 그는 더는 경험에서 출발하지 않고 초월에서 출발한다. 그는 세계로부터 신을 사유하지 않고 신을 사유하는 최초의 철학자다. 타인의 근접성은 그 어떤 '자기에 대한 존재의 분리'도 아니고 사르트르의 정식들에 따라 '일치의 타락'도 아니다. 욕망은 여기서 순전한 박탈이 아니다. 사회적 관계는 자기

<hr />

자기의 유(類)에서 유일하고 이전의 경험, 즉 지향성과 관계하지 않는 윤리적 관계로부터의 증언. Emmanuel Levinas, *Autrement qu'être ou au delà de l'essence*, La Haye: Martinus Nijhoft, 1974, p. 179 이하. 그리고 Emmanuel Levinas, "Dieu et la philosophie", *Le Nouveau commerce*, no.30~31, 1975 및 '탈은폐의 진리와 증언의 진리'라는 제목으로 1972년 카스텔리가 주최한 콜로키움에서 발표한 나의 강연문 Emmanuel Levinas, "Vérité du dévoilement et vérité du témoignage", ed. Enrico Castelli, *Le témoignage*, Paris: Aubier, 1972, pp. 101~110 참조.

의 향유보다 더 가치가 있다. 인간에게 운명 지어진 신의 근접성은 자기의 신성을 향유하는 신의 운명보다 더 신성한 운명이다. 키르케고르는 다음과 같이 말한다. "세상의 좋은 것들의 경우에, 인간이 그것에 대한 욕구를 덜 느낌에 따라 인간은 더 완전해진다. 세상의 좋은 것들을 말할 수 있었던 이교도는 신이 아무것도 필요로 하지 않았기 때문에 신이 행복했고 신이 거의 필요로 하지 않았기 때문에 신 이후에 현자가 왔다고 말했다. 인간과 신의 관계에서 원칙이 전도된다. 즉 인간이 신에 대한 필요를 느낄수록 인간은 완전해진다" 또는 "신이 가장 완전하기 때문이 아니라 우리가 신을 필요로 하기 때문에 우리는 신을 사랑해야 한다" 또는 "사랑할 필요——최고선最高善과 지복至福".

지식의 질서에서 부재의 지고의 현존으로의 동일한 전복. 키르케고르는 다음과 같이 말한다. "만약 내가 신앙이 있다면, 나는 신앙에 대한 즉각적인 확실성을 가질 수 없게 된다. 왜냐하면 믿는다는 것은 비록 끊임없이 두려움과 떨림 속에 있다 해도 그럼에도 불구하고 결코 절망하지 않는 정확히 이 변증법적 균형이기 때문이다. 신앙은 바로 모든 것을 모험하기 위해 당신을 깨어나게 하는 이 자기 자신에 대한 무한한 몰두, 우리가 진정 신앙을 갖고 있는지를 아는 내적인 몰두다." 불-확실성을 통해서만 가능한 초월. 동일한 정신 속에서, 공통 감각의 '승리주의'와의 단절. 즉 세계에 대한 실패인 것 속에서 승리는 기뻐한다. "우리는 선한 사람이 다른 세계에서 언젠가 승리할 것이라는 것 또는 선한 사람의 대의명분이 이 세상에서 언젠가 승리할 것이라고 말하지 않을 것이다. 아니, 선한 사람은 충만한 삶 속에서 승리하고, 자기의 살아 있는 삶 속에서 고통을 겪으면서 승리하며, 자기의 애통의 날에 승리한다."

만족의 모델들에 따라서 소유가 탐구를 명령하고 향유가 욕구보다 더 가치가 있으며, 승리가 실패보다 더 참되고, 확실성이 의심보다 더 완전하며, 대답이 물음보다 더 중요한 결과를 초래한다. 탐구, 고통, 물음은 다만 의외의 발견, 향유, 행복, 대답의 결핍 현상에 속할 것이다. 즉 탐구, 고통, 물음은 동일성과 현재의 불충분한 사유들, 빈곤한 지식들 또는 빈곤 상태에 있는 지식에 속할 것이다. 다시 한번, 그것은 양식良識 그 자체다. 그것은 또한 공통 감각이다.

그러나 종교적인 것의 해석학은 불균형한 사유들을 필요로 하지 않을 수 있는가? 철학 그 자체는 '미친' 사유들을 지혜롭게 다루는 데 있거나 지혜를 사랑으로 가져오는 데 있지 않은가? 지식, 대답, 결과는 여전히 사유들을 할 수 없는 영혼에 속할 것이고 사유들 속에서 신이라는 말은 의미를 얻는다.

철학과 깨어남

1. 지식이 진리 안에서 명령하는, 지식에 대한 존재의 독립이나 존재의 외부성 그리고 이와 동등하게 이 외부성이 진리의 **자리**인 지식 속에 '내부화될' 가능성은 사유와 존재의 일치가 발생하는 세계의 사실이다. 이 일치는 비교할 수 없는 것들의 신비로운 합치, 아무런 공통의 척도를 갖지 않는 '영혼의 사실'과 공간적이고 '물리적 사실' 사이의 불합리한 같음이 아니다. 그것은 지각의 소행 즉 세계에서 열린 것들과 포착할 수 있는 것들, 주어진 것들과 붙잡힌 것들——또는 내포된 것들——의 근원적 일치다. 따라서 지식이라는 관념과 존재라는 관념은 상관적이고 세계를 참조한다. 존재를 생각하고 지식을 생각한다는 것은 세계를 통해 생각하는 것이다. 게다가 존재와 의식은 현존과 재현에, 최초의 사물인 포착할 수 있는 고체에, 어떤 것chose에, 자기의 다양한 측면들을 통해 동일시될 동일성에, 또는 이른바 동일자에 결부돼 있다. 그것은 지각의 존재적 지혜, 일상생활의 지혜와 지각에서 생기는 과학에 보편성을 보장하는 국가들의 지혜, 진리와 세계의 지혜다.

철학은 철학의 가르침 속에서——그러나 이미 자기의 직접적 담론의 형태들 속에서 —— 존재적 양식을 보존해 왔다. 철학은 **존재자**와 관련된 것처럼 보인다. 철학이 존재론적이고 싶을 때조차. 존재자의 존재는 물론 더는 '어떤 것'이 아닐 것인데 왜냐하면 우리가 존재자의 존재가 **존재한다**ᵉˢᵗ고 말할 수 없기 때문이다. 그럼에도 불구하고이 존재 동사ᵉᵗʳᵉ⁻ᵛᵉʳᵇᵉ의 진리와 존재 동사가 드러나는 탈은폐의 진리에 대해 말하려는 유혹 ——이 유혹은 작가의 어떤 서투름이나 경솔함의 결과가 아니다——은 여전히 있다. 이 존재적 양식을 극복돼야 할특정 언어의 논리로 환원하는 것으로 충분한가? 그것은 칸트주의의진리 곧 어쨌든 주어진 것, 존재의 재현, 존재의 현존, 세계로 환원되지 않을 유의미한 사유의 불가능성을 의미하는가? 그것은 또다른 칸트의 표현에 따라 새로운 초월론적 현상을 의미하는가? 우리는 마치진리들이 어떤 숭고한 지각 또는 어떤 숭고한 감성의 진리들인 것처럼 진리들이 표현되고, 마치 진리들의 전문적이고 심지어 복잡한 구조 속에서 진리들이 여전히 존재라는 정교한 시계의 어떤 부품의 배치에 의거하는 것처럼 자연과학이나 역사적 이야기의 진리들이 이해되듯 진리들이 이해되는 철학에서의 재현의 언어를 자주 고발했다.예컨대, **사유와 현실**을 받아들이면서 **의문의 사유**로부터 **불가능한 의문**에 이르기까지 잔 들롬Jeanne Delhomme의 노력은 철학자들의 언어에서 존재적인 그리고 심지어 존재론적인 말의 의미와 다른 의미를 찾는 데 있고, 철학과 존재론 그리고 말하자면 심지어 철학과 진리를 분리시키는 데 있다. 예술에 대해 그런 말을 하는 것이 정확하지 않을 것처럼 철학이 거짓말의 통치라고 말하고 싶지 않다는 것을 그래도 지나는 길에 특기해 보자.

그러나 존재적 지식으로 간주되고 과학적 지식의 정합성 있고 소통할 수 있는 보편적인 결과들과 비교되는 철학은 오늘날에 모든 신뢰를 상실했다. 철학은 오래전부터 철학자들의 불일치 때문에 상처입었다. 이 불일치는 『방법서설』*Discours de la Méthode*에서 통탄할 일로 간주됐고, 그것은 『순수이성비판』*Kritik der reinen Vernunft*과 후설의 현상학적 탐구의 동기들 가운데 하나인데, 후설의 현상학적 탐구는 1910년 그 유명한 논문 「엄밀한 학문으로서의 철학」*Philosophie als strenge Wissenschaft*에서 증명된다. 그러나 형이상학의 종말이라는 주제 아래, 이 철학의 가치 저하는 오늘날 어쩌면 가장 명백하게 자기의 언어에 매몰되는 철학에 의해 그리고 세계 배후를 가장해 철학이 존재적인 것과 다른 의미를 찾을 수 없는 자기 사유들의 의미를 실체화하는 철학에 의해 지속되는 모순에 대한 의식을 의미할 것이다. 쑥 뒤로 들어가 있는 이 철학의 후위 부대가 벌이는 전투는 형이상학의 언어가 존재적일 때에도 지각도 아니고 과학도 아니며, 그리고 우리가 해체된 건축자재들에 대한 정신분석을 통해 적어도 어떤 이데올로기의 징후들의 의미를 폭로하고 싶을 소위 이 형이상학의 언어를 탈-구축하는 데 있다.

2. 오늘의 위기 이전부터 헤겔의 철학은 지각의 언어를 말하거나 또는 우주 질서의 배열이나 역사적 사건들의 연결을 표현하는 철학의 이 **오만**을 알고 있는 것처럼 보인다. 철학적 진리는 어떤 것을 **향한** 열림이 아니라 담론의 내적 법칙, 담론의 로고스의 논리일 것이다. 지각, 과학, 서술은 주체와 그 주체가 순응하는 객체 사이의 상관관계의 존재

적 구조 속에서 더는 진리의 원형이 아니다. 지각, 과학, 서술은 변증법의 일정한 계기들, 돌발사건들을 구성한다. 그러나 로고스로서의 담론은 자기 입장에서 존재에 대한sur 담론이 아니라 존재자의 존재 그 자체l'être même des êtres 또는 말하자면 존재être로서의 존재자의 존재다. 이미 이 파열의 서술에서 실재론적 진리의 원형을 버리기까지 일관된 헤겔 철학. 다시 말해 헤겔 철학은 그것이 오직 변증법적 철학에 막 접근하려고 할 때만 이미 변증법적 철학이다. 헤겔 철학은 결코 메타–언어를 사용하지 않고, 비록 특정 언어를 비난하는 철학자들이 그들이 비난하고 있는 언어를 여전히 말한다 해도, 정확히 말해 서문들 없이 자기를 드러낸다. 진리들의 상호 모순과 진리들의 분명한 배타주의에도 불구하고 철학사의 '진리들'을 회복시키는 철학. 재현의 진리들은 변증법적 담론이나 존재로서의 존재의 운동의 일정한 계기들 속에서 논리적으로 그들에게 되돌아가는 자리를 차지하지만, 사유와 존재와 존재의 진리의 과정은 더는 재현의 관할에 속하지 않는다. 합리성은 재현으로부터 더는 재현의 양태가 아닌 개념으로 이행할 수 있음에 있다.

그렇지만 개념은 우리의 철학적 전통의 합리성의 흔적을 남기는 요소와 지각의 지혜와 포착할 수 있는 것을 향해 가는 이야기의 지혜에 여전히 속하는 요소를 보존하고 있다. 합리성에 도달하는 것은 포착하는 것이다. 지식은 더는 지각이 아니라 여전히 개념이다. 합리성은 종합, 역사적인 것들의 공시화, 다시 말해 현존이다. 다시 말해 존재 곧 세계와 현존이다. 합리적 동물의 사유는 관념 속에서 이뤄지는데, 이 관념 속에서 역사는 나타난다. 변증법은 이 관념을 향하고 이 변증법에서 통시적으로 주파된 계기들이 다시 발견되고 다시 말해 동일시되고 승화되며 보존된다. 현존, 존재, 동일자의 철학. 모순들의 화해 다시 말해 동일성과 비-동일성의 동일성! 그것은 여전히 동일자와 타자의 긴장을 넘어 동일자의 이해가능성의 철학이다.

합리성의 변증법적 전개와 로고스의 논리로서의 존재의 과정은, 그것들의 헤겔적 그리고 신新헤겔적 형태 속에서, 분명 여전히 오늘날에도 과학들 앞에서 철학함을 사과하지 않는 오만한 철학의 가능성 ─ 어쩌면 최후의 가능성 ─ 즉 성숙한 인간성 즉 자기의 과거를 여전히 망각하지 않거나 더는 망각하지 않는 인간성의 가능성으로 남아 있다. 하지만 이 기억들은 헤겔적 체계의 장래를 무시할 수도 없고 이 체계에서 발생된, 세계를 변혁하려는 시도들의 특징을 드러낸 위기들을 무시할 수도 없으며, 소위 정확한 과학들의 발전과 그 과학들이 영감을 주는 기술들 속에서 승리하고 모든 사람에게 소통되는 합리성 이전에 체계의 합리성의 창백함을 무시할 수도 없고, 헤겔의 메시지가 방해할 수 없었던 철학자들 사이의 새로운 불일치들을 무시할 수도 없으며, 인간 지식의 사회적이고 잠재의식적인 조건 지음에 대한 발견을 무시할 수도 없다. 후설이 「엄밀한 학문으로서의 철학」에서 사변적 구성들의 독단성에 내린 가혹한 판단은 헤겔을 겨냥한 것이다. 그 실행의 상세한 점에서 헤겔 작품을 완전히 벗어나는 이 비판은 모든 시대를 통해 깊이 느낀 불만 그리고 우리와 이 후설의 텍스트를 분리시키는 66년 ─ 1세기의 3분의 2 ─ 동안 사라지지 않는 불만을 증언한다. '사태 자체로'aux choses elles-même, 사태가 '원본적으로 드러나는' 확실성의 진리로 되돌아가는 『논리 연구』의 현상학의 영향은 오직 자연주의적 실증주의의 어려움뿐만 아니라 변증법적 담론과 심지어 언어 그 자체에 대한 불신을 증명한다.

과학철학의 새로운 약속들 ──후설의 약속들── 또한 허위적인 것으로 드러나지 않았는가? 자발적 의식의 직접성 속에서 진리-열림-으로, 주어진-존재-의-진리-확실성으로, 존재의 범주적 형식들을 포함해 '직접' 존재로 소박하게 되돌아가고자 하는 노력에서 약속을 이행하지 못하는 후설의 현상학은 원본적-으로-주어진-존재가 내부성에서 구성되는 선험적 가르침을 가지고 자기를 이해한다.『논리 연구』가 약속한 언어 너머에 있는 것l'au-delà du langage은 이 연구 자체에 의미 구성에서 언어적 기호들을 통해 수행된 환원할 수 없는 역할을 강조하는 것을 면제해 주지 못한다.『이념들 1』Ideen이 긍정하는 바 억견적 주장들 밑에는 모든 의식의 삶이 숨어 있는데, 이 모든 의식의 삶은 자기의 정신적 연계articulation에서 막 담론이 되려는 순간에, 비록 이 담론이 변증법을 거부할 것이라 해도, 자기의 가장 내부적인 구조에서 서술적이다. 다른 한편으로 우리는 후설에게서 동일화된 존재자에 대한 의식의 끊임없는 관련성을 무시할 수 없다. 즉 동일자의 사유로서의 의식. 마치 논리적 사유를 문제 삼기 위한 것처럼 분석이 거슬러 올라가는 선先술어적인 것은 논리의 모든 형식적 변용의 버팀목인 기체基體, substrats 주위에서 처음부터 결합[결절]된다. 따라서 명사, 이름 붙일 수 있는 것, 존재자와 동일자 ──현존의 진리로서의 재-현과 진리의 구조에 매우 중요한── 는 의식의 특권적이고 근원적인 용어들로 남아 있다. 그러나 특히 현상학 그 자체는 내적 지각인 반성을 통해 그리고 그 서술적 과정이 의식의 흐름을 지식으로 '공시화하는' 반성을 통해 이 구조들을 제거한다. 현상학은 궁극적 **반성**이라는 철학적 행위 속에서 그렇게 진리의 존재적 원형에 충실한 채 있다. 지각, 포착은 현재, 동일자, 존재자와의 관계에서 자기의 선술어적 경험(바로 그것이 경험인 만큼) 속에서 순박한 영혼의 최초의 운동으로 남아 있고 반성하는 철학자의 최후의 몸짓으로 남아 있다.

3. 그렇기는 하지만 나는 현상학의 인식론──존재적이고 존재론적인──의 표현에도 불구하고 현상학이, 철학이 사유와 세계의 관계에 대한 반성, 존재와 세계라는 관념들을 지탱시키는 관계에 대한 반성으로 환원되지 않는 철학의 의미에 주의를 환기시킨다고 생각한다. 후설의 철학은 경험에 대한 설명과는 다른 사유를 강조하는 것을 가능하게 했다. 후자는 늘 세계에서 존재나 현존에 대한 경험이고, 비록 사유가 놀람 속에서 시작한다 해도 주어진 것들과 '기호적인 것들'과의 합치로 남아 있는 사유이고, 주체에 알맞은 사유, 즉 바로 그 자체로 경험 곧 의식을 가진 주체의 사실, 다양한 것들이 안정된 규칙 아래 일치하게 되는 **초월론적 통각**의 통일성과 같은 확고한 사태에 고정된 통일성의 사실인 사유다. 이제, 이것은 유일한 것도 아니고 심지어 '체계'와 실용주의의 담론보다 늘 더 놀라운 후설의 분석들 그 자체에서 주관적인 것들의 최초의 양태도 아니다.

　비록 후설의 현상학이 존재가 원본적으로 그리고 자기의 동일성에서 나타나고 존재와 동일자의 개념들의 기원이 속아 넘어가는 원리들의 원리에 대해 직관에 호소한다 해도, 비록 후설의 현상학이 이성의 합리성에 의지하는 것처럼 확실성에서의 이 현존에 그리고 이 현존이 나타나는 동일자의 지평들(또는 이 현존에 대한 향수)에 의지한다 해도, 후설의 현상학은 그럼에도 불구하고 『논리 연구』의 '서론들'이 모든 심리학주의에 맞서 그 객관성을 확증했던 형식적인 논리–수학적 연계조차 **문제 삼는다**. 현존의 나타남은 물론 속이는 것이 아니라 또한 생생한 사유의 막힘과 같을 것이다. 즉 언어와 그 언어가 운반하는 의견들로부터 빌려 온 기호들은, 이 기호들은 계산조작에 유용한데, 생생한 사유의 의미들을 대체한다. 생생한 사유의 의미들은 그들의 객관적 본질 속에서 이동하고 사유자에게 알리지 않고 사유자의 열린 눈 아래에서 그렇게 한다. 생생한 사유와 분리된 어떤 기록에 위탁된 결과로서 획득된 지식 ——심지어 사유가 사유하는 것에 의해 흡수된 사유의 주제 속에 주어진 지식과 대상 속에서 자기를 망각하는 지식조차 ——은 자기의 의미 충만을 유지하지 않는다. 의미의 변화들과 의미의 **전이들**Sinnesverschiebungen ——매혹적이거나 매혹된 게임들 ——은 자발적이고, 소박하며 합리적인 걸음걸이와 조금도 충돌하지 않으면서 객관화하는 의식과 결백하고 명석판명한 의식이 한창일 때 발생한다. 그러나 모든 것은, 마치 명석성 속에서 존재를 동일화하는 이성이 몽유병자처럼 걷거나 백일몽을 꾸는 것처럼, 마치 객관적 질서를 위한 이성의 명석성에도 불구하고 이성이 충만한 빛 속에서 어떤 신비로운 포도주를 발효시키는 것처럼, 발생한다. 동요하는 기색 없는 객관적 시선의 충만한 지성은 의미의 벌어짐에 무력한 채 있다. 그럼에도 불구하고 공통 감각에 따라 세계에서 가장 잘 분할된 것인 객관화하는 직접성 속에서 과학적 탐구를 여전히 지도하는 소박함. 마치 이성이 있는 상태로서의 세계의 확실성이 메두사와 같이 돌이 되는 것처럼 그리고 이 확실성이 사는 합리적 삶이 돌이 되는 것처럼! 마치 소박한 시선이 그 시선의 존재적 지향 속에서 그 대상 자체에 의해 가로막힌 것처럼, 그리고 자발적으로 전환을 겪는 것처럼 또는 말하자면 자기의 상태에서 '부르주아가 되는'embourgeoisait 것처럼 또는 다시 「신명기」의 표현을 사용하자면 **살찌는** 것처럼. 마치 결국 지식의 모험 ──세계의 지식인──이 확실성의 정신성과 합리성일 뿐만 아니라, 그리고 정신의 빛일 뿐만 아니라 정신의 졸음인 것처럼 그리고 지식의 모험이 또 다른 의미를 요청하는 것처럼. 그것은 **보여진 것들**의 그 어떤 한계를 극복하는 문제가 아니고, 주제화된 보여진 것이 나타나는 평면에 속하는 지평들을 넓히는 문제가 아니며, 어떤 변증법을 통해 부분으로부터 전체를 회복하도록 자극받는 문제가 아니다. 주제 안에 나타나는 주어진 것의 객관적 지평을 탐색하는 것은 여전히 소박한 절차일 것이다. 세계를 보는 것과 보는 것 밑에 있는 삶 사이의 근본적 이질성 ──변증법을 꼼짝 못 하게 하는──이 있을 것이다. 우리는 평면을 바꿔야 한다. 그러나 그것은 외적 경험에 내적 경험을 추가하는 문제가 아니다. 우리는 세계로부터 지식에 의해 배반당한 삶으로 되돌아가야 하는데, 지식은 자기의 주제에 만족하고 거기에서 자기의 영혼과 이름을 잃어버릴 만큼 그리고 침묵을 지키고 익명적이게 될 만큼 대상에 골몰한다. 우리는 자연과 맞선 운동을 통해 ──세계에 맞서기 때문에── 세계에 대한 지식의 영혼과는 다른 영혼으로 되돌아가야 한다. 이것은 현상학적 환원의 혁명, 곧 영구 혁명이다. 이 현상학적 환원은 지식 속에서 망각되거나 빈혈이 되는 이 삶을, 따라서 지식의 측면에서 사유하는 후설이 말하게 되는 것처럼 절대적인 것으로 불리어지거나 필증적으로 알려진 삶을 다시 활기를 띠게 하거나 활성화시킬 것이다. 동일화 속에서 자기 자신과 관련된 실재의 자기 안에서의 정지 아래에서, 자기의 현존 아래에서, 환원은 주제화된 존재가 자기의 충만함 속에서 이미 반항한 삶을 그리고 주제화된 존재가 나타남으로써 억압한 삶을 들어올린다. 삶으로 깨어난 졸리는 지향들은 결과로서의 자기의 동일성에서 주제를 방해하면서, 주관성이 자기의 경험 속에서 쉬는 동일성으로부터 주관성을 깨우면서, 늘 새로운 사라진 지평들을 다시 열 것이다. 따라서 세계 속에서 존재와 일치하는 직관적 이성 즉 지식의 합치에 있는 이성으로서의 주체는 문제 삼아진다. 그리고 환원의 몸짓들을 증가시키고 그가 순수의식이라 부르는 것을 되찾기 위해 의식 속에서 세속적인[세계내적인] 것으로의 종속의 모든 흔적을 꾸준히 지우는 후설 현상학의 양식 그 자체는 동일자의 사유 속에서 자기의 존재적 운명에 복종하는 의식의 배후에서 발견되는 것에 주의를 환기시키지 않는가?

환원은 자연적 태도에서 초월론적 태도로의 이행을 의미한다. 이 언어가 상기시키는 칸트의 입장과의 비교는 잘 알려져 있다. 그러나 우리는 마찬가지로 후설에게 있어 그것은 세계에 대한 과학의 타당성을 위한 주관적 조건들을 고정시키거나 과학의 논리적 전제들을 드러내는 것이 문제가 아니라, 세계를 향해 있는 사유에 의해 망각된 주관적 삶을 강조하는 것이 문제라는 것을 알고 있다. 이 초월론적 삶의 고유한 관심은 무엇이고 선험적 삶은 세계를 겨냥하는 자연적 의식의 합리성에 어떤 합리성을 추가하는가? 소위 데카르트의 길을 따라 최초로 수행된 선험적 삶으로의 이행은 확실성을 찾는 것처럼 보인다.

이 길은, 이 경험의 확실성이나 불확실성의 정도를 측정하기 위해, 세계에 대한 경험의 불충분한 확실성으로부터 이 경험이 구성되는 사유들에 대한 반성으로 되돌아간다. 우리는 여전히 지식 ——존재와 동일자——의 철학 즉 인식론 속에 있다. 그러나 우리는 또한 반성의 확실성에 기대는 환원이 세계 자체로부터, 합치의 규범들로부터, 동일화의 완성된 일에 대한 순종으로부터, 현존의 재-현으로서 주제로의 완전한 집합으로서만 존재할 수 있는 존재로부터 이해력 있는 사유를 해방시킨다고 말할 수 있다. 따라서 초월론적 환원은 사유에 일치하는 확실성 속에서 모든 참된 의미의 표준인 **나는 생각한다**의 확실성에 대한 단순한 퇴각만이 아니라, 지식과 동일화의 미완성 즉 동일자의 동일성이 명령하는 규범들과 뚜렷이 대조를 이루는 미완성에도 **불구하고** 의미의 가르침일 것이다. 그러나 만약 환원이 지향된 것들과 보여진 것들의 완전한 일치가 불가능한 세계를 목표로 하는 지각과 과학의 미완성을 완성하지 않는다면, 환원은 이 불일치를 정확하게 인식하고 측정하며 따라서 필증적인 것으로 불리어진다. 따라서 반성의 일치 속에서, 지식이고 동시에 비-지식인 그러나 늘 이해력 있는 영혼인 지식이 완성되고 자기 자신에게 닫힌다.

4. 우리는 『데카르트적 성찰』*Cartesianische Meditationen*(6절과 9절)에서 환원된 의식에 대한 반성의 이 논리필연적 합리성이 그것이 성취하는, 기호적인 것들[의미지향]과 직관의 일치라는 사실이 더는 아니라는 것을 알게 된다. 필증성은 불충분한 직관 속에 머문다. 필증적인 것의 확실하거나 근본적인 성격은 확실성의 그 어떤 새로운 특징에서,

그 어떤 새로운 빛에서 유래하지 않는다. 그 성격은 제한된 부분에서, 소위 "정확히 일치하는" 의식장場의 중심에서 유래한다. 바로 여기에서 "이 중심이 자아의 자기 자신으로의 생생한 현존이다"(생생한 자기현재die lebendige Selbstgegenwart), 그리고 더 나중에 "나는 존재한다의 생생한 확실성"l'évidence vivante du je suis, während der lebendigen Gegenwart des Ich bin과 같은 표현들이 생생한vivant이라는 말에 대한 강조적 표현을 가지고 나타난다. 이 확실성이나 이 현재의 생생한 성격은 충전적 일치recouvrement adéquat로 환원되는가? (데카르트의 나는 생각한다의 예외가, 데카르트가 말하듯이, 진실로 지식의 명석판명에서 유래하는지를 우리는 스스로에게 물을 수 있다.) 삶의 활기가 의식으로부터 해석돼야 하는가? 삶의 활기는 체험한다erleben의 자격으로 오직 혼란하거나 애매한 의식, 오직 주체와 대상의 구별 이전의 것, 주제화-이전, 지식-이전인가? 우리는 우리의 심성[영혼의 삶, 정신현상]psychisme을 다르게 말해선 안 되는가? 생생한이라는 형용사는 후설 작품의 처음부터 주체의 양식을 표현하는 체험Erlebnis이라는 말로 되돌아가는 중요성을 강조하지 않는가? 체험——체험된 것——이라는 말이 가리키는 자아의 전-반성적 경험은 파악하다Auffassen 이전의 질료처럼 오직 전-객관화의 계기가 아니다. 생생한 현재. 우리는 이 말이 시간에 대한 후설의 원고에서 차지했던 중요성을 알고 있다. 『내적 시간의식의 현상학에 대한 강연』*Vorlesungen zur Phänomenologie des inner Zeit bewusstseins*은 근원적 인상proto-impression이라는 개념에서 베르그손의 지속에서의 현재의 성격과 유사한 생생한 현재의 폭발적이고 놀라운 성격을 내포한다. 예측할 수 없는 것으로서의 생생한 현재는 과거를 가지고 있을 어떤 배아 속에서 결코 준비되지 않고, 생생한 현재의 분출의 자발성과 합쳐지는 절대적 상처는 그것이 지식의 합치에 주는 감각적 성질만큼 중요하다. 나는 생각한다, 그러므로 **나는 생각한다–나는 존재한다**cogito-sum의 생생한 현재는 자기의식 즉 절대적 지식의 원형에 따라서만 발생하지 않는다. 생생한 현재는 '같은 영혼'의 같음의 파열, 내부성의 동일자의 파열, 즉 깨어남과 삶이다.

『현상학적 심리학』*Phänomenologische Psychologie*에서 감성은 **질료가음영**陰影, Abschattung의 기능을 지니기 이전에 체험된다. 감성의 내부성은 시간의 수동적 종합 내부에서의 자기현재의 집합이다. 그러나 이 자기현재는 체험된 것이 내부성의 내부에서 그것과 구별되고 『이념들 1』에서 "내부성에서의 초월"로서 인식되는 나를 위해 체험되는 한도 내에서 어떤 파열에 따라 발생한다. 자기현재의 동일성에서 ──선-반성적인 것들의 말 없는 동어반복에서 ── 동일자와 동일자의 차이, 위상 변화, 내부성이 한창일 때의 차이가 뚜렷이 드러난다. 화해에 열린 채 남아 있고 동일시를 통해 극복할 수 있는 시련. 여기에서 소위 자기의식은 또한 파열이고, 따라서 타자는 체험된 의식의 동일자를 균열시킨다. 즉 타자는 자기 자신보다 더 깊이 의식을 부른다. 깨어난 나 Waches Ich 즉 나는 깨어난다. 졸리는 자기 자신은 ……에 대해 ……와 합쳐지지 않고 잠잔다. 내부성에서 초월하는 마음은 자기 자신을 교란시키는 것과 합쳐지지 않고 깨어 있다. 후설은 "자세히 바라보는 잠은 깨어남에 대해서만 의미를 갖고 그 자체로 다시 깨어남의 잠재성을 가지고 있다"라고 쓰고 있다.[1]

5. 그러나 나타나는 자아 그리고 여기에서 이 내부성과 차이 나게 하기 위해 **질료**와 자기 자신의 동일화를 깨뜨리는 자아는 또다시 동일자의 동일화가 아닌가? 나는 환원이 자기의 참된 의미를 드러내고 그 환원이 상호주관적 환원인 자기의 최종적 단계에서 의미하도록 내버려 두는 주관적인 것의 의미를 드러낸다고 생각한다. 거기에서 주체의 주체성은 후설에게 있어 정신의 요소의 특징을 끝까지 드러내는 형이상학적 인식론의 해석에도 불구하고 깨어남의 상처에서 자기를 드러낸다.

상호주관적 환원은 다수의 주체성들의 일치에 의존하는 지식의 객관성을 확증하기 위해 오직 '원초적 영역'의 '유아론'과 그것으로부터 결과할 진리의 상대주의로만 향해 있지 않다. 나와 다른 나——원초적 자아——가 **나에 대해**pour moi 갖는 의미에 대한 설명은 특권적인 그리고 이런 의미에서 원초적인 내가 내 자신을 정립하는 존재가 한창일 때나 세계의 중심에 있는 나의 실체[명사화]hypostase 로부터, **여기**ici로부터 타인이 나를 떼어 버리는 방식을 기술한다. 그러나 나의 나만의 것[자기성]mienneté의 궁극적 의미는 이 떼어 냄에서 드러난다. 타자에 대한 나의 의미 수여collation에서 그리고 또한 내가 타자에게 나의 의미를 줄 수 있는 내 자신에 대한 나의 타자성에서 **여기에**ici**와 저기에**là-bas는 서로 전환된다. 따라서 구성되는 것은 공간의 균질화가 아니다. 제2의 차원으로 퇴각하는 사람은 바로 나——나의 나만의 것에

---

1) Edmund Husserl, *Phänomenologische Psychologie. Vorlesungen Sommersemester 1925* (Husserliana IX), ed. Walter Biemel, Haag: Nijhoff, 1968, p. 209.

서 매우 분명히 원초적이고 헤게모니의, 내 자신과 매우 동일한, 나의 피부 속에서 나의 지금 여기에서 매우 좋은——이다. 나는 타자로부터 내 자신을 보고, 나는 타인에게 노출되며, 나는 보고할 것들을 갖는다.

지식으로 이해된 반성 그 자체에 필요한 그리고 결국 자아론적 환원 그 자체에 필요한 비非-형이상학적 인식론의 사건을 구성하는 것은 자아가 자기의 원초성에서 떼어지는 다른 자아와의 이 관계다. 타인의 얼굴 앞에서(그리고 후설이 말하는 다른 신체의 모든 표현성은 얼굴의 열림과 윤리적 요청이다) 원초적 영역이 자기의 우선권을 상실하는 '2차성'secondarité에서, 주체성은 자아론적인 것으로부터 즉 이기주의와 자기중심주의로부터 다시 깨어난다.

자기의 지상의 무게의 탈자적 또는 천사 같은 생략의 결과로서, 거의 마술적 승화의 도취나 관념론 속에서 '개인의 의식'으로부터 출발하면서 '의식 일반'에 이르는 단순한 추상에 반대해, 후설의 상호주관적 환원의 이론은 술에서 깸의 놀라운 또는 상처를 주는 traumatisante——기적thauma이 아니라 상처trauma—— 가능성을 기술하는데, 이 술에서 깸dégrisement을 통해 타자와 마주하는 자아는 자기로부터 해방되고 독단론의 잠에서 깨어난다. 환원은, 말하자면 동일자——타자를 회피하지 못하는——로 흡수되지 않는 타자에 의한 동일자에 대한 방해를 되풀이하면서, 지식을 넘어 지식이 그것의 양태의 하나에 불과한 불면이나 깨어 있음veille 으로(각성Wachen 으로) 다시 깨어남réveil을 기술한다. 초월론적 통각의 통일성이라는 원자의 결합력이 보호하지 못하는 주체의 분열. 동일자의 우선권을 끊임없이 문제 삼는 타자autre ——타인Autrui인——를 통한 깨어남. 불안과 가능한 변증법의 운동들에도 불구하고 완성과 정지 속에서 여전히 동일자의 의식 ──동일성과 비동일성의 동일성 ──으로 남아 있는 단순한 명석성의 취해 있지 않음을 넘어 술에서 깸으로서의 깨어남. 동일자를 가만두지 않는 타인을 통한, 그리고 생동하는 동일자가 자기의 잠을 통해 처음부터 귀찮아지는 타인을 통한 깨어남과 술에서 깨어남. 그것은 지식의 주제 내부에 정립된 같지 않음의 **경험**이 아니라, 삶으로서의 **초월**의 사건 그 자체. 이 초월의 윤곽이고 그저 영혼의 삶[심성] psychism인 타인에 대한 책임적 영혼의 삶. 어쩌면 타인을 향한 초월과 신을 향한 초월의 구별이 너무 빠르게 정해져선 안 되는 초월.

6. 그러나 이 모든 것이 더는 후설 안에 없다. 끝까지, 후설에게 있어, 환원은 덜 완전한 지식으로부터 더 완전한 지식으로의 이행으로 남아 있다. 철학자가 기적적으로 수행하기로 결심하는 환원은 소박한 지식에서 나타나는 모순들을 통해서만 야기된다. 영혼의 영혼 또는 정신의 정신성은 여전히 지식으로 있다. 유럽 정신의 위기는 서구 과학의 위기다. 존재의 현존 ──영혼과 영혼 자신과의 같음, 다양한 것들을 동일자로 모으기 ──에서 출발하는 철학은 지식의 용어들과 다른 용어들 속에서 자기의 혁명들과 다시 깨어남들을 결코 표현하지 않을 것이다. 그러나 후설에게 여전히 있는 것은 과학에서 생겨난 기술에 대한 비판을 넘어 지식으로서의 지식에 대한 비판, 정확히 말해 과학문명에 대한 비판이다. 지식의 이해가능성은 자기의 동일성 그 자체를 통해 소외돼 있다. 후설의 철학에서 환원의 필연성은 주어진 것에 대한 열림 속에 폐쇄, 자발적 진리 내부에서의 졸음을 증명한다. 이

것이 내가 초월의 불안l'inquiétude de la transcendance에 반항하는 부르주아화 곧 자기만족이라 불렀던 것이다. 동일자의 동일성 속에서, 동일시할 수 있는 이성이 자기의 완성을 열망하는 동일자의 자기 자신으로의 귀환 속에서, 사유 자신이 말하자면 정지를 열망하는 동일자의 동일성 속에서, 우리는 무신경, 경직화 또는 게으름을 두려워해야만 할 것이다. 가장 합리적인 이성은 가장 잠이 깬 깨어 있음, 깨어 있음의 상태 속에서의 깨어남, 상태로서의 깨어 있음 속에서의 깨어남이 아닌가? 그리고 타자와의 윤리적 관계는 이 술에서 깸의 영구혁명이 구체적인 삶이 되는 사건이 아닌가? 삶의 생기는 넘침, 포함할 수 없는 것을 통한 포함하는 것의 파열, 형식 자신의 내용이기를 그치고 경험으로서 이미 자기를 주는 형식 ——의식으로의 깨어남의 진리가 깨어남에 대한 의식이 아닌 그런 의식으로의 깨어남, 여전히 최초의 운동으로 있는 깨어남—— 즉 주체의 주체성 그 자체를 비밀스럽게 두드리는, 타인을 향한 최초의 운동의 상처가 상호주관적 환원을 통해 드러나는 그런 타인을 향한 최초의 운동으로 여전히 있는 깨어남이 아닌가? 초월. 이 용어는 그 어떤 신학적 전제 없이 사용된다. 이와 반대로 그 용어는 모든 신학이 전제하는 삶의 넘침이다. 데카르트가 『성찰』(프랑스어판) 중 **제3성찰**la troisième Méditation 끝에서 말하는 황홀함éblouissement과 같은 초월. 즉 빛으로 인해 기진맥진해진 눈의 고통, 동일자를 고양시키는 타자에 의해 방해받고 경계받는 동일자. 만약 우리가 이 **삶의 초월로부터** 신의 관념을 사유한다면, 삶이 열정이고 그 열정이 취함이 아니라 술에서 깸이라고 우리는 말할 수 있다. 술에서 깰 필요가 있는 술에서 깨어남, 새로운 다시 깨어남의 깨어 있음의 전아에서의 깨어 있음. 윤리.

타자에 의한 동일자에 대한 이 문제 삼음 그리고 우리가 깨어남 또는 삶이라 불러왔던 것이 지식을 벗어나 철학의 몫이라는 것은 우리가 방금 보여 준 후설 사유의 어떤 표현들을 통해 증명될 뿐만 아니라 철학들의 절정에서 나타난다. 다시 말해 그것은 플라톤에게서 존재 너머에 있는 것이고, 아리스토텔레스에게서 문을 통한 능동적 지성의 진입이다. 그것은 유한한 존재로서의 우리의 능력을 초과하는, 우리 안에 있는 신의 관념이다. 그것은 칸트에게서 이론이성의 실천 이성으로의 고양이다. 그것은 헤겔 자신에게서 타자를 통한 인정 추구이다. 그것은 베르그손에게서 지속의 쇄신이다. 그것은 하이데거에게서 명석한 이성의 술에서 깸이다. 이 시론試論에서 사용된 술에서 깸이라는 관념 자체는 하이데거에게서 차용한 것이다.

우리가 철학들이 말하는 초월, 자기의 의식의 소박함을 환원하거나 또는 자기를 인식론으로 확대하고 결과들의 의미에 대해 질문하는 것을 소중히 여기는 지식에도 필요한 영구혁명들이 말하는 초월 ──깨어남과 술에서 깸 ── 을 말하고자 한 것은 세계에 대한 지식 또는 세계 배후의 또 다른 세계에 대한 지식 또는 세계관Weltanschauung 으로서가 아니다. 주체의 모든 긍정position 에 앞서고 지각되거나 동일시된 모든 내용에 앞서는 충격이기 때문에 초월의 경험이 되지 않는 초월. 이미 무한으로 인해 불안한 인간성의 삶 자체인 초월 또는 깨어남. 그곳으로부터의 철학. 다시 말해 경험의 이야기가 아닌 초월의 언어. 다시 말해 말하는 자가 그 이야기에 속하는 언어, 따라서 자기의 말해진 것을 넘어 이해돼야 하고 다시 말해 해석돼야 하는 필연적으로 인격적인 언어. 철학은 아무도 매듭을 풀지 못하지만 부주의나 엄격함의 결핍이 아무에게도 허용되지 않는 상호주관적 '얽힘[매듭]' 속에 있는 철학자들이다. 우리는 여기서 그렇게 깨어 있음과 초월함의 윤리적 의미에 입각해 특히 포함할 수 없는 것과의 관계로서의 통시성 속에 있는 시간으로 향하는 관점들을 고찰하지 않을 것이다.

무의미한 고통

1. 현상학

고통은 색깔, 소리, 접촉에 대한 체험처럼, 여타 다른 감각처럼, 물론 의식 속에 **주어진 것**, 곧 어떤 '심리적 내용'이다. 그러나 이 '내용' 그 자체에서, 고통은 의식-외부[의식에-반대함]un malgré-la conscience, 곧 떠맡을 수 없음이다. 떠맡을 수 없음과 떠맡을 가능성이 없음. 감각의 넘치는 강도에서 생기지 않는, 즉 우리의 감성과 우리가 포착하고 유지할 힘의 정도를 넘는 어떤 양적 '과잉'에서 생기지 않는 '떠맡을 가능성이 없음'. 그러나 넘침, 곧 감각 내용에 새겨지는 '과잉'은 고통으로서 그것에 열리거나 그것에 결합되는 것처럼 보이는 의미의 차원들에 침투한다. 마치 가장 이질적이고 가장 잡다한 주어진 것들을 자기의 선험적 형식들 아래 질서 속에 집합시키고 의미 속에 포함할 수 있는 칸트의 '나는 생각한다'에서 고통이 종합에 저항하는 **주어진 것**일 뿐만 아니라 주어진 것들을 의미 있는 전체로 집합시키는 것에 반대하는 거부가 그것에 반대하는 **방식**인 것처럼. 질서를 방해하는 것과 동시에 이 방해 그 자체. 거부의 의식 또는 거부의 징후일 뿐만 아니라

이 거부 그 자체. 지배[장악]로서가 아니라 딴 데로 이끄는 유도로서 '작용하는' 반대로 된 의식. 하나의 양태. **성질**과 양태 사이의 범주적 애매성. 감각적 성질로서 강요되는 의미의 부인과 거부. '경험된' 내용으로서 의식 속에서 참을 수 없음이 별로 참을 수 없는 **방식**, 역설적으로 그 자체 감각이나 주어진 것인 참을 수-없음의 방식. 유사-모순적인 구조, 그러나 지성에 발생하는 긍정적인 것과 부정적인 것 사이의 변증법적 긴장의 모순처럼 형식적이지 않은 모순. 감각 뒤에 있는 모순. 다시 말해 고통의 아픔, 악.

　고통은 그것의 의식-외부에도 불구하고 그것의 악 속에서 수동성이다. 여기서 '의식한다'는 것은 정확히 말해 더는 포착하는 것이 아니다. 의식한다는 것은 더는 **의식의 행위를 함**이 아니라 시련 속에서 겪는 것이고 심지어 겪음을 겪는 것인데, 왜냐하면 아픈 의식이 의식하는 '내용'이 바로 이 고통의 시련 그 자체, 즉 고통의 악이기 때문이다. 그러나 여기에서 또다시 성질로서 의미하는 그리고 어쩌면 수동성이 능동성에 대한 자기의 개념적 대립과 독립적으로 최초로 의미하는 자리로서 의미하는 **수동성** ─ 즉 하나의 양태. 고통의 순수 현상학에서, 고통의 심리-물리적 그리고 심리-생리적 조건들을 제외한다면, 고통의 수동성은 고통이 그것의 원인과 상관된 결과일 것처럼, 고통이 그것에 영향을 미치고 그것에 작용하는 대상의 '대립하고-있음'ob-stance과 상관된 감각기관의 수용성일 것처럼, 그 어떤 능동성의 반대물이 아니다. 고통의 수동성은 이미 수용의 능동성인 우리의 감각의 수용성보다, 처음부터 지각이 되는 우리의 감각의 수용성보다 더 깊이 수동적이다. 고통 속에서, 감수성은 수용성보다 더 수동적인 상처

입을 가능성이다. 감수성은 경험보다 더 수동적인 시련이다. 바로 악. 사실 수동성을 통해 악이 기술되는 것이 아니라, 악을 통해 고통이 이해된다. 고통함은 순전한 고통이다. 그것은 자기의식을 더럽힐 만큼 그리고 겪음의 수동성에서 인간에게 사물의 동일성만을 남길 만큼 고통이 제한할 인간의 자유를 훼손시킴으로써 인간을 타락시키는 수동성의 문제가 아니다. 고통하는 인간의 인간성은 비자유가 인간을 짓누르는 것과는 다르게 고통을 만드는 악에 짓눌린다. 폭력적으로 그리고 잔혹하게, 비자유 속에서의 행위를 지배하거나 무력화하는 부정보다 더 용서할 수 없을 만큼. 비자유나 고통의 고통에서 중요한 것은 모든 서술적 **부정**non보다 더 부정적인 악으로서 발생하는 **부정**의 구체성이다. 이 악의 부정성은 어쩌면 모든 서술적 부정의 근원이나 핵이다. 무의미에 이르기까지 부정적인 악의 **부정**. 모든 악은 고통과 관계있다. 고통은 삶과 존재의 막다른 골목, 즉 고통이 말하자면 소박하게 의식을 처해 있음으로 우연히 '채색하게' 되는 삶과 존재의 부조리다. 고통의 악, 즉 해로움 그 자체는 부조리의 폭발이고 말하자면 부조리의 가장 깊은 표현이다.

따라서 우리가 고통에 대해 말할 수 있는 가장 최소한의 것은 고통 자신의 현상에서 본질적으로 고통은 무익하다는 것 즉 고통은 '헛된 것[무근거, 무목적]'이라는 사실이다. 분명 이 분석이 암시하는 것처럼 보이는 이 무의미의 깊이는 말하자면 순수한 고통의 경험적 상황들을 통해 그리고 의식 속에서 고립되거나 의식의 나머지[다른 부분]를 흡수하는 고통의 경험적 상황들을 통해 확증된다. 예컨대 지속적이거나 다루기 어려운 어떤 고통의 경우들 즉 신경통과 말초신경의 손상으로 인해 생기는 참을 수 없는 요통과 악성종양에 걸린 어떤 환자들이 체험하는 고문을 의학적인 신문기사에서 뽑아내는 것으로 충분할 것이다.[1] 고통은 질병 상태의 중심적 현상이 될 수 있다. 이것들은 다른 심리적 상태들과의 통합이 어떤 위안도 가져다주지 않지만 이와 반대로 불안과 비탄이 악의 잔혹성을 증대시키는 '고통-질병'이다. 그러나 우리는 심리적으로 박탈당하고 더딘 존재들, 그들의 관계들의 삶과 그들의 타인과의 관계들에서 즉 고통이 자기의 야만적 악의를 상실함 없이 더는 마음의 전체를 감추지 않고 새로운 지평들 속에서 새로운 빛으로 들어가지 않는 관계들에서 약화되는 존재들의 '고통-질병'을 환기시키면서 더 멀리 나갈 수 있고 따라서 분명 우리는 순수한 고통의 본질적 사태들에 도달한다. 그러나 그들의 '순수한 고통'에서 '헛된' 고통이 제기하는 근본적인 윤리적인 문제를 제기하면서 나에게 자기 자신을 노출시키는 동안 정신장애가 있는 자들에게 이 지평들이 투영되는 것을 제외한다면 이 지평들은 정신장애가 있는 자들에게 닫힌 채 있다. 즉 나의 의무인 약물 치료의 불가피하고 우선적인 윤리적 문제. 고통의 악──극도의 수동성, 무력함, 버림받음과 고독──은 또한 떠맡을 수 없음 그리고 그렇게 질서와 의미의 통일성에서의 자기의 불완전을 통한 피난처의 가능성 그리고 정확히 말해 탄식, 외침, 신음이나 한숨, 처음부터의 구조 요청, 치료의 도움에의 요

---

1) 클로딘 에스코피에-랑비오트(Claudine Escoffier-Lambiotte) 박사가 1981년 4월 4일 『르 몽드』(*Le Monde*)에 발표한 「프랑스 최초의 고통 치료 센터가 코샹(Cochin) 병원에서 시작됐다」라는 제목의 기사를 보라.

청, 다른 나l'autre moi의 타자성, 또 다른 나의 외부성이 구원을 약속하는 다른[2] 나의 도움에의 요청이 지나가는 피난처의 가능성이다. 의학의 인간학적 범주 즉 제1의 환원할 수 없으며 윤리적인 범주가——신음 속에서 위로의 요구나 죽음의 지연의 요구보다 더 명령적이고 긴급한 무통각[통증을 없앰]無痛覺의 요구를 통해—— 강요되는 돕기 좋아함을 향한 최초의 열림. 본질적으로 무의미하고 출구 없이 자기 자신에게 유죄 선고를 받는 순전한 고통에 너머un au-delà가 서로-인간성l'inter-human에서 나타난다.[3] 그런 상황들로부터——우리가 그것을 지나가면서 말한다—— 기술로서의 의학 그리고 결국 의학이 전제하는

---

2) 나는 이 점에 대해 필립 네모의 아름다운 책 『욥과 악의 잉여』를 참조한다(Philippe Nemo, *Job et l'excès du mal*, Paris: Grasset, 1977). 종합과 질서에 대한 고통의 저항 그 자체는 순전한 내부성의 파열로 해석되는데, 이 파열에서 본질적으로 영혼의 삶[심성](psychism)은 초월의 사건으로서 그리고 심지어 신의 호명으로서 유폐된다. 또한 이 책에 대한 나의 분석인 Emmanuel Levinas, "Transcendence et mal", *Le nouveau commerce*, no. 41, 1978을 보라.

3) 탈무드에 실린 대화 혹은 우화 한 편이 있는데, 여기에는 근본적인 고통의 악, 본질적이고 보상할 수 없는 고통의 절망, 고통의 갇힘, 고통의 타인으로의 귀환, 고통의 내재적 구조 외부에 있는 약물치료로의 귀환이라는 개념이 반영돼 있다. "압바의 아들 라브 히야(Rav Hiya bar Abba)는 병들고 라브 요하난(Rav Yohanan)은 그를 방문하러 간다. 그는 그에게 '당신의 고통이 당신의 마음에 드십니까?' 하고 묻는다. 방문객은 병자에게 '고통도 그 고통이 약속하는 보상도 아닙니다, 당신의 손을 나에게 주십시오' 하고 말한다. 그리고 방문객은 그 병자를 병상에서 일으켜 세운다. 그러나 그러고 나서 라브 요하난 자신이 병들고 라브 하니나(Rav Hanina)가 그를 방문한다. 같은 질문: '당신의 고통이 당신의 마음에 드십니까?' 같은 대답: 라브 하니나는 '고통도 그 고통이 약속하는 보상도 아닙니다, 당신의 손을 나에게 주십시오' 하고 말한다. 그리고 라브 하니나는 라브 요하난을 병상에서 일으켜 세운다. 질문: 라브 요하난은 혼자서 일어날 수 없었는가? 대답: 죄수는 혼자 자기의 갇힘을 벗어날 수 없습니다"(Tractate Berakhot of the Babylonian Talmud, 5b).

기술 일반, '전통적인 사람'의 엄격주의의 공격에 매우 쉽게 노출되는 기술은 소위 '힘에의 의지'로부터만 발생하지 않는다. 이 악의는 어쩌면 오직 인간들을 양육하고 그들의 고통을 완화하도록 운명지어진 문명의 높은 사유를 통해 지불해야 할 가능성 있는 대가일 뿐일 것이다.

여전히 불확실하고, 여전히 흔들리는 근대성의 명예인 높은 사유, 이름 없는 고통들의 세기가 끝났을 때 나타나는 높은 사유, 그러나 고통의 고통, 타인의 무의미한 고통, 타인의 정당화할 수 없는 고통에 대한 내 안의 정당한 고통이 고통에 사람-사이의 윤리적 관점을 열어 준다. 이런 관점에서, 고통이 나moi에게 용서할 수 없고 나에게 요구하며 나를 부르는 **타인 안의 고통**la souffrance en autrui과 **내 안의 고통** la souffrance en moi[4) 곧 고통의 구성적 또는 선천적 무용성[무익]이 의미를 얻을 수 있는 내 자신의 고통의 모험, 곧 고통이 가혹하다 해도 다른 사람의 고통에 대한 고통이 되면서 고통이 가능한 유일한 사람 사이에는 근본적인 차이가 있다. 우리 세기의 잔혹성을 통해 ─── 이 잔혹

---

4) 내 안의(en moi) 고통은 매우 근본적으로 나의 것이기 때문에 고통은 어떤 설교의 주제가 될 수 없다. 인류의 정신적 전통에서 증명된 **환영받는**(bienvenue) 고통은 참된 관념, 곧 타자들을 위해 고통하는 정의로운 사람의 속죄의 고통, 밝게 빛나게 하는 고통, 도스토옙스키(F. M. Dostoevsky)의 등장인물들이 추구하는 고통을 의미할 수 있다는 것은 고통 일반으로서가 아니라 내 안의(en moi) 고통으로서다. 나는 또한 나에게 친숙한 유대인의 종교적 전승에 대해, "나는 사랑 때문에 병들었다"(「아가」雅歌 5장 8절)에 대해, 어떤 탈무드 텍스트들이 말하고 그 텍스트들이 "사랑에서 나오는 고통"(Yessourine chel Ahaba)이라고 부르는 고통에 대해, 타자들을 위한 속죄라는 주제가 결합되는 사랑으로 인한 고통에 대해 생각한다. 고통은 종종 '고통의 무의미'의 한계에서 기술된다. 앞의 각주(145쪽, 각주 3)를 보라. 여기서 정의로운 사람의 시련 속에서, 고통은 또한 "나의 마음에 들지 않고" "고통도 아니고 그 고통과 결부된 보상도 아닌" 것이다.

성에도 불구하고, 이 잔혹성 때문에 ── 최고의 윤리적 원리 ──반박하는 것이 불가능한 유일한 것 ──로 높여질 만큼 그리고 희망을 명령하고 광대한 인간 집단들의 실천적 규율을 명령하기까지 인간의 주체성의 매듭 그 자체$^{le\ noed\ même}$로 입증될 수 있는 타인의 고통에 대한 조심성. 조심성과 행동이 매우 명령적으로 그리고 매우 직접적으로 인간들에게 ──그들의 나들$^{leur\ moi}$에게 ── 과해지기 때문에 타락함 없이는 전-능한 신으로부터 조심성과 행동을 기다리는 것이 그들에게는 불가능하다. 피할 수 없는 의무 의식이 그 어떤 신정론에 대한 신뢰보다 더 어렵게 그러나 더 정신적으로 신에게 가까이 가게 한다.

2. 신정론

우리가 현재의 연구를 시작한 현상학의 시론이 보여 준 고통의 애매성에서, 그 양태는 또한 의식이 '떠맡는' 내용이나 감각으로 나타났다. 성질로서의 이 모든-일치-를 향한-시련은 물론 그 시련이 방해하는 다른 '내용들'과의 결합으로 진입하지만 그 시련이 합리화되거나 정당화되는 다른 내용들과의 결합으로 진입한다. 이미 고립된 의식 내부에서, 고통의 고통은 보상을 받을 만하고 보상을 희망하며, 따라서 다양한 방식으로 자기의 무용성의 의미를 상실할 수 있는 것처럼 보인다. 고통이 일에 필요한 노력 속에서 또는 그로 인해 발생하는 피로 속에서 발생할 때 고통은 목적을 위한 수단으로서 유의미하지 않은가? 우리는 고통에서 생물학적 목적성, 즉 질병 속에서 삶을 위협하는 간교한 위험들에 맞서 삶의 보존을 위해 드러나는 비상경보 신호의 역할을 발견할 수 있다. 「전도서」 1장 8절은 "지혜가 많으면 번뇌도 많고, 아는 것이 많으면 걱정도 많더라"라고 말하는데, 여기에서 고통은 적어도 이성과 정신적 정련의 대가代價로 나타난다. 고통은 또한 개인의 성격을 완화시킬 것이다. 고통은 사회적 불안이 집단적 몸의 건강에 필요한 주의를 일깨우는 공동체적 삶의 목적론에 필요할 것이다. 양성, 육성, 훈련, 억압에서 권력Pouvoir의 교육적 기능에 필요한 고통의 사회적 유용성. 처벌의 두려움이 지혜의 시작이 아닌가? 우리는 처벌로서 겪는 고통이 사회와 인간의 적들을 새 사람이 되게 한다고 생각하는가? 물론 생존의 가치에 기초한, 사회와 개인의 존재 보존에 기초한, 지고의 그리고 궁극적 목적으로 인정된 그들의 건강에 기초한 정치적 목적론.

그러나 고통의 나쁘고 이유 없는 무-의미는 어쨌든 신체적으로 불리한 조건에 놓인 사람들을 놀라게 하고 그들을 고통 속에 고립시키는 고문을 파렴치한 것으로 만드는 고통의 사회적 '활용들'이 취하는 합리적 형태들 아래에서 이미 나타난다. 그러나 오히려 의심스러운 억압의 외양을 띠는 인간 법정이 주는 처벌을 통한 고통의 합리적 관리 뒤에서, 전쟁과 범죄와 강자들에 의한 약자들의 억압의 한가운데서 정의의 독단과 낯선 실패는, 마치 그것들이 존재론적 도착의 결과인 것처럼, 일종의 운명 속에서 자연재해에서 유래하는 무의미한 고통들과 결합한다. 고통의 현상학이 드러내는 고통 그 자체의 근본적 악의를 넘어, 인간의 경험은 역사 속에서 사악함과 악의를 증명하지 않는가?

그럼에도 불구하고 서구의 인간은 도덕의식의 직접적 교훈들에서는 보이지 않는 형이상학적 질서와 윤리의 고유한 의미를 주장함으로써 이 추문의 의미를 찾았다. 자애로운 지혜를 통해, 말하자면 이 초자연적 선함에 의해 정의된 신의 절대적 선함을 통해 의도된 초월적 목적의 왕국. 또는 자애로운 지혜가 물론 고통스럽지만 선善으로 이끄는 그 길을 명령할, 자연과 역사 속에서 비가시적으로 퍼뜨려진 선함. 따라서 유의미한 고통, 즉 진행 중인 신앙이나 믿음을 통해 어렴풋이 보여진 형이상학적 목적성에 어차피 종속된 고통. 신정론이 전제하는 신앙들! 이것은 우리의 고통 겪는 세계에서 영혼들의 내적 평화에 필요한 큰 생각이다. 이런 큰 생각은 이 세상의 고통들을 이해하게끔 운명 지어진다. 고통들은 원죄나 인간 존재의 선천적 유한성에 준거해 의미를 얻을 것이다. 세상을 가득 채우는 악은 '전체 계획'plan d' ensemble 속에서 설명될 것이다. 악은 죄를 속죄하게끔 운명지어지는데, 여기에서 악은 존재론적으로 제한된 의식들에 시간의 종말에서의 보상이나 보답을 약속할 것이다. 본질적으로 이유가 없고 부조리하며 분명 전제적인 고통 속에서 의미와 질서를 어렴풋이 보기 위한 초감각적 관점들.

우리는 물론 신정론이 그 말의 넓고 좁은 의미에서 실제로 신을 무죄하게 만드는 것에 또는 신앙의 이름으로 도덕을 구출하는 것에 또는 고통을 참을 수 있는 것으로 만드는 데 성공하고 있는 것은 아닌지 그리고 신정론에 의존하는 사유의 참된 의도가 무엇인지를 스스로에게 물을 수 있다. 우리는 어쨌든 신정론의 유혹을 평가절하할 수 없고, 신정론이 인간들에게 행사하는 영향력의 깊이와 신정론의 사유로의 침입이 갖는 **획기적** ── 또는 우리가 오늘날 말하는 **역사적인** ── 성격을 무시할 수도 없다. 신정론은 적어도 20세기의 시련들에 이르기까지 유럽 인간의 자기의식의 구성요소들 가운데 하나였다. 신정론은 불의, 전쟁, 비참과 질병의 자연법칙과 역사법칙의 순전한 놀이만을 통해 존재에 내재하고 가시적인 승리로 운명 지어진 선^善의 효과를 신뢰하는 무신론적 진보주의 안에서 완화된 형태로 지속됐다. 18세기와 19세기에 도덕의식의 규범들을 제공해 주었던 자연과 역사를 통한 신의 섭리는 계몽주의 세기의 이신론^{理神論}과 많이 결부돼 있다. 그러나 신정론은——비록 라이프니츠^{G. W. Leibniz}가 1710년까지 그것에 이름을 주지 않았다 해도—— 또한 성서에 대한 어떤 독해보다 오래된 것이다. 신정론은 죄^{Péché}를 통해 또는 적어도 자신의 죄들을 통해 자신의 불행들을 설명했던 신앙인들의 의식을 지배했다. 그리스도인들의 원죄에 대한 중대한 관계와 나란히, 이 신정론은 말하자면 디아스포라[흩어진 유대인들]^{Diaspora}의 드라마가 죄들을 반영하는 구약성서에서 암암리에 내포돼 있다. 추방의 고통들을 통해 여전히 속죄되지 않은 조상들의 악행이 추방된 사람들 자신에게 이 추방의 지속과 냉혹함을 설명했다.

3. 신정론의 종말

어쩌면 20세기 우리의 의식의 가장 혁명적인 사실——그러나 이것은 또한 거룩한 역사의 한 사건이다——은 서구 사유의 명시적이고 함축적인 신정론과 고통과 그 악이 금세기의 전개 그 자체에서 얻는 형태들 사이의 모든 균형을 파괴한다는 사실일 것이다. 30년 동안 두 차례의 세계대전, 좌우 전체주의, 히틀러주의와 스탈린주의, 히로시마, 정치범 집단 수용소, 아우슈비츠와 캄보디아의 대량학살을 알고 있는 세기. 이 야만적 이름들이 의미하는 모든 것의 귀환에 대한 강박관념 속에서 끝나는 세기. 일부러 강제된 그러나 정치적인 것이 되고 모든 윤리로부터 분리된 이성의 격분 속에서 어떤 이성도 제한하지 못했던 고통과 악.

이 사건들 가운데 히틀러 치하에서의 유대 민족의 홀로코스트가, 악이 그것의 악마적 공포 속에서 나타나는 이유 없는 인간 고통의 패러다임으로 나에게 나타난다는 것은 어쩌면 주관적 감정은 아닐 것이다. 고통과 모든 신정론 사이의 불균형은 아우슈비츠에서 명백히 드러난다. 그것의 가능성은 수천 년의 전통적 신앙을 문제 삼는다. 신의 죽음에 대한 니체의 말은 죽음의 수용소에서 유사경험적 사실의 의미를 얻지 않았는가? 따라서 이 거룩한 역사의 드라마가 자기의 중요한 등장인물들 가운데 오래전부터 이 역사와 결합된 민족과 우리가 민족의 집단적 영혼과 운명을 어떤 국가주의에 제한된 것으로 잘못 이해될 민족과 민족의 몸짓la geste ——비록 이 몸짓이 묵시로서의 계시라 해도——이 특정한 상황에서 여전히 철학자들에게 '사유할 기회를 주고' 또는 철학자들이 사유하지 못하게 하는 계시에 속하는 그런 민족을 가졌다는 것에 놀라야 하는가?[5]

---

5) 문학과 사건들에 대해 명석하게 그리고 비판적으로 유의하고 있는 것으로 알려진 모리스 블랑쇼(Maurice Blanchot)는 어딘가에서 다음과 같이 적고 있다. "화장터 가까이에 묻힌 메모, 즉 '무엇이 일어났는지 알라' '잊지 말라!' 그리고 동시에 '당신은 결코 모를 것인가?' 속에서 때때로 우리에게 말해 온 사람들에 대해 우리는 어떻게 철학하고, 어

나는 여기서 캐나다의 유대인으로서 토론토의 철학자 에밀 파켄하임Emil Fackenheim이 자기의 작품과 특히 자기 책『역사 속의 신의 현존』God's Presence in History에서 인간성과 신성의 이 대파국에 대해 했던 분석을 상기시키고 싶다.

유대 민족에 대한 나치의 대량학살은 유대 역사에서 전례 없다. 대량학살은 유대 역사를 벗어나서도 전례 없다. 실제로 일어난 대량학살들조차 적어도 두 가지 점에서 나치의 홀로코스트와 다르다. 모든 사람이 권력, 영토, 부富[…]의 정복과 같은 이유——그러나 끔찍한——로 살해당했다. 나치의 대량학살은 무화無化를 위한 무화, 대량학살을 위한 대량학살, 악을 위한 악[…]이다. 그러나 범죄 그 자체보다 더 여전히 독특한 것은 이론의 여지없이 희생자들의 상황이었다. 알비 종파 신자들Les Albigeois은 신이 순교자들을 필요로 한다는 것을 죽음에 이르기까지 믿으면서 그들의 신앙을 위해 죽은 사람들이다. 흑인 그리스도인들은 그들의 인종 때문에 대량학살당했고 문제가 되지 않았던 그들의 신앙을 찾을 수 있었다. 홀로코스트에서 대량학살당한 100만 명 이상의 유대인 어린이들은 그들의 신앙 때문에 죽은 것도 아니고, 유대인의 신앙과 관계없는 이유들로 죽은 것도 아니며, 그들에게 어린이들을 남겨 준 그들의 위대한 조상의

떻게 글을 쓸 수 있는가. 나는 우리의 정치의 세기에서 정치범 집단 수용소와 고문의 모든 다른 곳의 모든 죽은 사람들은 우리가 아우슈비츠에 대해 말할 때 현재한다고 생각한다."

충성심 때문도 아니다.[6]

600만 명의 고문당하고 대량학살된 사람들의 대부분을 구성했던 동유럽의 유대인 공동체에서 태어난 사람들은 우리 세계의 애매성을 통해 가장 적게 타락한 인간 존재들을 대표했고 살해된 100만 명의 아이들은 아이들의 무죄를 가졌다. 순교자들의 죽음, 사형집행인들에 의한 이 순교자들의 존엄에 대한 끊임없는 파괴 속에서 주어진 죽음. 이 파괴의 마지막 행위는 오늘날 소위 '역사의 교정자들'을 통해 순교의 사실 그 자체에 대한 사후死後의 부정 속에서 수행된다. 순수한 악의 속에서의 고통, 무無를 위한 고통. 이 고통은 고통당했거나 죽은 사람들의 죄들을 통해 고통을 설명했던 모든 이야기와 모든 사유를 불가능하고 추악한 것으로 만든다. 그러나 금세기의 과도한 시련 앞에서 강요되는 이 신정론의 종말은 그와 동시에 그리고 더 일반적으로 타인에게서 갖는 고통의 정당화할 수 없는 성격, 내가 나의 이웃의 고통을 정당화할 수 있게 될 추문을 드러내지 않는가? 따라서 무의미한 고통의 현상 그 자체는 원칙적으로 타인의 고통이다. 우리 시대의 비인간성에서 이 비인간성에 대한 반대를 견지하는 윤리적 감수성에 있어 이웃의 고통에 대한 정당화는 확실히 모든 부도덕성의 근원이다. 고통하면서 자기를 기소하는 것은 분명 자아moi의 자기 자신soi으로의

---

6) Emil Fackenheim, *La présence de Dieu dans l'histoire, affirmations juives et réflexions philosophiques après Auschwitz*, trans. Marguerite Delmotte and Bernard Dupuy, Lagrasse: Verdier, 1980, pp. 123~124.

회귀[재귀]récurrence다. 따라서 어쩌면 타자를-위함──타인과의 가장 직접적인 관계──은 주체성의 가장 깊은 모험, 즉 주체성의 궁극적 내부성이다. 그러나 이 내부성은 오직 신중하게 존재할 수 있다. 내부성은 예로서 주어질 수 없고, 교화적인 담론으로서 이야기될 수 없다. 내부성은 타락하지 않고는 설교가 될 수 없다.

따라서 20세기의 사건들을 통해 근본적 악의 속에서 나타난 무의미한 고통이 제기하는 철학적 문제는 신정론의 종말 이후 종교성 그러나 또한 선함이라는 인간의 도덕성을 여전히 보존할 수 있는 의미와 관련돼 있다. 우리가 방금 인용한 철학자에 따르면, 아우슈비츠는 그럼에도 불구하고 아우슈비츠에서 침묵을 지켰던 신 자체의 계시 즉 충성의 명령을 역설적으로 포함할 것이다. 아우슈비츠 이후 아우슈비츠에 없는 이 신을 포기하는 것은 이스라엘의 무화無化와 유대교가 성서의 담지자이고 성서의 수천 년 역사가 한 민족으로서의 이스라엘의 생존에 의해 연장되는 그런 성서의 윤리적 메시지에 대한 망각을 목표로 삼는 국가-사회주의의 범죄적 기획을 끝내게 될 것이다. 왜냐하면 만약 신이 죽음의 수용소에 없었다면, 악마가 매우 분명 거기에 있었기 때문이다. 따라서 에밀 파켄하임에게서, 악마적 계획의 공범자들이 되지 않기 위해 살고 있는 유대인들과 유대인으로 남아 있는 유대인들에 대한 의무. 아우슈비츠 이후 유대인은 유대교에 대한 자신의 충성과 자신의 생존의 물질적 그리고 심지어 정치적 조건들에 대한 자신의 충성에 운명 지어져 있다.

토론토 출신 철학자의 이 최종적 성찰은 유대 민족의 운명과 관련되게 하는 말들로 표현된 것인데, 보편적 의미를 얻을 수 있다. 사라

예보에서 캄보디아에 이르기까지 한 세기의 유럽이 '인문과학'을 가지고 자기의 주제를 끝까지 탐구하는 것처럼 보였던 한 세기 동안 매우 많은 잔혹함을 목격했던 인류, 이 모든 공포 속에서 신정론이 갑자기 불가능한 것으로 나타났던 ──인류가 약자들과 정복당한 자들에게 불행을 주고 교활한 자들이 의지할 정복자들을 보호하는 어두운 세력들의 정치적 운명 또는 표류에 세계를 내맡기면서 무관심 속에서 세계를 무의미한 고통에 양도할 ──'최종적 해결'의 화장 가마의 연기를 들이마셨던 인류. 또는 인류가 계속 악마적인 것으로 생각하는 질서를 ──또는 무질서를── 고집할 수 없는 그 인류가 이전보다 더 어려운 신앙 속에서, 즉 신정론 없는 신앙 속에서 거룩한 역사를 지속시켜야 하지 않는가? 각자에게 있는 나의 가능성에 그리고 타인의 고통을 통해 영감받은 나의 고통에, 의미 있는 고통 ──또는 사랑──이고 더는 '무'無를 위한 고통이 아니며 처음부터 의미를 갖는 나의 공감에 더 많이 호소하는 역사. 20세기 말에 그리고 위로하는 신정론의 그 어떤 그림자 없이 거기에서 노출되고 펼쳐진 무의미하고 정당화할 수 없는 고통 이후에, 우리 모두는 이 양자선택의 두번째 선택지에 ──유대 민족이 자신의 충성에 헌신하듯이 ── 헌신하지 않는가?[7] 오늘의

---

7) 나는 신정론이 그 말의 폭넓은 의미에서 성서에 대한 특정한 독해에 의해 정당화된다고 말했다. 성서에 대한 또 다른 독해는 가능하고 그리고 말하자면 인간 역사의 정신적 경험 가운데 그 어떤 것도 성서에 낯설지 않다는 것은 분명하다. 나는 여기서 특히 이유 없는 욥의 고통과 욥의 친구들의 신정론에 대한 욥의 반대에도 불구하고 신에 대한 욥의 충성(2장 10절)과 윤리에 대한 욥의 충성(27장 5절과 6절)이 증명되는 「욥기」에 대해 생각한다. 욥은 끝까지 신정론을 거부하고, 「욥기」 마지막 장(42장 7절)에서 신은 하늘의 도움에 서두르면서 의인의 고통 앞에서 신을 결백하게 만들었던 사람들보다 욥을 더 좋

신앙에서 그리고 심지어 우리의 도덕적 확신에서조차 새로운 양태, 동트는 근대성에 매우 중요한 양태.

4. 사람 사이의 질서

우리가 막 시도한 사람 사이의 관점에서 즉 고통을 나에게는 의미가 있고 타인에게는 의미가 없는 것으로 생각해 보는 것은 고통에 대해 상대적 관점을 채택하는 데 있는 것이 아니라 의미의 차원들을 벗어나면 의식에서 악으로서 고통의 내재적이고 야만적인 구체성이 추상이 되고 마는 그런 의미의 차원들로 고통을 복권시키는 데 있다. 사람 사이의 관점에서 고통을 생각하는 것은 의식들의 다수성의 공존 속에서 또는 사회 속 인간들이 그들의 근접성이나 공동의 운명에 대해 가질 수 있는 순전한 지식에만 따른 사회적 결정론 속에서 고통을 보지 않게 된다. 사람 사이의 관점은 존속할 수 있지만, 법이 시민들 사이의 상호적 의무들을 세우는 도시의 정치적 질서로 사라질 수도 있다.

아한다. 그것은 칸트가 1791년 그의 매우 특이한 소논문, 즉 「신정론에 대한 모든 철학적 탐구들의 실패에 대해」(Über das Mißlingen aller philosophischen Versuche in der Theodizee)에서 「욥기」에 대해 행한 독해와 거의 유사하다. 이 소논문에서 칸트는 신정론을 위한 논증들의 이론적 약점을 증명한다. 여기에 "이 오래된 거룩한 책이 알레고리적으로 표현하는" 것을 칸트가 해석하는 방식의 결론이 있다. "이 정신상태에서 욥은 그가 신앙에 근거해 자기의 도덕성을 세운 것이 아니라 도덕성에 근거해 신앙을 세웠다는 것을 증명했다. 어떤 경우이든 신앙은, 그 신앙이 아무리 약하다 해도, 그럼에도 불구하고 순수하고 진정한 종류, 즉 은혜를 얻으려 노력하는 종교가 아니라 좋은 소행(素行)의 종교를 세우는 종류(welche eine Religion nicht der Gunstbewerbung, sondern des guten Lebenswandels gründet)의 하나다."

정확히 말해 사람 사이는 타자들에 대한 일자들의 무관심하지-않음 une non-indifférence에 있고, 타자들에 대한 일자들의 책임에 있으며, 비인칭적 법들에 내재할 이 책임에 대한 상호성이 나로서의 나의 윤리적 정립la position éthique에 내재하는 이 책임이라는 순전한 이타주의에 포개-놓기super-poser 이전에 있고, 물론 이타주의와 이해관심[존재 사이]에서-벗어남le dés-intéressement이 지속할 수 있지만 약해지거나 꺼질 수 있는 바로 상호성의 순간을 의미할 모든 계약 이전에 있다. '사회 계약'을 설립하는 정치적인 것의 질서 ——윤리-이후의 또는 윤리-이전의 ——는 충분한 조건[8]도 아니고 윤리의 필연적 결과도 아니다. 윤리적 정립 속에서 자아는 도시에서 태어난 시민과 구별되고, 자연적 자기중심주의 속에 있는 모든 질서에 선행하고 홉스Thomas Hobbes 이래로 정치철학이 도시의 사회 질서 또는 정치질서를 끌어내려고 하는 ——끌어내는 데 성공하는 —— 개인과 구별된다.

사람 사이는 또한 도움을 위해 서로가 기대는 의지에 있고, 타인의 놀라운 타자성이 평범화되거나 관습 속에서 '인격 간의 교제'로 이뤄질 단순한 서로 돕기로 퇴색하기 이전에 있다. 나는 이 연구의 첫 문단에서 이것에 대해 말했다. 나와 **타자**가 우리가 자연상태l'état de Nature 나 시민상태l'état civil에서 얻는 의미의 모습들과 구별되는 바로 윤리적 의미의 모습들. 바로 상호성에 대한 관심 없이 타인에 대한 나의 책임

---

8) 원문에는 '불충분한 조건'(la condition insuffisante)으로 돼 있지만 문맥상 오기인 것 같다. 독일어판과 영어판에서는 '충분한 조건'(zureichende Bedingung; sufficient condition)으로 돼 있다. ——옮긴이

이라는 사람 사이의 관점에서, 타인의 무상의 도움으로의 나의 부름에서, 일자와 **타자**의 관계의 비대칭에서, 나는 무의미한 고통의 현상을 분석하려고 했다.

철학, 정의와 사랑

질문 "타인의 얼굴이 철학의 시작 자체일 것이다." 철학은 유한성에 대한 경험으로 그리고 유한성에 대한 경험에서 시작하지 않고, 오히려 정의의 부름인 무한에 대한 경험에서 시작한다고 말하고 싶습니까? 철학은 자기에 앞서, 철학적 담론에 앞선 어떤 체험된 것에서 시작합니까?

레비나스 거기서 특히 제게 일차적인 것으로 보이는 의미의 질서는 바로 인간 사이의 관계에서 우리에게 오는 것이고, 따라서 분석이 얼굴의 의미를 드러낼 수 있는 모든 것과 함께 얼굴이 이해가능성의 시작이라는 것을 말하고 싶었습니다. 물론 윤리의 모든 관점은 곧바로 여기서 나타나지만, 우리는 그것이 이미 철학이라고 말할 수 없습니다. 철학은 이론적 담론이고, 이론은 더 많이 가정한다고 생각했습니다. 제가 타자의 얼굴에 응답해야 하고 타자 말고도 제3자에 접근해야 하는 만큼, 이론적 태도의 필요성 그 자체가 생깁니다. 타인과의 만남은 처음부터 타인에 대한 나의 책임입니다. 이웃에 대한 책임은 우리가 이웃 사랑, 에로스 없는 사랑, 자비, 윤리의 순간이 정념의 순간을 지배하는 사랑, 욕정 없는 사랑이라 부르는 것에 대한 엄격한 이름입니다. 저는 낡고 타락한 사랑이라는 말을 대단히 좋아하지 않습니다. 타인의 운명을 책임지는 것에 대해 말해 봅시다. 그것은 얼굴을 '보는 것'이고, 그것은 나에게 제일 먼저 온 사람에게 적용됩니다. 만일 그가 나의 유일한 대화상대자였다면 나는 의무만을 가졌을 것입니다! 그러나 나는 유일한 '제일 먼저 온 사람'만 있는 세계에 살지 않습니다. 세계엔 제3자가 늘 있습니다. 다시 말해 제3자는 나의 타자, 나의 이웃이기도 합니다. 그러므로 타자와 제3자 사이에 누가 우선하는지 아는 것이 나에게 중요합니다. 다시 말해 우리는 타자에 대한 박해자가 아닙니까? 비교할 수 없는 사람들을 비교해야 하지 않겠습니까? 따라서 정의가 여기서 타자의 운명을 책임지는 것보다 앞섭니다. 나는 내가 먼저 책임을 떠맡아야 했던 거기서 판단해야 합니다. 여기에 이론의 탄생이 있고 이론의 토대인 정의에 대한 염려가 여기서 태어납니다. 그러나 판단과 비교, 원칙적으로 비교할 수 없는 것에 대한 비교를 필요로 하는 정의가 나타나는 것은 늘 얼굴로부터, 타인에 대한 책임으로부터인데, 왜냐하면 모든 존재는 유일하기 때문입니다. 모든 타인은 유일합니다. 정의를 걱정할 이 필요성에서 객관성의 관념의 토대인 평등의 관념이 나타납니다. 어떤 순간에 '가늠', 비교, 사유의 필요성이 있으며, 이런 의미에서 철학은 이 최초의 자비의 깊이로부터 지혜의 출현일 것입니다. 철학은 이 자비의 지혜, 사랑의 지혜 ——말장난하는 것이 아닙니다——일 것입니다.

질문 타인의 죽음에 대한 경험과 말하자면 죽음 그 자체에 대한 경험은 이웃에 대한 윤리적 환대와 무관한 것일까요?

레비나스 당신은 지금 '얼굴엔 무엇이 있습니까?'라는 문제를 제기하고 있습니다. 저의 분석에 따르면 얼굴은 초상화와 같은 조형적 형태가 전혀 아닙니다. 얼굴과의 관계는 절대적으로 약한 것 즉 절대적으로 노출된 것, 벌거벗은 것과의 관계이고 동시에 결핍된 것과의 관계입니다. 그것은 빈곤과의 관계 그리고 결과적으로 홀로 있어 우리가 죽음이라 부르는 극도의 외로움을 겪는 것과의 관계입니다. 결국 타인의 얼굴엔 늘 타인의 죽음이 있고 따라서 말하자면 살인으로의 부추김이며, 끝까지 가는 유혹이자 철저히 타인을 무시하려는 유혹입니다. 동시에 이것은 역설적인 것인데 얼굴은 '살인하지 말라'이기도 합니다. 우리는 또한 살인하지 말라를 훨씬 더 명백하게 할 수 있습니다. 그것은 타인이 홀로 죽도록 내가 내버려 둘 수 없다는 사실이고 나에 대한 호소와 같은 것입니다. 그래서 당신은 타인과의 관계가 대칭적이지 않다는 것 ──이것은 제게 중요한 것으로 보입니다──을 봅니다. 그것은 마르틴 부버와 절대 다른 것입니다. 내가 '나'^{Je}에게, 즉 '나'^{moi}에게 '너'^{Tu}라고 말할 때, 부버에 따르면 나는 또한 나^{me}에게 '너'^{Tu}라고 말하는 사람으로서 나^{moi} 앞에 이 나^{moi}를 가질 것입니다. 결국 상호적 관계가 있을 것입니다. 나의 분석에 따르면 그와 반대로 얼굴과의 관계에서 주장하는 것은 비대칭입니다. 다시 말해 처음에 타인이 나와 무슨 관계인지는 나에게 중요하지 않습니다. 그것은 그의 일입니다. 제게 있어 그는 무엇보다 내가 책임지는 사람입니다.

질문 사형집행인에게 얼굴이 있습니까?

레비나스 당신은 악이라는 큰 문제를 제기하고 있습니다. 제가 정의에 대해 말할 때 악에 대한 투쟁의 사상을 도입하고 악에 대한 무-저항의 사상과 저를 분리시킵니다. 자기방어가 문제라면, '사형집행인'은 이웃을 위협하고 이런 의미에서 폭력을 부르는 사람이기에 더는 얼굴을 가지지 않습니다. 그러나 저의 중심 사상은 제가 '상호주관성의 비대칭', 즉 나의 예외적 위치라 불렀던 것입니다. 저는 이것에 대해 도스토옙스키를 늘 상기합니다. 그의 등장인물 가운데 한 사람이 우리 모두는 모든 것과 모든 사람에게 책임이 있지만 나는 모든 다른 사람보다 더 책임이 있다고 말합니다. 그러나 저는 이 사상에 ─이 사상을 반대하지 않고─ 곧바로 제3자에 대한 염려[배려, 관심], 따라서 정의를 추가합니다. 따라서 여기서 사형집행인이라는 큰 문제는 결코 나와 상관있는 위협으로부터 열리는 것이 아니라 정의와 나의 이웃인 타인에 대한 방어로부터 열립니다. 정의의 질서가 없었다면 나의 책임에 한계가 없었을 것입니다. 정의에 입각한, 어느 정도 필요한 폭력이 있습니다. 그러나 만약 우리가 정의에 대해 말을 한다면 판단들을 허용해야 하고, 제도들과 국가를 허용해야 하며, 얼굴을 마주함의 질서에서 사는 것만이 아니라 시민들의 세계에서 살아야 합니다. 하지만 그 대신에 우리가 국가의 합법성이나 비합법성을 말할 수 있는 것은 얼굴과의 관계 또는 타인 앞에 있는 나로부터입니다. 사람 사이의 관계가 불가능한 국가, 사람 사이의 관계가 국가의 특유한 결정론을 통해 미리 통제되는 국가는 전체주의 국가입니다. 그러므로 국가에 대한 제한이 있습니다. 반면에 국가가 자비에 대한 제한보다는 폭력에 대한 제한에서 생긴다는 홉스의 시각에선 국가를 제한할 수 없습니다.

질문 그래서 국가는 늘 폭력의 질서에 대한 수용입니까?

레비나스 국가엔 폭력적인 부분이 있지만, 그 폭력은 정의를 포함할 수 있습니다. 그것은 가능한 한 폭력을 피해선 안 된다는 뜻이 아닙니다. 국가들 사이의 삶에서 폭력을 대체하는 모든 것, 우리가 협상과 말에 남겨 둘 수 있는 모든 것은 절대적으로 중요하지만, 합법적인 폭력이 없다고 말할 수 없습니다.

질문 예언자의 말과 같은 말은 국가를 반대합니까?

레비나스 예언자의 말은 매우 과감하고 대담한 말인데, 왜냐하면 예언자는 왕 앞에서 늘 말하기 때문입니다. 예언자는 지하에 있지 않고, 지하의 계시를 준비하지 않습니다. 성서에서 ──이것은 놀라운데 ── 왕은 이 직접적인 반대를 받아들입니다. 놀라운 왕입니다! 이사야와 예레미야는 폭력을 감수합니다. 왕들에게 아첨하는 영원한 거짓 예언자들의 존재를 잊지 맙시다. 오직 참된 예언자는 환심을 사려는 생각 없이 왕과 민중에게 말하고 그들에게 윤리를 상기시킵니다. 구약성서에서 국가 자체에 대한 거부는 확실히 없습니다. 국가와 세계정치를 단순히 동일화하는 것에 대한 반대가 있습니다. 사람들이 사무엘에게 이스라엘을 위한 왕을 달라고 요구할 때 사무엘에게 충격적인 것은 **모든 민족**처럼 왕을 갖기를 원하는 것입니다! 「신명기」엔 왕권설이 있고, 국가는 율법에 적합한 것으로 예정돼 있습니다. 윤리적 국가라는 사상은 성서적입니다.

질문 윤리적 국가는 더 적은 악일까요?

레비나스 아닙니다. 그것은 민족들의 지혜입니다. 제3자가 타인에게 악을 행할 때조차 타인은 당신과 상관있고 결국 당신은 거기서 정의와 어떤 폭력의 필요성 앞에 있습니다. 제3자는 거기서 우연히 있지 않습니다. 말하자면 모든 타자는 타인의 얼굴에 현재합니다. 만약 세계에 우리 두 사람이 있었다면 아무런 문제가 없었을 것입니다. 다시 말해 나보다 우선하는 것은 타인입니다. 그래서 그가 나를 귀찮게 할 때도, 그가 박해할 때도 어느 정도 ── 일상적으로 곧잘 사용되는 규칙으로 환원되는 것처럼 일상적으로 곧잘 사용되는 규칙으로 환원되지 않도록 신이 나를 지켜 주시기를 ── 타인에게 책임이 있습니다. 우리가 오늘날 예언자들에 대해 많이 말하기 때문에, 「예레미야 애가」엔 그리 길지는 않지만 "때리려는 사람에게 뺨을 대줘라"(3장 30절)라는 텍스트가 있습니다. 그러나 나는 이웃들의 박해에 책임이 있습니다. 만일 제가 한 민족에 속한다면, 그 민족과 나의 근친은 모두 나의 이웃들이기도 합니다. 나의 근친이 아닌 사람들이 방어할 권리가 있는 것과 마찬가지로 그들은 방어할 권리가 있습니다.

질문 당신은 부버의 상호성의 관계와는 다른 비대칭을 말했습니다.

레비나스 시민들인 우리는 상호적이지만, 그것은 얼굴을 마주함보다 더 복잡한 구조입니다.

질문 네, 그러나 최초의 사람 사이의 영역에서 친절함의 차원이 상호성이 없는 관계에서 부재할 위험이 있지 않을까요? 정의와 친절함은 서로 무관한 차원일까요?

레비나스 정의와 친절함은 매우 가깝습니다. 저는 이것을 연역하려고 시도했습니다. 다시 말해 정의 그 자체는 자비에서 태어납니다. 정의와 자비는 우리가 그것들을 연속적인 단계들로 제시할 때 낯선 것처럼 보일 수 있습니다. 실제로 우리가 인류 없이 제3자 없이 버려진 섬에 있지 않다면, 정의와 자비는 분리할 수 없고 동시적입니다.

질문 우리가 정의의 경험이 타자의 고통에 연민하는 사랑의 경험을 전제한다고 생각할 수 없을까요? 쇼펜하우어Arthur Schopenhauer는 사랑과 연민을 동일시했고, 정의를 사랑의 계기로 만들었습니다. 이 점에 대한 당신의 생각은 무엇입니까?

레비나스 물론입니다. 제게 있어 연민의 고통 말고도, 타자가 고통받기 때문에 고통을 겪는다는 것은 오직 훨씬 더 복잡하고 동시에 훨씬 더 완전한 관계의 계기 즉 타인에 대한 책임의 순간입니다. 나는 실제로 타인이 범죄를 저지를 때도, 타인들이 범죄를 저지를 때도 타인에게 책임이 있습니다. 이것은 유대인의 의식의 본질입니다. 그러나 저는 또한 그것이 인간의 의식의 본질이라고 생각합니다. 다시 말해 모든 사람은 서로 책임이 있습니다. 그런데 "나는 모든 사람보다 더 책임이 있습니다". 제게 있어 가장 중요한 것 가운데 하나는 이 비대칭이고, 모든 사람은 서로 책임이 있지만 나는 모든 사람보다 더 책임이 있다는 정식입니다. 이것은 알다시피 제가 거듭 인용하는 도스토옙스키의 정식입니다.

질문 그런데 정의와 사랑의 관계는?

레비나스 정의는 사랑에서 나옵니다. 이것은 정의의 엄격함이 책임으로부터 이해된 사랑에 대항해 방향을 바꿀 수 없었다는 것을 뜻하지 않습니다. 자기에게 남겨진 정치는 특유한 결정론을 가지고 있습니다. 사랑은 늘 정의를 감시해야 합니다. 유대신학에서——분명 유대신학이 저를 이끌지 않습니다—— 신은 정의의 신이지만, 신의 중요한 속성은 자비입니다. 탈무드 언어에서 신은 늘 라크마나^{Rachmana}, 즉 자비로움으로 불리어집니다. 다시 말해 이 전체 주제는 랍비 주석에서 연구됩니다. 왜 두 가지 창조 이야기가 있습니까? 첫번째 이야기에서 **엘로힘**^{Elohim}이라는 신은 우선 정의라는 유일한 기둥 위에 세계를 창조하고 싶었기 때문입니다——이 모든 것은 물론 우화일 뿐입니다. 그러나 그것은 지속되지 않았습니다. 신성사문자神聖四文字, Tétragramme, YHWH가 나타나는 두번째 이야기는 자비의 개입을 증명합니다.

질문 그래서 사랑이 근원적인 것입니까?

레비나스   사랑이 근원적입니다. 결코 신학적으로 말하는 것이 아닙니다. 제 자신은 사랑이라는 말을 많이 쓰지 않습니다. 사랑은 진부하고 애매한 말입니다. 그리고 또 엄격함이 있습니다. 다시 말해 이 사랑은 명령받습니다.『생각에 오시는 신에 대해』*De Dieu qui vient à l'idée*라는 최근의 책은 모든 신학을 벗어나 신의 말이 어느 순간에 들리는지 묻는 시도입니다. 신의 말은 타인의 얼굴에, 타인과의 만남에 각인돼 있습니다. 약함과 요구의 이중적 표현. 그것이 신의 말입니까? 타자를 책임지는 존재로서 나에게 요구하는 말. 그리고 거기엔 선택받음이 있는데, 왜냐하면 이 책임은 양도 불가능하기 때문입니다. 당신이 누군가에게 양도하는 책임은 더는 책임이 아닙니다. 나는 모든 사람을 대신하지만, 그 누구도 나를 대신할 수 없고, 이런 의미에서 저는 선택받았습니다. 제가 인용하는 도스토옙스키의 말을 다시 생각해 봅시다. 저는 선택받음이 결코 특권이 아니라고 늘 생각했습니다. 선택받음은 도덕적으로 책임적인 인간적 인격의 근본적 특징입니다. 책임은 개체화, 개체화의 원리입니다. "인간은 질료에 의해 개체화되는지, 아니면 형상에 의해 개체화되는지" 하는 그 유명한 문제에 대해 저는 타인에 대한 책임을 통한 개체화를 주장합니다. 그것은 또한 냉혹합니다. 저는 이 윤리에 대한 모든 위로하는 측면을 종교에 남겨 둡니다.

질문   친절함이 종교에 속할까요?

레비나스 인간의 개체화의 원리로서 책임에 결핍된 것은 어쩌면 당신이 책임적이도록 신이 돕는 것입니다. 그것은 친절함입니다. 그러나 신의 도움을 받을 만하기 위해선 신의 도움 없이 행해야 할 것을 행하고 싶어 해야 합니다. 저는 신학적으로 그 문제로 들어가지 않습니다. 저는 윤리를 기술하고 있는데, 윤리는 인간적인 것으로서의 인간성입니다. 윤리는 백인의 발명이 아니고, 학교에서 그리스 작가들을 읽고 특정한 진화를 겪은 인간의 발명이 아닙니다. 유일한 절대적 가치는 인간이 자기보다 타자에게 우선권을 줄 가능성입니다. 저는, 비록 우리가 그 이상을 거룩의 이상으로 선포해야만 했다 해도, 그 이상을 거부할 수 있는 인간이 있다고 생각하지 않습니다. 인간이 성인聖人이라고 말하는 것이 아닙니다. 거룩을 반대할 수 없다는 것을 이해한 사람들이 있다는 것을 말하고 있습니다. 이것이 철학의 시작이고, 이성적인 것이며 이해가능성입니다. 우리가 그렇게 말할 때 그 말이 현실을 도피하는 것처럼 들립니다. 그러나 우리는 다른 어떤 것도 말하지 않고 오직 그것에 대해서만 말하는 **책들**과——다시 말해 영감받은 언어와—— 우리의 관계를 망각합니다. 책 중의 책, 그리고 어쩌면 성서에 대한 예감이나 상기인 모든 문학. 우리는 우리와 책의 관계의 깊이를 망각하면서 책들에서 순수하게 책을 좋아함과 책을 좋아함의 위선을 쉽게 의심하는 경향이 있습니다. 모든 인간은 책들을 가지고 있습니다. 비록 그 책들이 책들 이전에 있는 책들, 곧 속담, 우화, 그리고 민속 그 자체로부터 영감받은 언어에 불과할지라도 말입니다. 인간이라는 존재는 세계에 있고 **세계-내-존재**일 뿐만 아니라 길, 집, 옷처럼 우리가 존재하는 데 중요한 환경인 영감받은 말과의 관계 속에 있는 책을-

향한-존재입니다. 우리는 책을 순수한 손안의 것pur Zuhandenes, 손 안에 있는 것ce qui se prête à la main, 손의 책un manuel 으로 부당하게 해석했습니다. 나와 책의 관계는 결코 순전한 사용의 관계가 아니고 내가 망치나 전화기와 맺는 의미와 동일한 의미를 갖지 않습니다.

질문 철학과 종교의 이 관계에서 철학함의 기원에 종교와 가까울 존재에 대한 직관이 있다고 생각하지 않으십니까?

레비나스 저는 실제로 타인과의 관계가 이해가능성의 시작이고, 나는 타인을 책임지는 것에 대해 말하지 않고는 신과의 관계를 기술할 수 없다고 말하는 범위 내에서 그렇다고 말할 것입니다. 제가 그리스도인에게 말할 때, 「마태복음」 25장을 늘 인용합니다. 거기선 신과의 관계가 타인과의 관계로 나타납니다. 그것은 비유가 아닙니다. 다시 말해 타인 속에 신의 참된 현존이 있습니다. 타인과 나의 관계에서 나는 신의 말을 듣습니다. 그것은 비유가 아니고, 그저 매우 중요한 것이 아니라 문자 그대로 참된 것입니다. 타인이 신이라고 말하는 것이 아니라, 타인의 얼굴에서 나는 신의 말을 듣는다는 것을 말하는 것입니다.

질문 얼굴은 신과 우리의 매개자입니까?

레비나스 아닙니다. 절대 아닙니다. 얼굴은 매개가 아닙니다. 얼굴은 신의 말이 울려 퍼지는 방식입니다.

질문 차이가 없습니까?

레비나스 잠시만요. 이제 우리는 신학으로 들어가고 있습니다.

질문 타자l'Autre와 타인Autrui의 관계는 무엇입니까?

레비나스 제게 타인Autrui은 다른 사람입니다. 우리가 신학을 조금 하기를 바라십니까? 알다시피 구약성서에서 신은 인간을 향해 내려오기도 합니다. 아버지 신은 이를테면 「창세기」 11장 7절,[1] 「민수기」 11장 17절,[2] 「출애굽기」 19장 18절[3]에서 "내려옵니다". 아버지와 말의 분리는 없습니다. 신의 하강은 말의 형태에서, 윤리적 명령이나 사랑의 명령의 형태에서 생깁니다. 세계의 운행을 중지시키는 계율은 타자의 얼굴에서 옵니다. 왜 나는 얼굴의 현존에서 책임적임을 느낄까요? 그것은 우리가 가인[카인]에게 "네 동생은 어디에 있느냐"고 말할 때 나

---

1) 원문은 「창세기」 9장 5절과 15절로 돼 있다. 그러나 오류인 것 같다. 영어판 옮긴이의 견해에 따라 두 구절, 즉 「창세기」 11장 7절과 18장 21절이 가능하다. "자, 우리가 내려가서, 그들이 거기에서 하는 말을 뒤섞어서, 그들이 서로 알아듣지 못하게 하자"(11장 7절). "이제 내가 내려가서 거기에서 벌어지는 모든 악한 일이 정말 나에게까지 들려온 울부짖음과 같은 것인지를 알아보겠다"(18장 21절). ― 옮긴이
2) "내가 내려가 거기에서 너와 말하겠다. 그리고 너에게 내려 준 영을 그들에게도 나누어 주어서, 백성 돌보는 짐을, 그들이 너와 함께 지게 하겠다. 그러면 너 혼자서 애쓰지 않아도 될 것이다." ― 옮긴이
3) "그때에 시내 산에는, 주님께서 불 가운데서 그곳으로 내려오셨으므로 온통 연기가 자욱했는데, 마치 가마에서 나오는 것처럼 연기가 솟아오르고, 온 산이 크게 진동하였다." ― 옮긴이

머진 가인 그대로의 대답입니다. 가인은 "제가 아우를 지키는 사람입니까?"라고 대답합니다. 그것은 얼굴이 나타내는 신의 말이 알려지지 않은 채 있을 때, 이미지들 가운데 하나의 이미지로 간주된 타자의 얼굴입니다. 우리는 가인의 대답을 마치 그가 신을 비웃고 있는 것처럼, 또는 그가 "제가 아니라 다른 사람입니다"라고 어린아이처럼 대답하고 있는 것처럼 받아들여선 안 됩니다. 가인의 대답은 진심에서 우러난 것입니다. 그의 대답에 유일하게 결핍된 것은 윤리입니다. 나는 나고 그는 그다, 라는 존재론만 있습니다. 우리는 존재론적으로 분리된 존재들입니다.

질문 당신이 말했듯이 타인과의 이런 관계에서 의식은 자신의 제1의 지위를 잃어버립니다.

레비나스 네, 책임적인 사람의 주체성은 처음부터 명령받은 주체성입니다. 말하자면 타율은 여기서 자율보다 더 강합니다. 그러나 이 타율은 노예상태나 종속이 아닙니다. 마치 순전히 어떤 형식적 관계들이, 그것들이 내용으로 가득찰 때, 그것들이 의미하는 형식적 필연성보다 더 강한 내용을 가질 수 있는 것처럼 말입니다. b를 지배하는 a는 b의 비-자유의 표현이지만, 만일 b가 인간이고 a가 신이라면, 종속은 노예상태가 아니라 이와 반대로 그것은 인간에 대한 부름입니다. 니체가 신이 존재한다면 나는 불가능하다고 생각했다는 것을 늘 정식화해선 안 됩니다. 그것은 매우 설득력이 있습니다. a가 b에게 명령한다면 b는 더는 자율적이지 않으며, 주체성을 갖지 않지만 사유하면서 당신이 형식에 남아 있지 않을 때, 즉 내용으로부터 생각할 때, 타율이라 불리는 상황은 전혀 다른 의미를 갖습니다. 처음부터 의무 지워진 책임의식은 물론 주격에 있지 않고 오히려 목적격에 있습니다. 책임의식은 "명령[임명]받습니다". 그리고 프랑스어 낱말 '명령[임명]하다' ordonner는 매우 좋습니다. 다시 말해 만일 우리가 성직자가 된다면 서품받은 것입니다. 그러나 실제로 우리는 힘들을 받아들입니다. 프랑스어에서 '명령[임명]하다'는 명령을 받아들임과 서품받음을 뜻합니다. 이런 의미에서 의식, 곧 주체성은 타자와의 관계에서 더는 제1의 지위를 가질 수 없다고 말할 수 있습니다. 저의 견해는 현대철학의 전체적인 경향과 대립하는데, 현대철학은 인간에게서 어떤 인간적인 것도 갖지 않는 이성적이고 존재론적 체계의 단순한 표현이나 단순한 계기만을 보고 싶어 합니다. 하이데거에게서도 **현존재**는 결국 자기 존재의 부름과 '자기 존재의 몸짓', 그리고 자기 존재 사건의 의무가 있는 존재 일반의 구조입니다. 인간적인 것은 끝까지 존재의 의미가 아닙니다. 인간은 존재를 이해하는 존재자고, 이런 의미에서 인간은 존재의 드러냄입니다. 따라서 인간은 그저 철학의 흥미 대상일 뿐입니다. 마찬가지로 구조주의적 연구의 어떤 사유들에선 규칙들, 순수 형식들, 보편적 구조들, 수학적 합법성처럼 차가운 합법성을 갖는 전체들이 분리됩니다. 그리고 나서 그것이 인간적인 것에 명령합니다. 당신은 메를로퐁티M. Merleau-Ponty에게서 한 손이 다른 한 손을 어루만지는 방식을 분석하는 매우 아름다운 문장을 발견합니다. 한 손이 다른 손을 어루만지고, 다른 손이 첫번째 손을 어루만집니다. 손은 결국 어루만져지고 그 어루만짐을 어루만지고, 한 손은 그 어루만짐을 어루만집니다. 반성적 구조, 다시 말해 마치 공간이 인간을 통해 자기를 어루만지는 것처럼 말입니다. 여기서 즐거운 것은 어쩌면 인간이 오직 하나의 계기가 될 뿐인 이 비-인간적 ─ 반휴머니즘의 ─ 구조가 아니겠습니까? 현대철학에 따른 휴머니즘에 대한 동일한 불신에는 주체 개념과의 투쟁이 있습니다. 그들은 인간적인 것에 의해 더는 포위되지 않는 이해가능성의 원리를 원합니다. 그들은 인간 운명에 대한 염려에 의해 포위되지 않을 원리를 주체가 상기시키기를 원합니다. 이와 반대로 제가 의식은 타자와의 관계에서 자신의 제1의 지위를 잃어버린다고 말할 때 그것은 그 의미에서가 아닙니다. 저는 이와 반대로 사유된 의식에 인간성으로의 깨어남이 있다는 것을 말하고 싶습니다. 의식의 인간성은 결코 의식의 권력들에 있지 않고 의식의 책임에 있습니다. 수동성, 환대, 타인에 대한 의무에 있습니다. 다시 말해 타자가 첫번째고, 거기서 나의 주권적 의식의 문제가 더는 제1의 물음이 아닙니다. 저는 제 책 가운데 한 책의 제목인 '타인의 인간주의' l'humanisme de l'autre homme를 옹호합니다.

마지막 것이 제게 대단히 소중합니다. 타자와의 관계의 이 전적 우선성에는 관계가 이미 일치의 결핍이 될 그런 일치의 탁월함이라는 위대한 전통 사상과의 단절이 있습니다. 그것은 플로티노스Plotinos의 전통입니다. 제 사상은 '잃어버린' 일치와 관계없는 사회성을 생각하는 데 있을 것입니다.

질문 그것이 자아론으로서의 서구 철학에 대한 당신의 비판의 시작입니까?

레비나스 네, 자아론으로서. 만일 당신이 플로티노스의 『엔네아데스』 *Enneades*를 읽는다면, 일자는 심지어 자기의식이 없습니다. 만일 일자가 자기의식이 있었다면 일자는 완전성의 상실로서 이미 다수적인 것이 됐을 것입니다. 지식 속에서 우리가 홀로 있을 때조차 우리는 둘이고, 우리가 자기의식을 하게 될 때조차 이미 파열이 있습니다. 인간 안에 그리고 존재 안에 있을 수 있는 다양한 관계들은 통일성으로부터의 가까움이나 멂에 따라 늘 판단됩니다. 관계는 무엇입니까? 시간은 무엇입니까? 통일성으로부터의 타락, 영원으로부터의 타락. 모든 종교에서 많은 신학자들이 좋은 삶은 신과의 일치라고 말합니다. 일치, 이것은 통일성으로의 귀환을 말하고 싶어 합니다. 반면에 책임에서의 타인과의 관계에 대한 주장에서, 사회성의 고유의 탁월함이 주장됩니다. 다시 말해 신학의 언어로 말하자면 신과의 가까움^{la proximité de} ^{Dieu}, 신과의 사회가 주장됩니다.

질문 이것은 다수성^{multiplicité}의 탁월함입니까?

레비나스 그것은 분명 일자[통일성]의 타락으로 생각할 수 있는 다수성의 탁월함입니다. 성서구절을 다시 인용하자면, 창조된 인간은 '번성하라'^{multipliez-vous}를 통해 축복받습니다. 윤리적이고 종교적인 용어들 속에서. 다시 말해 당신은 사랑할 사람을 가질 것이고, 누군가를 위해 존재할 그런 누군가를 가질 것이며, 오직 당신 자신을 위해 존재할 수 없습니다. 그는 처음부터 그들을 마치 남성과 여성처럼 창조했고 '마치 남성과 여성처럼 그는 그들을 창조했습니다'. 반면에 끊임없이 우리 유럽인들에게서, 저와 당신에게서, 중요한 것은 통일성에 가까이 가는 것입니다. 우리는 사랑은 융합이고, 사랑은 융합에서 승리한다고 말합니다. 플라톤의 『향연』*Symposion*에서 디오티마는 바로 사랑은 오직 분리이고 타자를 향한 욕망*désir de l'autre*이기 때문에 사랑 그 자체는 반신半神이라고 말합니다.

질문 이런 관점에서 당신의 생각으로는 에로스와 아가페의 차이는 무엇일까요?

레비나스 저는 결코 프로이트주의자가 아니고, 결국 아가페가 에로스에서 유래한다고 생각하지 않습니다. 그러나 저는 성애性愛 또한 중요한 철학적 문제라는 것을 부정하지 않습니다. 인간이 남성과 여성으로 분리된 의미는 생물학적 문제로 환원되지 않습니다. 일찍이 저는 타자성은 여성적인 것*le féminin*에서 시작한다고 생각했습니다. 그것은 사실 매우 낯선 타자성입니다. 여성은 남성의 모순도 아니고 남성의 반대도 아니며, 다른 차이들과 같지 않습니다. 그것은 빛과 어둠의 대립과 같지 않습니다. 그것은 우연한 것이 아닌 구별이고, 그것의 위치를 사랑과의 관계에서 찾아야 합니다. 저는 이제 이것에 대해 더 할말이 없습니다. 어쨌든 에로스는 결코 아가페가 아니고, 아가페는 에로스로서의 사랑*l'amour-Éros*의 파생물도 소멸도 아니라고 생각합니다. 에로스 이전에 얼굴이 있었습니다. 에로스 그 자체는 얼굴들 사이에서만 가능합니다. 에로스의 문제는 철학적이고 타자성과 연관돼 있습니다. 저는 30년 전에 『시간과 타자』*Le temps et l'autre*라는 책을 썼습니다. 이 책에서 저는 여성적인 것은 타자성 그 자체라고 생각했습니다. 저는 이것을 버리지 않지만, 저는 결코 프로이트주의자가 아닙니다. 『전체성과 무한』*Totalité et Infini*에는 에로스에 관한 장章이 있는데, 여기서 에로스를 향유가 되는 사랑으로 기술하지만, 타인에 대한 책임에 입각해 아가페라는 큰 시각을 가지고 있습니다.

질문 당신은 "타자에 대한 책임은 나의 자유 이전에 온다"라고 말합니다. 그것은 깨어남-다시 깨어남의 문제입니다. 다시 깨어난다는 것은 자기가 타자에 대해 책임적이라는 것을 발견하는 것입니다. 그것은 자유 이전 그 자체에서 자기를 늘 빚진 자로 발견하는 것입니다. 다시 깨어나고 응답하는 것은 같은 것입니까? 자기를 빚진 자로 발견하는 것은 이미 응답하는 것입니까? 아니면 '자기를 발견하는 것'과 '응답하는 것' 사이에 자유가 아니라, 악의와 비-응답의 가능성이 있습니까?

레비나스 중요한 것은 타인과의 관계가 깨어남과 술에서 깨어남이라는 것이고, 깨어남은 의무라는 것입니다. 당신은 그 의무가 자유로운 결단보다 앞서지 않는가 말합니다. 타인에 대한 책임에서 중요한 것은 인간성이 구성한 기억할 수 있는 모든 숙고보다 더 오래된 참여입니다. 분명 인간에게는 타자에게로 깨어나지 않을 가능성이 있습니다. 악의 가능성이 있습니다. 악은 그저 존재의 질서이고, 이와 반대로 타자를 향해 가는 것은 인간성이 존재에 구멍을 내는 것, 즉 '존재와 다른 것'un autrement qu'être입니다. '존재와 다른 것'l'autrement qu'être의 승리가 확보되는지 확신할 수 없습니다. 인간성이 완전히 소멸할 시기가 있을 수 있지만, 거룩이라는 이상은 인간이 존재에 도입한 것입니다. 존재의 법칙들과 반대되는 거룩이라는 이상. 상호적 작용들과 반작용들, 발휘된 힘들에 대한 보상, 균형의 회복, 어떤 전쟁이든, 정의로 간주되는 이 냉담한 언어에 숨어 있는 그 어떤 잔혹함이든, 그것은 존재의 법칙입니다. 질병도, 예외도, 무질서도 없으면 그것은 존재의 질서입니다. 저는 착각하지 않습니다. 다시 말해 대체로 존재의 질서는 그와 같이 발생하고, 어쩌면 다시 발생할 위험이 있습니다. 인간은 우정이 깨지는 것처럼 보일 때도 우정을 이루지만, 존재의 결정론이 다시 나타날 수 있는 정치질서를 구성하기도 합니다. 제겐 정치질서에 대한 환상이 없으며, 역사의 종말에 대해 낙관하는 철학이 없습니다. 어쩌면 종교들이 그것에 대해 더 알 수 있을 것입니다. 그러나 인간성은 이런 위험한 일이 닥쳐올 가능성들에 이끌리지 않고 행동하는 데 있습니다. 바로 그것은 인간성으로 깨어남입니다. 역사에는 정의로운 사람들과 성인들이 있었습니다.

질문 존재는 또한 관성, 즉 타자에게 응답하지 않고 깨어나지 않을 사실입니까?

레비나스 관성은 물론 큰, 존재의 법칙입니다. 하지만 인간성이 거기서 나타나 그것을 중지시킬 수 있습니다. 오랫동안? 잠시 동안? 인간성은 존재 안에서의 추문이고, 현실주의자들에게 존재의 '질병'이지만, 악은 아닙니다.

질문 십자가의 광기?

레비나스 네, 확실히, 괜찮으시면, 십자가의 광기는 제가 방금 표현한 생각에 적합한 말입니다. 유대인의 사유에는 그와 똑같은 사상들이 있고, 유대민족의 역사 그 자체가 있습니다. 존재의 위기라는 이 관념은 제게 있어 특히 인간적인 어떤 것과 확실히 예언자적 순간들과 일치하는 어떤 것을 기술하고 있습니다. 예언의 구조 그 자체에서, 존재의 '엄격함'과 단절하고 사라지지 않는 현존으로 이해된 영원과 단절하는 시간성이 열립니다.

질문 그것은 시간의 열림입니까?

레비나스 네, 우리가 현존과 현재하는 것으로부터 이해할 수 있는 시간이 있는데, 거기서 과거는 다시 잡아당긴 현재이고 미래는 도래할 현재에 지나지 않습니다. 다시-나타남[재-현]은 정신적 삶의 근본적인 양태일 것입니다. 그러나 저는 타인과의 윤리적 관계로부터 과거와 미래의 차원들이 고유한 의미를 가질 시간성을 어렴풋이 봅니다. 타인에 대한 나의 책임에서 결코 나의 현재가 되지 않는 타인의 과거가 '나와 상관있게 됩니다[나에게 옵니다]'$^{\text{me regarde}}$. 그것은 나를 위한 다시-나타남이 아닙니다. 타인의 과거 그리고 말하자면 내가 결코 참여하지 않고, 내가 결코 현재하지 않는 인간의 역사는 나의 과거입니다. 미래에 관한 한 미래는 마치 '그것이 이미 도착한 것처럼', '시간성이 공시성인 것처럼', 존재의 냉혹한 질서와 마찬가지로 이미 만반의 준

비가 된, 나를 기다리는 현재의 기대가 아닙니다. 미래는 예–언[앞에서–말함]pro-phétie의 시간인데, 이 예언의 시간은 명령법, 도덕적 질서, 영감의 메시지이기도 합니다. 저는 곧 나타날 연구에서 이런 생각들의 본질, 즉 단순한 아직 도래하지–않음이 아닌 미래un futur qui n'est pas un simple à-venir를 제시하려고 했습니다. 시간의 무한이 나를 놀라게 하지 않습니다. 시간의 무한은 신을–향한 운동 자체이고 시간은 '현재'에 대한 분노인 영원보다 더 선하고, 현재의 관념화인 영원보다 더 선하다고 생각합니다.

질문 당신은 하이데거를 타자에 대한 동일자의 우위성을 보존하는 서구철학의 계승자로 봅니다.

레비나스 하이데거는 제게 있어서 금세기의 가장 위대한 철학자이고, 어쩌면 천 년 동안 가장 위대한 철학자 가운데 한 사람일 것입니다. 그러나 그것이 저를 매우 고통받게 했는데 왜냐하면 비록 짧은 시기이지만 그가 1933년에 보여 준 것을 저는 잊을 수 없기 때문입니다. 그의 작품에서 제가 존경하는 것은 『존재와 시간』Sein und Zeit입니다. 『존재와 시간』은 현상학의 절정입니다. 그 분석들은 천재적입니다. 후기 하이데거에 대해서 말한다면 저는 그를 훨씬 덜 압니다. 저를 조금 놀라게 한 것은 또한 담론의 전개인데, 여기서 인간은 익명적 또는 중성적 이해가능성의 표현이 되는데, 신의 계시는 이 익명적 또는 중성적 이해가능성에 종속됩니다. 사방세계[하늘, 땅, 신적인 것들, 죽을 자들]Geviert에, 복수적인 것에 신들이 있습니다.

질문 하이데거가 존재자들과 존재 사이에 정립하는 존재론적 차이로부터 우리는 하이데거의 존재가 어느 정도 '존재와 다르게'와 일치하는 것으로 생각할 수 있지 않을까요?

레비나스 아닙니다. 그렇게 생각하지 않습니다. 게다가 존재와 다르게는 '어떤 것'이 아닙니다. 존재와 다르게는 타인과의 관계, 곧 윤리적 관계입니다. 하이데거에게서 윤리적 관계, 곧 서로-함께-있음[타인과-함께-있음]Miteinandersein, être-avec-autrui은 우리의 세계 내 현존의 한 계기일 뿐입니다. 윤리적 관계는 중심적 자리를 갖지 않습니다. 함께mit는 늘 ~옆에 있음입니다. 그것은 우선 얼굴이 아닙니다. 그것은 함께-있음zusammensein이고, 어쩌면 함께-행진zusammenmarshieren일 것입니다.

질문 맞습니다. 그것은 계기이지만 우리는 또한 동시에 그것이 현존재의 본질적 구조라고 생각할 수 있지 않을까요?

레비나스 네, 물론이지만 우리는 인간은 사회적 동물이라고 늘 알고 있습니다. 그것은 제가 찾는 의미가 결코 아닙니다. 사람들은 나의 관점에 ──사람들이 이것 때문에 저를 자주 비난합니다── 세계에 대한 평가절하가 있다고 말합니다. 하이데거에게서 세계는 매우 중요합니다. 들길Feldwege에는 나무 한 그루가 있습니다. 그러나 우리는 거기서 인간들을 만나지 못합니다.

질문 그래서 심려Fürsorge, 타인에 대한 도움과 같은 구조나 순간?

레비나스 네, 그러나 저는 하이데거가 주는 것, 배고픈 자를 먹이고 헐 벗은 자를 입히는 것이 존재의 의미라거나 그것이 존재의 임무보다 우월한 것으로 생각한다고 믿지 않습니다.

질문 그것은 열려 있는 물음입니다.

레비나스 네, 그 물음은 열려 있습니다. 안심하십시오. 저는 어리석지 않고, 하이데거의 사변적 위대함을 인정합니다. 그러나 그의 분석의 강조들은 다른 곳에 있습니다. 반복합니다만 그의 분석들은 천재적 입니다. 하지만 그의 **기분**Befindlichkeit의 이론에서 타인에 대한 두려움 은 무엇을 뜻합니까? 제게 있어 그것은 본질적 순간입니다. 저는 심 지어 신을 두려워하는 것craindre Dieu은 무엇보다 타인을 두려워한다 는 것avoir peur pour autrui을 뜻한다고 생각합니다. 타인에 대한 두려움 은 하이데거의 기분에 대한 분석에 들어가지 않는데, 왜냐하면 이 이 론──매우 존경할 만한 이중 지향성의 ──에서 모든 감정, 모든 두려 움은 결국 자기 자신으로 인한 감정émotion pour soi, 자기 자신으로 인 한 두려움peur pour soi, 개에 대한[개 앞에서의] 두려움peur du chien, 자 기 자신으로 인한 불안angoisse pour soi이기 때문입니다. 그래서 타자에 대한 두려움? ……

　분명 우리는 그 두려움을 내가 타자에 대해 두려워할 때 내가 타 인과 동일한 상황에 있음을 두려워할 수 있다는 구실로 자기 자신으로 인한 두려움으로 해석할 수 있습니다. 그러나 아무리 그렇다 해도 그것이야말로 타자로 인한pour 두려움 즉 아이로 인한 어머니의 두려움, 또는 심지어 친구와 타자로 인한 모든 우리 사이entre nous의 두려움은 아닙니다.

(그러나 모든 타인은 친구입니다. 이해하시겠습니까?) 마치 우연히 「레위기」 19장에서 '너는 하나님 두려운 줄 알아야 한다'로 끝나는 몇몇 성서구절들이 타인과 상관있는 악행을 금지하는 것과 상관있는 것처럼 말입니다. 기분의 이론이 여기서 너무 짧지 않습니까?

질문 하이데거가 세계를 신성화할 것이라고, 그의 사유가 이교의 절정을 재현한다고 생각하십니까?

레비나스 하이데거는 어쨌든 풍경을 만드는 모든 것에 대한, 즉 예술적 풍경이 아니라 인간이 뿌리박은 장소에 대한 큰 감각을 가지고 있습니다. 그것은 결코 이주émigré의 철학이 아닙니다! 저는 심지어 그것은 이주자émigrant의 철학이 아니라고 말할 것입니다. 제게 있어 이주자가 된다는 것être migrateur은 유목민이 되는 것être nomade이 아닙니다. 그 어떤 것도 유목민보다 더 뿌리박고 있는 것도 없습니다. 그러나 이주하는 사람은 모두 인간이고, 인간의 이주는 존재의 의미를 파괴하지 않습니다.

질문 그것이 하이데거에게서 지리적 뿌리박음의 문제라고 생각하십니까? 이를테면 『어려운 자유』*Difficile liberté*에 있는 당신의 텍스트 「하이데거와 가가린」Heidegger et Gagarine을 읽으면서, 당신이 해석하고 있 듯이 하이데거에게서 뿌리박음은 지리적 공간 위의 지역적 뿌리박음 인 것 같습니다. 하이데거가 염두에 두고 있기 때문에 문제입니까 아 니면 오히려 세계 속에 뿌리박음의 문제일까요?

레비나스 아닙니다. 그러나 인간성은 늘 동일한 풍경에서 체험되고 기 술됩니다. 우리가 달[月]에 잠깐 다녀 왔을 때 우리가 우리의 고향 마 을로 귀환하는 것처럼 지구로 귀환합니다. 그러나 하이데거는 우리가 기하학적 공간에서 살 수 없다고 말했습니다. 가가린은 지구로 귀환 하기 때문에 기하학적 공간에 자리 잡지 않지만, 기하학적 공간이 자 기의 자리와 자기의 직업적 활동의 장소가 될 수 있었습니다.

질문 하이데거에게서 세계가 실제로 지상의 세계와 다른 것이고 풍경 과의 동일화와 다른 것입니까?

레비나스 사람들은 가가린과 하이데거에 대한 나의 논문이 폭력적이었 다고 말합니다. 하이데거에겐 중유럽에 있는 인간의 장소에 대한 텍스 트들이 있습니다. 유럽과 독일의 서부는 그에게 중심적입니다. 거기 에 하이데거의 모든 지정학地政學이 있습니다.

질문 당신의 사유에 로젠츠바이크Franz Rosenzweig가 미친 영향은 무엇 입니까?

레비나스   제게 가장 큰 영향을 준 것은 전체성과 헤겔에 대한 그의 비판이고, 최초의 이해가능성 ——이것은 로젠츠바이크의 위대한 사상입니다—— 은 창조, 계시, 구원을 함께 연결시키는 데 있다는 생각에 매우 감명 받았습니다. 창조, 계시, 구원은 철늦고 파생된 개념들이 아니라(어느 순간에 그것들이 역사에 나타나는가는 중요하지 않습니다), 모든 의미의 근원입니다. 로젠츠바이크에 대한 스테판 모제스Stéphane Mosès 의 책을 위해 제가 쓴 서문에서 이것을 반복했습니다. 로젠츠바이크의 작품에서 시간의 추상적 계기들 곧 과거, 현재, 미래는 탈형식화됩니다. 그것은 더는 시간의 문제가 아니고, 세 가지 형식적 차원들이 있는 빈 형식이 아닙니다. 과거는 창조입니다. 마치 로젠츠바이크가 과거를 구체적으로 생각하기 위해선 창조를 생각해야 한다고 말하는 것처럼 말입니다. 또는 미래는 구원입니다. 현재는 계시입니다. 제가 붙드는 것은 결코 두번째나 세번째의 동일화가 아니라, 어떤 형식적 개념들이 그것들보다 여전히 더 비합리적으로 보이지만 그 형식적 개념들이 참되게 사유된 구체적인 사건에서만 충분히 이해되는 매우 조숙한 사상입니다. 이것은 확실히 로젠츠바이크가 알지 못한 후설의 현상학이 제시한 생각 가운데 하나이기도 합니다.

질문   부버와 마르셀이 당신에게 준 영향은 무엇입니까?

레비나스   부버를 매우 늦게 읽었습니다. 마르셀도 매우 늦게 읽었지만 곧 출판될 작은 논문에서 부버라는 땅 위를 걸었던 사람이라면 누구라도 그가 자신이 어디에 있었는지 몰랐다 해도 부버에게 빚지고 있다고 말했습니다. 마치 당신이 그것을 모르고 막 경계를 가로질러 가는 것처럼 말입니다. 당신은 당신이 있는 조국에 순종해야 할 의무가 있습니다. 그 땅을 확인하고 타인의 주제인 너tu를 봤던 사람은 부버입니다. 마르셀 또한 저와 매우 가깝지만, 마르셀에게서 대화는 결국 존재론에 의해 절멸된다는 사실을 발견합니다. 마르셀은 전통적 존재론, 곧 신은 존재라는 것을 연장하는 데 관심이 있습니다. 장 뤽 마리옹Jean-Luc Marion이 존재를 놀라게 해야 했다고 말하는 것처럼(당신은 마리옹의 책 『존재 없는 신』 *Dieu Sans l'Être*을 보셨습니까?), 신은 존재와 다르게 있고, 존재 너머에 있습니다.

질문 특히 라틴아메리카에서 당신의 철학과 마르크스주의를 종합하려는 것을 목표로 삼는 시도가 다양하게 이뤄졌습니다. 그것에 대해 어떻게 생각하십니까?

레비나스 일찍이 저를 많이 인용했고, 이제 훨씬 더 정치적·지정학적 사유 그 자체에 가까운 엔리케 두셀Enriqué Dussel을 알았습니다. 다른 한편으로 저는 '해방철학'philosophie de la libération을 만드는 남미의 매우 동정적 집단 ──특히 스칸노네Scannone[4]── 을 알게 됐습니다. 우리는 독일 프라이부르크에서 신학교수로 있는 친구 베른하르트 카스퍼Bernhard Casper와 함께 그리고 몇몇 남미 출신의 가톨릭 철학자들과

---

4) 후안 카를로스 스칸노네(Juan Carlos Scannone) 신부는 아르헨티나의 해방신학자로서 교황 프란치스코의 스승 가운데 한 사람이다. ── 옮긴이

모임을 가졌습니다. 거기에서 남미의 민중의 정신l'esprit populaire으로 되돌아가려는 매우 흥미로운 시도가 있는데, 다른 한편으로 그 전개 방식과 리듬에서, 그 문제 삼음의 급진성에서 하이데거의 큰 영향이 있습니다. 제가 이 집단에서 공명을 발견할 때 매우 행복하고, 매우 자랑스럽게 생각합니다. 그것은 근본적인 찬성입니다. 그것은 몇몇 사람들도 '같은 것'을 봤다는 것을 뜻합니다.

질문 당신의 사상은 사랑의 사상인데 마르크스주의와 같은 정복의 철학과 화해할 수 있습니까?

레비나스 아닙니다. 마르크스주의는 정복만 있는 것은 아닙니다. 마르크스주의에는 타자에 대한 인정이 있습니다. 물론 마르크스주의는 타자가 자기 자신을 위해 자기에게 당연한 것을 요구한다면 우리가 타자를 구원할 수 있다는 것을 말하는 데 있습니다. 마르크스주의는 타자에게 주는 것이 나의 의무라는 것을 요구하도록 인류에게 권유합니다. 마르크스주의는 나와 타자들에 대한 저의 철저한 구별과 조금 다르지만, 그렇다고 그것 때문에 비난받을 순 없습니다. 마르크스주의가 매우 성공할 것이기 때문이 아니라, 타자를 중시했기 때문입니다.

질문 정치 이데올로기로서 마르크스주의는 그럼에도 불구하고 폭력을 통해 권력의 정복을 설교하는 권력의 철학입니다.

레비나스 그것은 모든 정치 이데올로기에 해당됩니다. 그러나 원칙적으로 마르크스주의를 설교하는 사람들은 정치권력을 무의미한 것으로 만들길 희망했습니다. 이것은 레닌이 이를테면 요리사가 국가를 이끌 날이 올 것이라고 말했을 때 가장 숭고한 몇몇 표현들의 생각입니다. 이것은 요리사가 국가를 이끌 것이라는 뜻이 아니라, 정치적인 문제가 더는 오늘날의 용어[개념]들로 제기되지 않을 것이란 뜻입니다. 거기에 메시아주의가 있습니다. 실천에서 변한 것에 대해 말하자면…… 제게 있어 20세기 역사에서 가장 큰 실망 가운데 하나는 그 같은 운동이 스탈린주의를 낳았다는 것입니다. 그것이 한계입니다!

질문   19세기에 무정부적 사회주의와 마르크스주의적 사회주의의 분열이 이미 있었습니다.

레비나스   물론입니다. 그러나 관용이 스탈린주의로 타락한 것은 무한하게 더 심각합니다.

질문   현대 마르크스주의에서 초기 마르크스주의에 소중했던 국가 소멸의 사상이 사라졌습니다.

레비나스   어쩌면, 그러나 제가 타자와의 관계에 대해 말하는 것에는 정의로운 국가의 여지가 있습니다. 우리의 대화는 그 주제로 시작했습니다.

질문   당신은 그런 국가가 존재할 수 있을 것이라 생각하십니까?

레비나스 네, 윤리와 국가 사이에는 가능한 조화가 있습니다. 정의로운 국가는 선전과 설교보다는 정의로운 사람들과 성인들에게서 나올 것입니다.

질문 아리스토텔레스가 우정론에서 말하고 있듯이 이 사랑은 국가의 존재 자체를 불필요한 것으로 만들 수 있을 것입니다.

레비나스 앞서 말했듯이 저는 오히려 자비는 정의가 없다면 불가능하고 정의는 자비가 없다면 변질된다고 생각합니다.

비지향적 의식

1. 방법

철학적 발전의 의미는, 그 발전을 거치는 사람에게서, 그가 그것에 대해 설명하는 계기나 장소에 따라 달라진다. 외부로부터만 우리는 그와 같은 변천을 파악하고 판단할 수 있다. 연구자가 설명하고자 하는 것이 정지될 때 연구자를 사로잡는 주제들을 기술할 가능성만이 연구자 자신에게 남아 있다.

　나의 글 처음에 있는 것은 분명 후설이다. 나는 의식을 활성화시키는 지향성이라는 개념을 그리고 사유가 존재의 의미를 늘 갖는 **사유된 것**으로 흡수될 때 흐려지는 **의미의 지평들**이라는 관념을 활성화시키는 지향성이라는 개념을 후설에게 빚지고 있다. 이른바 지향적 분석이 그것이 반성 속에서 '망각한' 사유를 연구하고 이 **존재자**와 **존재의 지평들**을 소생시킬 때 되찾는 **의미의 지평들**. 나는 특히 후설에게 ―그러나 또한 하이데거에게― 우리가 이 지평들을 되찾는 방법과 우리가 그 지평들을 찾지 않으면 안 되는 방법을 가르친 그와 같은 분석들, 표본[범례]들과 모범들의 원리들을 빚지고 있다. 나에게 있어 그것이 현상학의 본질적 기여인데, 모든 것이 의존하는 큰 원리가 이 현상학에 추가된다. 다시 말해 사유된 것 ——대상, 주제, 의미 ——은 사유된 것을 사유하는 사유에 호소하지만, 자기의 나타남의 주관적 표현을 결정하기도 한다. 즉 존재가 자기의 현상들을 결정한다.

이 모든 것이 구체성의 새로운 양식을 결정한다. 현상학에서 이 구체성은 일상적 의식의 소박한 추상들을 포함하고 지탱하지만 대상에 의해 흡수되고 대상에 말려든 과학적 의식의 소박한 추상들을 포함하고 지탱하기도 한다. 따라서 개념들을 전개시키고 어떤 개념에서 또 다른 개념으로 가는 새로운 방식 다시 말해 경험적 과정으로도 분석적, 종합적 또는 변증법적 연역으로도 환원되지 않는 새로운 방식.

그러나 이 정신의 구체성에 대한 현상학적 분석에서 이론의 특권, 재현의 특권, 지식의 특권, 따라서 존재의 존재론적 의미의 특권이 후설 ——존중할 만한 서구 전통을 따르는 ——에게 나타난다. 우리가 또한 그의 작품에서 얻을 수 있는 모든 반대되는 제안들 ——비非이론적 지향성, **생활세계의 이론**, 메를로퐁티가 개척해 만든 고유한 신체의 역할 ——에도 불구하고 그렇다. 이런 이유로(그러나 또한 1933년에서 1945년까지 전개되고 지식이 회피하는 법을 알지도 못했고 이해하는 것을 알지도 못했던 사건들 때문에) 나의 성찰은 후설의 선험철학 또는 적어도 선험철학의 정식들의 최종적 지점에서 벗어난다.

이것이 내가, 수년 동안 몰두했던 주제이고 후설이 상호주관성에 대한 연구에서 중재를 부탁하는 **지향성**에 적합한 지식의 구조들의 문제가 아닌 **타인과의 관계의 우위성**에 대한 긍정을 통해 나에게 열린 관점들을 계속 가르쳐 주기 위해 특히 주의를 환기시키고 싶었던 핵심들이다. 나는 그것에 입각해 철저히 다른 방식으로 사유에 부과되는 의미의 관념을 가지고 마칠 것이다.

2. 현상학과 지식

전통철학이 유의미성의 기원이나 고향을 정하고 정신을 인식하는 것은 지식 ──자기의식까지 포함하는── 으로서의 영혼 속에서다. 인간의 영혼 속에서 발생하는 모든 것, 거기에서 벌어지는 모든 것은 알려짐을 통해 끝나지 않는가? 억압되고 변질된 비밀과 무의식은 그것들이 잃어버렸거나 그것들을 잃어버린 의식을 통해 여전히 측정되거나 치유된다. 모든 체험된 것은 정당하게 **경험**으로 말해진다. 체험된 것은 그것의 차원들과 양태들이 무엇이든지 간에 즉 관조, 의지, 처해 있음 또는 감성과 오성, 외적 지각, 자기의식과 자기반성, 또는 객관적 주제화와 발생되지 않은 것에 대한 친밀함, 제1의 성질들과 제2의 성질들, 운동 감각들과 전신 감각들이든지 간에, 지식의 일치 속에서 모이는 '습득된 가르침'으로 전환한다. 이웃과의 관계들, 사회집단과 신은 여전히 집단적이고 종교적인 **경험들**일 것이다. 삶에 대한 무규정과 순전한 존재함[실존함]의 형식성, 순전한 존재의 형식성으로 환원될 때도, 영혼은 보는 것과 체험의 양태에 따라 이러저러하게 산다, 마치 **산다는 것과 존재한다는 것**이 타동사들이고 이러저러한 목적보어들인 것처럼. 데카르트가 『성찰』에서 **나는 생각한다**라는 용어를 폭넓게 사용하는 것을 정당화하는 것은 분명 이 암묵적 지식이다. 그리고 이 1인칭 동사는 모든 지식이 자족하는 나의 **일치**를 잘 표현해 주고 있다.

지식으로서의 사유는 사유할 수 있는 것들, 존재라고 불리는 사유할 수 있는 것들을 대상으로 한다. 사유는 존재를 대상으로 하면서 자기 자신을 벗어나지만, 놀라울 만큼 여전히 자기 자신 안에 있거나 자기 자신으로 복귀한다. 자기의 외부성 또는 타자성은 내부성에서 다시 **빼앗긴다**. 사유가 아는 것 또는 사유의 '경험' 속에서 사유가 배우는 것은 **타자**뿐만 아니라 사유 **자신**이기도 하다. 우리는 우리가 이미 아는 것만을 배우고 상기시킬 수 있고 재-현할 수 있는 기억을 가장해 사유의 내부성으로 끼어드는 것을 배운다. 상기와 상상력은 공시성과 통일성으로 하여금 시간에 종속된 경험 속에서 상실되거나 미래에만 있는 것을 확증한다.

우리는 후설에게서 현존, 현재와 재현의 특권을 발견한다.

시간의 통-시성은 거의 늘 공시성의 결핍으로 해석된다. 미래의 발생은 미리 잡음으로부터 이해되는데, 마치 미래의 시간화가 손에 움켜잡음prise en main의 일종이고, 회복의 시도인 것처럼, 마치 미래의 발생이 현재의 진입에 불과한 것처럼.

배움으로서의 사유는 움켜잡음, 포착, 습득된 것에 대한 **지배와 소유**를 필요로 한다. 배움의 '포착'은 순전히 비유적인 것만은 아니다. 기술적인 이해관심[존재 사이]intéressement 이전부터 그 포착은 이미 '점유'[손을 두기]mainmise인 구체화된 실천의 초벌그림이다. 현존은 지금[손에 쥠]maintenant이 된다. 가장 추상적인 교훈은 '삶의 세계'의, 곧 그 유명한 **생활세계**Lebenswelt의 사물들에 대한 손의 완전한 지배를 필요로 하지 않는가? 지식의 나에게 나타나는 존재는 나를 가르칠 뿐만 아니라 **그 사실 때문에** 나에게 **주어진다**. 지각은 이미 포착한다. 그리고 개념Begriff은 이 지배의 의미를 보존한다. '주어짐'──'잔에서 입술까지'의 거리를 극복하기 위해 필요한 노력이 그 무엇이든 간에──은 사유하는 사유에 적절하고, 사유의 '초월'을 통해 자기에게 소유와 향유, 만족을 약속한다. 마치 사유가 사유하는 것을 다시 결합시킬 ──구체화할── 수 있음의 사실을 통해 이 사유가 사유하는 것처럼. 내부성의 곧 자기만족의 사유와 영혼. 세계의 현상은 분명 이것이다. 다시 말해 세계의 현상은 포착 속에서 사유할 수 있는 것과 사유하는 것의 일치가 보장된다는 사실이고, 세계의 나타남이 또한 주어짐이라는 사실이며, 마치 지식이 욕구를 만족시키는 것처럼 세계에 대한 지식이 만족이라는 사실이다. 어쩌면 이것이 후설이 그가 사유와 세계 사이의 어떤 상관관계──절대적 상관관계인──를 확립할 때 표현하는 것이다. 후설은 목표의 한도를 넘는 것으로서의, 가득 차는 텅 빈 지향성으로서의 이론적 지식 ──객관화하고 주제화하는 지식──을 가장 완전한 형태들로 기술한다.

　서구 정신의 모든 조류가 흘러 들어가고 모든 차원이 드러나는 헤겔의 작품은 절대지식의 철학이고 만족한 인간의 철학이다. 이론적 지식의 영혼은 자기의 한도 내에서 사유하는 사유를 구성하고, 그리고 사유할 수 있는 것과의 일치 속에서 자기 자신과 같아지며, 자기의식일 것이다. 타자 속에서 다시 발견되는 것은 동일자다.

　사유 행위는 모든 타자성을 이기고 결국 거기에 사유 행위의 합리성 그 자체가 있다. 개념의 종합과 요약은 타자로서, 이전과 이후로서 주어지는 것의 흩어짐과 불일치보다 더 강하다. 개념의 종합과 요약은 주체의 일치와 나는 생각한다의 선험적 통각의 일치를 가리킨다.

헤겔은 다음과 같이 쓰고 있다.

통각의 근원적이고 종합적인 일치로서의, **나는 생각한다** 또는 자기
의식의 일치로서의 **개념의 본질**을 구성하는 일치를 인식하는 데 있
는 일치가 『순수이성비판』의 가장 심오하고 가장 올바른 의견들에
속한다.[1]

나는 생각한다의 일치는 지식으로서의 정신의 궁극적 형태다. 정
신은, 정신이 알고 있고 지식의 체계와 동일시되는 존재와 합쳐져야
했다.

나는 생각한다의 일치는 지식으로서의 정신의 궁극적 형태다. 그
리고 모든 사물들은 체계를 구성함으로써 이 **나는 생각한다**의 일치로
환원된다. 이해가능성의 체계는 결국 자기의식이다.

여기서 사유는 사유자에 따라 자명한 이치가 아닌가 하는 문제가
제기될 수 있다. 이 사유가 신에 대한 표상을 표현할 수 없는 사유를
의미하지 않는 한.

나는 다음과 같이 묻는다. 후설과 브렌타노가 단언하듯이 지향성
은 늘 재현에 기초하는가? 또는 지향성은 '의미 부여'의 유일한 방식
인가? 유의미성은 주제화와 재현과 늘 상관관계에 있는가? 유의미성
은 다수성과 시간의 흩어짐을 모으는 것으로부터 생기는가? 사유는
처음부터 일치와 진리에 헌신하는가? 사유는 자기의 관념적 동일성

1) G. W. F. Hegel, *Wissenschaft der Logik II*, ed. Georg Lasson, p. 221.

속에서 주어진 것을 포착하는 것에 불과하지 않은가? 사유는 본질적으로 자기와 같은 것과의 관계인가 즉 사유는 본질적으로 무신론적인가?

3. 양심의 가책을 느끼는 의식[나쁜 양심]la mauvaise conscience과 냉혹함

1. 의식은 **지향성**으로부터 의지의 양태로 이해돼야 한다. 지향[의도]이라는 말이 이것을 암시한다. 따라서 지향적 의식의 일치들과 비교되는 행위들의 명칭이 정당화된다. 의식의 지향적 구조는 다른 한편으로는 재현에 의해 특징지어진다. 재현은 모든 이론적 의식이나 비이론적 의식의 기초에 있을 것이다. 브렌타노의 이 명세는, 후설이 그것에 가져왔던 모든 정확성에도 불구하고 그리고 후설이 객관화하는 행위들이라는 관념 속에서 했던 모든 조심에도 불구하고, 후설에게 타당한 것으로 남아 있다. 의식은 현존, 자기 자신-앞에서의-정립position-devant-soi, 다시 말해 '세계성'mondanéité, 주어짐의 사실le fait-d'être-donné을 함축한다. 포착, 지배, 무엇에 대해-붙잡음[파악, 이해]com-préhension, 자기화로의 노출.

지향적 의식은 존재 속에서 존재자들의 존재가 펼쳐지고 모이고 드러나는 무대 위에서의 적극적 지배가 아닌가? 이 **존재**esse 그 자체를 위한 끝없는 **존재**의 노력의 각본 그 자체와 같은 의식, 우리가 경솔하게 보조적인 것으로 부르는 이 특권적 동사의 형식적 의미가 환원되는 **존재하려는 노력**conatus의 유사 동어반복적 실행.

그러나 세계와 대상들로 향하고 지향성으로 구조화된 의식은, 간

접적으로 그리고 보충적으로, 말하자면 자기 자신에 대한 의식이다. 즉 세계와 대상들을 자기에게 재현하는 능동적 자아의 의식, 그리고 자아의 재현 행위들 그 자체의 의식, 정신적 능동성의 의식이다. 그러나 간접적이고 직접적이지만 지향적 목표 없이, 암묵적이고 순전히 부가적인 의식. 의식이 전환하기 쉬울 내적 지각과 구별되는 비-지향적 의식. 후자 즉 반성적 의식은 자아, 자아의 상태들, 정신적 행위들을 **대상들로 간주한다.** 세계를 향한 의식이 비지향적인 것과 그 지평들의 간접적 체험을 망각하고, 소박함에 동반하는 것을 망각하는, 자기의 지향적 직접성의 불가피한 소박함에 반대해 도움을 찾는 반성적 의식.

그때부터 우리는 철학에서 이 체험을 여전히 명료하지 않은 지식으로 또는 반성이 충만한 빛으로 데려올 여전히 혼란한 재현으로 당연히 ──어쩌면 너무 빠르게── 간주하게 된다. 지각된 세계 그 자체를 재현하는 주어진 것들처럼 반성, 지향적 의식이 명석판명한 주어진 것들로 전환할 세계의 어두운 맥락.

그러나 자기의식으로 이해된 반성적 의식의 시선 아래에서, 지향적인 것을 향해 대위법적으로 체험된 비지향적인 것이 자기의 참된 의미를 보존하고 넘겨주는지를 스스로에게 물을 수 있다. 자기반성에 대한 전통적 비판은 소위 자발적 의식이 탐색하고 주제화하며 객관화하고 경솔한 반성의 눈 아래에서 겪는 변화를 늘 의심했다. 마치 어떤 비밀에 대한 침해와 부인처럼. 늘 논박된 비판, 늘 되살아나는 비판.

마치 사유하는 자아가 세계에 나타나고 세계에 속하는 것처럼, 우리가 전前-반성적인 것으로만 간주하고 반성 속에서 자기 자신을 지향적으로 겨냥하는 암묵적인 지향적 의식을 동반하는 이 비非-반성적 의식에서 무엇이 발생하는가? 이 근원적 은폐에서, 이 표현할 수 없는 방식에서, 자기 안에 있는 불명료한 것들을 모으는 데서 무엇이 발생하는가? 이 소위 불명료함, 이 내포는 말하자면 적극적으로 무엇을 의미할 수 있는가? 개념을 통해 특수한 것들을 **포위하는 것**enveloppement, 관념 속에 있는 미리 가정된 것들이 **내포하는 것**sous-entendement, 한편으로 지평 속에 있는 가능한 것들의 **잠재성**potentialité과 전-반성적 의식에 있는 비지향적인 것들의 **내면성**intimité 사이에서 구별할 이유는 없는 것인가?

2. 자기의 전-반성적 의식에 대한 '지식'은 정확히 말해 아는가? 모든 지향에 앞서는——또는 모든 지향에서 회복된—— 혼란한 의식, 암묵적 의식은 행위가 아니라 순전한 수동성이다. 하이데거의 **내던져져 있음**[현사실성]Geworfenheit에서처럼, 의식의 존재를-선택함-없이-있음을 통해서만은 아니며 또는 모든 추측 이전에 이미 실현된 가능성들의 뒤섞임으로 의식이 추락하는 것을 통해서만은 아니다. 자기에 대한 지식을 의미하기보다는 현존의 소멸이나 조심성인 의식. 양심의 가책을 느끼는 의식. 지향들 없이, 목표들 없이, 세계의 거울에 비친 자기 모습을 응시하고 안심하며 자기를 정립하는 인격의 보호막 없이. 이름 없이, 지위[입장] 없이, 자격 없이. 모든 속성들이 없는, 현존을 두려워하는 현존. 베일을 벗기기 또는 진리로의 노출의 벌거벗음이 아닌 벌거벗음. 모든 의지 이전[안쪽]에, 모든 잘못 이전에 자기의 비-지향성에서, 자기의 비-지향적 동일화에서, 동일성은 자기의 확립 앞에

서, 동일화의 자기로의 귀환이 집요함을 허용할 수 있는 것 앞에서 후
퇴한다. 고발된 유죄 없이 그리고 자기의 현존 그 자체를 책임지는 양
심의 가책을 느끼는 의식[나쁜 양심] 또는 소심함. 임명되지 않은 사
람들, 정당화되지 않은 사람들, 「시편」 기자記者의 표현에 따르면 "땅
위의 나그네", 조국이 없는 사람 또는 감히 들어가지 못하는 떠돌이
의 유보. 정신의 내부성은 어쩌면 근원적으로 이것일 것이다. 세계 내
존재가 아니라 문제 삼아진 존재다. 무엇에 준거해, 무엇에 대한 '기
억' 속에서, 세계 내에서 그리고 존재 안에서 정립되고 자기를 긍정하
며 ──또는 자기를 확립하는── 자아는 파스칼Blaise Pascal의 말에 따
라 자아의 자기성의 강조된 동일성의 드러냄 그 자체에서, 언어 속에
서, 말하는 나 속에서 자기를 가증스러운 것으로 인식하는 데 충분히
모호한 것으로 ──충분히 수수께끼 같은 것으로── 남아 있다. 'A는
A이다'의 오만한 우위성, 즉 이해가능성과 의미성의 원리, 인간적 자
아 속에 있는 이 주권, 이 자유는 또한 말하자면 비천함[겸손]의 도래
l'avènement de l'humilité이다. 그 유명한 ──쉽게 수사적인── '삶의 의
미'에 대한 탐구에서도 발견되는 존재에 대한 긍정과 존재를 확고하
게 함에 대한 문제 삼음, 마치 생명의, 심리적 또는 사회적 목적들에서
유래하는 의미를 이미 얻은 세계 내 자아가 자기의 양심의 가책을 느
끼는 의식으로 돌아가는 것처럼.

전-반성적이고 비-지향적인 의식은 마치 의식 속에서 주체의 반
성이 자기가 존재할 정당한 권리를 확신하고 '격변화 없는 주격'으로
정립되며, 극복해야 할 정신의 유년기 같은 또는 무감동의 영혼에 닥
쳐온 약함의 접근과 같은 비지향적인 것의 소심함을 '지배하면서' 구

별되는 것처럼, 이 수동성에 대한 의식화로 묘사될 수 없다. 비-지향적인 것은 처음부터 수동성이고, 목적격은 말하자면 비-지향적인 것의 제1의 격格이다. 사실, 그 어떤 행동의 상관관계가 아닌 수동성이 비-지향적인 것의 '양심의 가책을 느끼는 의식'을 묘사하기보다는 오히려 수동성이 양심의 가책을 느끼는 의식에 의해 묘사된다. 불안 속에서 의미화된 존재함[실존함]의 유한성la finitude de l'exister이 아닌 양심의 가책을 느끼는 의식. 늘 때 이른 나의 죽음은 존재로서의 존재를 보존하는 존재를 꼼짝 못 하게 하지만, 이 추문은 존재의 결백한 의식도, **존재하려는 노력**의 양도할 수 없는 권리에 기초한 도덕도 뒤흔들지 않는다. 비-지향적인 것의 수동성에서 ——비-지향적인 것의 '자발성'의 양태 그 자체에서 —— 이 점에 대한 '형이상학적' 관념들의 모든 정식 이전에 지식과 지금[손에-쥠]의 지배emprise du main-tenant로서의 지향적 사유 속에서 확립되는 존재 안에서의 정립position dans l'être의 정의justice 그 자체가 문제 삼아진다. 즉 양심의 가책을 느끼는 의식으로서의 존재; 문제 삼아진 존재, 그러나 또한 의문에 놓임, 응답해야 함 즉 언어의 탄생; 말해야 함, 나je를 말해야 함, 1인칭 속에 있음, 바로 나임être moi; 그러나 동시에 나로서의 나의 존재에 대한 긍정 속에서, 나의 존재할 권리를 책임져야 함.

여기에서 파스칼이 말한 "나는 가증스럽다"의 깊은 의미가 드러난다.

3. 어떤 익명적 법의 추상, 어떤 법적 실체의 추상에 준거하지 않고 타인에 대한 염려[두려움]la crainte 속에서 타인의 존재할 권리를 책임져

야 함. 나의 '세계-내-존재' 또는 나의 '태양 아래의 자리[장소]', 나의 집은 나로 인해 이미 억압받거나 굶주린 타인에게 속하는 자리들에 대한 침탈이 아니었는가? 파스칼을 다시 인용해 보자: "태양 아래의 나의 자리는 모든 땅에 대한 강탈의 시작과 상징이다." 나의 존재함[실존함] ——존재함을 의도하고 의식하는 것이 무죄라 해도——이 폭력과 살인으로 저지를 수 있는 모든 것에 대한 두려움. 순전한 존재 보존이 결백한 의식으로 귀환한다 해도 나의 '자기의식' 뒤에 있는 두려움. 타인의 얼굴에서 나에게 오는 두려움. 현상의 조형적[의고적] 형식들les formes plastiques을 찢는 이웃의 얼굴의 극도의 직선적임. 방어할 수 없는 죽음으로의 노출의 직선적임. 그리고 모든 언어와 모든 무언의 몸짓[표정술]mimique 이전에 절대적 고독의 깊이에서 말 건네진 나에 대한 요구. 말 건네진 요구 또는 알려진 명령, 나의 현존과 나의 책임에 대한 문제 삼음.

마치 타인의 죽음에 대한 이 책임의 최종적 의미가 냉혹함 이전의 책임인 것처럼, 그리고 빈사 상태에서 죽음 앞에 있는 타인을 홀로 있게 내버려 두지 않는 의무인 것처럼, 타인의 죽음에 대한 두려움과 책임. 마치 죽음의 면전에서 나에게 요구하는 얼굴의 직선적임 그 자체가 결국 얼굴의 무방비적 노출과 얼굴을 마주함 그 자체를 충분히 드러내는 것처럼. 마치 마지막 순간에 타-인을-홀로-두지 않음은 오직, 이 대면과 이 무력한 맞섬에서, 나를 호명하는 요구에 "제가 여기에 있습니다"me voici라고 대답하는 데 있다. 그것은 분명 사회성의 비밀이고, 그것의 궁극적 사심 없음[무상성]과 덧없음에서, 이웃에 대한 사랑, 욕정 없는 사랑이다.

타인에 대한 두려움, 이웃의 죽음에 대한 두려움은 나의 두려움
이지만, 조금도 나로 인한pour 두려움이 아니다. 따라서 이 두려움은
『존재와 시간』이 제안하는 처해 있음affectivité에 대한 놀라운 현상학
적 분석과 뚜렷이 대조된다. 이 현상학적 분석에는 반성적 구조가 있
는데, 이 반성적 구조에서 감정은 늘 감정을 움직이는 것에 대한de 감
정이지만 자기 자신으로 인한pour 감정이기도 하고, 감정은 움직임
s'émouvoir, 무서워함s'effrayer, 기뻐함se réjouir, 슬퍼함s'attrister 등 특히 불
안의 감정에 참여하는 de[대한, 앞에서]와 pour[때문에]의 이중 '지향
성'에 있다. 유한한 존재가 이 유한성 그 자체로 인한pour 자기의 유한
성에 의해de 움직이는 죽음을-향한-존재. 타인에 대한 두려움은 나
의 죽음에 대한 불안으로 돌아가지 않는다. 타인에 대한 두려움은 하
이데거의 현존재의 존재론을 초월한다. 이 존재 자체의 목적과 추문이
죽음을-향한-존재에 의해 드러나지만 거기에서 그 어떤 의구심도 일
깨우지 못하는 '이 존재 자체를 위해' 존재의 결백한 의식을 넘어 존재
에 대한 윤리적 방해.

손안의 것Zuhandenes으로서의 모든 사물이 ─ 그리고 타인조
차 ─ 의미를 갖는 것처럼 보이는 이-존재-그 자체를-위한-존재의
'자연성'에서 본질적 자연은 문제 삼아진다. 자기의 빛 속에 있는 현
상의 내부 자체에서, 우리가 나를 호명하고 나에게 명령하는 영광으
로 지칭할 수 있었던 의미성의 잉여가 의미하는 타인의 얼굴로부터
의 전복. 우리가 신의 말이라고 부르는 것이 나를 호명하고 나에게 간
청하는 요구에서 그리고 모든 대화로의 초대 이전부터 나에게 오지
않는가? 우리가 신의 말이라고 부르는 것이 나와 닮은 개인이 타인

의 얼굴이 되기 위해 나에게 나타나고 그저 드러나는 일반성의 형태를 찢지 않는가? 내가 어떤 대화로의 초대를 모르는 것보다는, 사유할 수 있는 것에 대한 어떤 주제화보다는, 이 호명에서 신이 관념에 오시지 않는가? 호명은 나로 하여금 포착할 수 없는 것에 대한 비-지향적 사유로 들어가게 하지 않는가? 세계-내-존재의 모든 처해 있음에 비해 절대적으로 차이가 나고différent 다르며 재현할 수 없고 포착할 수 없는 것에 대한 나의 무관심하지-않음의 새로움, 다시 말해 타인의 얼굴에서, 가능한 탈주 없이, 유일한 것과 선택받음을 나에게 의미하기 위해 나를 소환하는——인간이라는 유의 존재자들이 드러나는 재현을 해체하면서—— 무한에 대한 나의 무관심하지-않음의 새로움. 나와 나에게 말했던 신 사이에서 어떤 관계를 설립하지 않는 신의 부름. 신은 어떤 자격으로서 항들의 결합——이 결합이 공존, 공시성, 이념이라 할지라도——일 것을 설립하지 않는다. 무한은 끝을 향해 가는 사유를 위해 의미할 수 없고, 신을-향함은 목적성이 아니다. 무한은 어쩌면 신을-향함과 신에 대한 두려움을 종말론으로 환원할 수 없음일 것인데, 이 환원할 수 없음을 통해 인간 속에서, 자기의 존재론적 보존 속에 있는 존재를 향해 갔던 의식 또는 의식이 최종적 사유로 생각하는 죽음을 향해 갔던 의식은 정지되고, 존재를 넘어 영광이라는 말이 의미한다. 존재와 무 사이의 양자선택이 최종적인 것은 아니다. 신을-향함은 존재의 과정이 아니다. 다시 말해 부름 속에서, 나는 이 부름이 의미하는 타인으로, 내가 두려워해야 하는 이웃으로 되돌려 보내진다.

분석적으로——동물적으로—— 자기의 존재를 보존하는 존재에 대한 긍정 배후에서, 인간 개인들의 삶 속에서 그리고 생명적 생존, 의식적 생존, 이성적 생존을 위한 그들의 투쟁 속에서 동일시되고 입증되며 확립되는 동일성의 이념적 엄격함 배후에서. 타인의 얼굴에서 신에 의해 요구된 나의 경이 ──자기 자신soi이 없고 신을 두려워하는 나의 경이 ──는 동일성의 자기 자신으로의 영원하고 돌이킬 수 없는 귀환의 정지와 같고, 동일성의 논리적이고 존재론적 특권의 신성불가침의 정지와 같다. 모든 타자성을 부정하고 제3자를 배제하는, 동일성의 이념적 우위성의 정지. 전쟁의 정지와 동일자와 타자의 관계로 간주되기를 원하는 정치의 정지. 윤리는 나를 통한 동일자의 나의 주권의 자리 없음[내려놓음]déposition에서, 동일자의 가증스러운 나라는 나의 양태에서 의미하지만 어쩌면 또한 영혼의 정신성 그 자체를 의미할 것이다. 다시 말해 인간 또는 인간의 내부성은 비-지향적 의식의 내부성으로의 귀환, 양심의 가책을 느끼는 의식으로의 귀환, 죽음보다 더 불의를 두려워할 인간의 가능성으로의 귀환, 저지른 불의보다 존재를 안전하게 하는 것에 존재를 정당화하는 것보다 겪는 불의를 선호할 인간의 가능성으로의 귀환이다. 존재하느냐 존재하지 않느냐는 어쩌면 더할 나위 없는 문제가 아닐 것이다.

일자에서 타자로, 초월과 시간

1. 일자와 이해가능성[이해]

『엔네아데스』*Ennéade* 5권에서 플로티노스에 따르면 다수의 다양한 정도가 발생하는 '부동자의 운동'——또는 일자로부터 존재의 유출——을 재현하는 네 가지 은유들 가운데, 태양이 퍼뜨리는 빛의 형상은 불이 퍼뜨리는 열, 눈이 퍼뜨리는 추위, 향기로운 대상이 퍼뜨리는 향기의 형상에 앞선다(V, 1, 6). 최초의 다수성은 이론적인 것의, 시각의 빛, 보는 것과 보여진 것의 이원성, 사유와 사유된 것의 이원성이다. 최초의 외부성——일자에 대한 외부성——은 일자의 지성이지만 지식으로서 일자와 지성을 분리시키는 거리를 통해 도대체 다수적이지 않은 그런 일자의 지성이다. 일자로부터 멀리서, 지성은 오직 다수성과만 상대한다. 즉 지성은 (플라톤학파의) 관념들의 다수성, **현실적으로**en acte 일자와 상대하기보다는 존재의 본질을 분산시키는 다수성과만 상대한다.

지성은 이 근원을 잘 사유하지만 근원의 단일성 속에서 근원을 파악하고 싶어하고, 지성은 증가하는 다른 사물들을 지성 속에 받아들이기 위해 지성으로부터 벗어난다……. 지성은 자기의 시각 대상에 대한 모호한 윤곽을 소유했는데, 이 윤곽이 없다면 대상은 지성 속에 받아들여지지 않을 것이고 이 대상은 일자로부터 다수적인 것이 된다. 따라서 지성은 대상을 보기 위해 대상을 알고 지성은 현실적으로 시각이 된다. (V, 3, 11)

지성은 이미 결핍돼 있거나 지성은 현실적으로 관념들에 도달할 때 일자의 통일성에 실패한다. 일자의 통일성은 실제로 모든 다수성을 배제한다. 비록 다수성이 사유자와 사유의 구별 속에서 그리고 심지어 철학사에서 우리가 언젠가 곧 추구할 자기의식으로 이해된 동일한 것의 동일성 속에서 이미 묘사되는 다수성이라 해도.

그러나 지성이 현실적으로 도달하는 다수의 관념들의 지성인 지성은 이 다수성 자체 때문에 일자와 절대적으로 분리되지 않는다. 즉 이 다수성은 일자를 향한 향수 즉 향수병을 앓음으로 남아 있다. 우리가 가득 찬 그러나 분산된 지식의 운동 ──보는 것 ── 또는 어쩌면 오늘의 용어들에서 인식의 의식작용–의식대상의 지향성이라 부를 수 있을 것은 바로 일자의 통일성에 비해 분산된 것으로서 결핍의 상태다. 그러나 마치 일자가 이 결핍 자체를 통해 예감되는 것처럼. 마치 지식의 보는 것의 분산 자체를 통해 여전히 열망인 지식이 그것이 보고 주제화하는 것을 넘어가고 따라서 자기의 복수적 합리성의 결핍 그 자체 때문에 초월인 것처럼. 마치 다수의 본질을 향한 지식의 분산된 도달이 도달할 수 없는 일자에 대한 경건 ──플라톤은 **기도**에 대해 말한다(V, 1, 6) ── 인 것처럼. 애매성 또는, 일자로부터 멀리서 지성의 다수성이 '고향'으로부터 멀리 있게 할 수 있는 그러나 그렇게 '속이 빈' 결핍으로서 거기에 연결시킬 수 있는 지성의 지식에서 겪는 위험. 마찬가지로 앞으로 실체의 단계에서 지성과 분리되고 이 세상의 사물들 가운데 분산되는 영혼은 자기를 모을 수 있고 '높은 데에서 목소리들을 들을' 준비를 한다. 이 '자기를 모음', '자기 자신soi으로의 전환', 자기의식에서의 이 지식은 이미 '자기-보다-더-높은 것-을-열망함', 지성을 열망함, 따라서 일자를 열망함이다.

따라서 지성이 분리되는 일자에 대한, 여전히 지성과 다른 일자에 대한 지성의 무관심하지-않음인 지성의 '불만족'에 거주하는 일자에 대한 향수와 '사랑'을 철학이 지속시킬 필요성. 신플라톤주의를 통해 서구철학에 전달될 그리고 헤겔에 있어서까지 열망 속에서 철학의 불-만족을 잊어버리는 것을 철학에게 금지하게 될 그리스 사유의 고전주의. 이미 의식의 '불행'. 불만족에 '만족함' 그리고 심지어 그들이 그것의 결핍인 것을 '속이 빈 형식'에 가져온다는 구실 아래 열망으로서의 사랑에 만족함, 다만 지혜에 대한 사랑이나 철학에서 지혜에 대한 모든 포기는 비방하는 의미에서 낭만주의로 취급될 것이다. 철학이 오직 철학이기 때문에 늘 불만인 철학! 일자를 감소시키지 않고 널리 퍼진 것의 일자로의 귀환 ── '존재-너머'의 근원과의 일치 ── 은 분리 속에서 거기에서 출현하는 철학에 큰 일일 것이다. **귀환을 향한 열망**은 정신의 호흡 그 자체다. 그러나 일자의 완성된 통일성은 정신과 철학보다 더 가치가 있다. 가장 좋은 것은 이 일자의 분할 불가능성 즉 거리 또는 지식의 구별조차 ── 이것이 자기의식 속에서 지식과 알려진 것의 구별이라 할지라도── 흔적을 남기지 않고 사라질 때, 모든 다수성과 모든 수數가 플로티노스가 증명하는 드문 순간들에 폐지되는 순전한 동일성이다. 지성이 관념들의 다수성에서 얻고 파악하는 관념들을 넘어 경건하게 열망하는, 그리고 지성이 완성되고, 실현되며, 현실적으로 만족하는 일자──지성의 의식작용을 통해 동등시되는 의식대상 너머에 있는 일자──는 신플라톤학파의 도식에 따르면 이 열망보다 더 좋을 것이고, 일자가 여전히 부재하는 접근보다 더 좋을 것이다. 그러나 알려진 것의 분산이 여전히 의미하는 이 부재를 통해 지식의 시선 속에 사랑이 있을 것이고 이 사랑은 그 사랑이 탐구하고, 사랑하는 자가 사랑받는 자와 일치하는 일자를 통해, 탈자태의 운동이 폐지되고 망각되는 탈자태의 종점을 통해 그 탐구가 흡수되는 종점을 통해서만 가치가 있다. 일자의 완성된 통일성, "크로노스Kronos의 포만"(V, 1, 4)은 플라톤의 『향연』에서처럼 디오티마의 가르침에 따라 반신半神으로 남아 있는 사랑보다 더 가치가 있다.

2. 귀환이라는 이해가능성과 결핍으로서의 시간

존재와 지식보다 더 좋은, 존재와 지식 너머에 있는 이 완성된 통일성을 찬양하는 신플라톤주의는 우리 시대의 최초의 몇 세기 동안 유럽을 정복했던 유일신론에 길을 제공했고 신비주의적 풍미와 구원의 욕구들과 일치할 수 있는 여정과 정류장들을 제공했다. 그러므로 신앙은 지성의 활동을 모범으로 삼는 것으로, 관념들의 다수성에 대한 지성의 활동의 '현실적인 시각'vision en acte을 모범으로 삼는 것으로 이해됐다. 즉 실패와 동시에 실패 속에서의 관계적 결과. 바로 **관계로서**의 결과, 따라서 오직 신앙. 다시 말해 형식적 종種의 논리적 유類가, 관계가 완성되고 소멸되는 그러나 관계가 통일성의 결핍을 의미하는 일자의 통일성에 입각해 자기 자신이 이해된 관계로 남아 있던, 그런 형식적 종에 대한 종교적 비유. 우리는 물론 당연히 이웃에 대한 사랑과 정의에 대한 염려[배려]와 근원적으로 분리할 수 없는 이 종교를 움직였던 헌신이 인식의 불-만족을 헌신에 빚지기보다는 자기의 의미론적 탄생의 자리와 일자의 무한한 차이에 대한 자기의 무관심하지-않음의 의미를 이 윤리 자체에서 발견해야만 했던 것은 아닌지를 스스로에게 물을 수 있다. 종교와 관계 사이에서 강요될 근원적 **구별**! 그러나 신플라톤주의에 입각해 해석되는 종교는 자기의 신앙을 향수로, 귀환의 모험과 기원의 끝에서 둘째 단계가 지성으로 남아 있던 그런 기원과의 일치의 모험으로 이해했다. 따라서 종교는 실제로 그리스의 합리주의를 수용했고 의미의 모범들의 요구들에 응답할 것을 강요받았는데, 종교는 의미의 모범들 속에서 나타났고 의미의 모범들은 이론적인 것의 모범들, 지식의 모범들, 일자의 통일성에 대한 향수였다. 따라서 헬레니즘은 유럽철학사로 전달됐는데, 유럽철학사는 결국 자율적 사유로서 자기만으로 충분하기 위해 종교와 분리된다.

　일자의 **초월**에 대한 포기 속에서 일자의 통일성의 모범에 대한 참여, 따라서 지성에 관한 인식의 사유가 전면에 오는 것이 아니라면 이 분리 ──그럼에도 불구하고 **일자로의 귀환**을 통한 이해가능성에 충실한 채 있던──는 무엇을 의미할 수 있는가? 인식의 행위가 발견된 진리 앞에서 지워지는──소크라테스가 배움은 오직 망각된 지식으

로의 **귀환이었다는** 것을 우리에게 보여 준 이후로 진리가 **재-발견되**
는 —— 인식의 이론적 사건은 일자로의 귀환의 유사물^{analogon}이나 성
상^{聖像}(V, 1, 7)으로, 획득되거나 재발견된 초월로 사라지는 탈자태의
결과의 유사물이나 성상으로 남아 있지 않은가? ——그러나 왜 고백되
지 않은 원형이 아닌가? 명증성의 폭발 속에서 현존으로 즉 존재로의
귀환으로서의 지식. 물론 관념들의 다수성으로의 귀환으로서의 지식
그러나 또한 늘 이 관념들의 집합으로, 이 관념들의 종합으로, 이 관념
들의 통각의 통일성으로의 귀환으로서의 지식. 이해된 공^共-현존 속
에서, 의미의 자리 그 자체로의 귀환, 시간의 분산이 이해가능성의 결
핍 또는 이해가능성의 타락한 이미지로 정확히 간주되는 유의미한 것
의 의미성으로의 귀환. 따라서 실제로 시간은 오직 순전히 말함의 방
식(V, 1, 6)이고 영원한 실재가 '인과관계와 순서'를 필요로 하는 한 '영
원의 실재'를 설명하는 방식이라는 신플라톤학파의 도식에 따라서 시
간에 부여된 제2차성과 순전한 가상, 영원의 순전한 결핍으로서의 시
간. 또는 영원의 모방으로서의 시간. 즉 **"지나가는 덧없는 모든 것은 비**
유일 뿐이다"^{Alles Vergängliche ist nur ein Gleichnis}. 종교와 분리되는 철학에
전달되고 강요되는 그리스 유산의 충만. "그러나 왜 이론적인 것은 일
자의 고백되지 않은 원형이어선 안 되는가?" 우리는 종합하고 파악하
는[무엇에 대해-붙잡는]^{com-préhensive} 지식의 사건에 대해 삽입구를 넣
어[주석적으로 덧붙여서] 수줍어하며 묻는다. 일자의 초월에서 해방되
고 지식의 만족[충분히-함]^{satis-faction}에서 절대적인 것으로 재발견되
는 서구 사유의 진화 그 자체는 어쩌면 이 삽입문에 어떤 신뢰를 줄 것
이다.

현존과의 관계 다시 말해 존재와의 관계인 지식에서, 의미의 근원적 자리 또는 의미의 조국이 되는 존재론에서, 귀환과 일치의 신-플라톤학파의 도식의 매우 폭넓고 유사 형식적인 구조들이 재발견되는데, 데카르트[1] 이후로 근대철학——근대철학의 모든 변주에도 불구하고——은 신플라톤학파의 도식의 틀을 보존해 왔고, 근대철학사의 다른 끝에서 우리는 그 도식의 윤곽을 근대철학이 매우 뚜렷이 귀착하는 헤겔과 후설의 주제에서 여전히 명백하게 구별한다. 이 구조들은 실제로 절대적 사유의 자기로의 귀환, 헤겔에게서 '타자 없는' 무한한 사유로서 자기를 재인식하는 자기의식에서 동일성과 비동일성의 동일성을 드러낸다. 그리고 이 구조들은 다른 등록부에 따라 후설의 현상학적 환원을 지배하는데, 여기서 순수한 의식의 동일성은 지향성 ——**자아 의식작용 의식대상**ego cogito cogitatum —— 으로 이해된 '나는 생각한다'로서 모든 초월, 모든 타자성을 동일성 내부로 전달한다. 즉 '모든 외부성'은 외부성 자신이 외부성 속에서 객관화되는 주체성의 내부성으로 환원되거나 되돌아간다.[2] 헤겔과 후설이 근대철학의

---

1) 처음에 의심의 이론적 '사건'인 데카르트의 나는 **생각한다**는 사유의 모든 양태들을 은폐한다. 우리는 『성찰』의 제2성찰에서 나는 **생각한다**를 확대하는 텍스트를 기억한다. "생각하는 사물은 무엇인가? 즉 의심하고 이해하고 긍정하고 부정하고 원하고 원하지 않고 또한 상상하고 느끼는 것." 우리는 **느낀다**(sentir)는 것이 여기서 **감각**(sensation)과 느낌(sentiment)을 의미한다고 추정할 수 있다. 현재 우리의 말하는 방식들에 따르면 의미는 지식과 일치한다. 인간의 모든 체험된 것은 경험 즉 가르침이나 수용된 교훈으로 말해진다. 타인과의 관계는 사회적 경험일 것이다. 더는 삼단논법의 연역법을 신뢰하지 않고 감히 성서를 인용하지 않는 신학자들은 종교적 **경험** 속에 있는 신이라는 가설을 입증한다.

2) 특히 Edmund Husserl, *Die Krisis der europäischen Wissenschaften und die*

기초로서 재인식하는 **나는 생각한다**에서의 1인칭 현재는 의식의 체계적 통일성 및 **다른** 모든 것을 체계로, 현재로, 체계의 공시성 —— 또는 무시간성 —— 으로 통합하는 것을 예시하면서 지식의 선천적 수집과 지식의 자기만족을 지식에 보장한다. 시간이 영원으로 종속되는, 지나가지도 않고 인간의 인내의 직접적 시간성 위에서 부동의 무시간적 관념성을 통해, 경험적인 것의 분산을 지배하는 보편적이고 형상적인 법칙들을 통해, '압축할 수 없는' 또는 '윤곽 잡을 수 없는' 그리고 우리가 뛰어넘을 수 없는 지속을 변증법의 엄격함으로 대체하는 것을 통해 극복되지도 않을 현재로 종속되는 철학적 주제. 또는 시간은 '현상학적 기술'이 사변적 시간의 추상, 관념성이나 형식성 뒤에서 또는 밑에서 모험할 때 다른 윤곽과 기획에 따라 영원으로 종속된다. 후설에게서 시간성에 대한 분석은 현존과 동시성이라는 용어에서 즉 다시 잡아진 또는 예상된 현재들이라는 용어에서 시간을 말하는 것으로 되돌아가지 않는가? 시간에 대한 지식들! 마치 시간이 자기 자신을 알려지게 하는 자기의 방식에 또는 자기의 드러냄의 요구들에 복종하는 자기의 방식에 정력을 소모하는 것처럼. 유의미성의 의미가 오직 현재와 재현에 대한 자기의 소질과만, 주제 안으로 들어가 퍼지는 전체의 동시성과만 관계가 있는 분석. 또는 더 철저히 여전히 **현존**, 즉 존재(동사로 이해된)에 대한 자기의 소질과만 관계가 있는 분석. 마치 현존

---

transzendentale Phänomenologie, Haag: Nijhoff, 1962, p. 116을 참조하라. "[⋯⋯] 외부성 자신이 외부성 속에서 객관화되는 주관성의 내부성"(Innenbetrachtung der sich selbst im Aussen äusserenden Subjektivität).

이라는 관념에서 ——또는 현존을 통해 표현된 존재라는 관념에서 ——
시간의 특권적 양태가 재현, 주제화나 지향성에서 지식의 탄생 그 자
체와 합쳐지는 것처럼. 마치 지식 즉 현존의 구체성이 모든 사유의 영
혼인 것처럼. 드러냄은 의미의 의미성과 일치할 것이고 파악에 호소
할 것이다. 재-현(대신-지금[현재] 있음Ver-gegenwärtigung) ——과거와 미
래로부터 빼앗을 상기와 상상력 ——오-해[잘못-붙잡음]mé-prise, 손 안
에 있지 않음, 따라서 파악할 수 없음의 순전한 양태들 ——지나간ré-
volu 또는 아직 도래하지-않음l'à-venir의 이미 또는 여전히 파악할 수
없는 현존. 재현은 재현이 만드는 공파악compréhension을 위해 지성이
여전히 되돌아가는 재현에 대한 최초의 장악일 것이다. 재현은 과거
와 미래의 우선 파악할 수 없는 이 '현재들'을 주제의 동시성으로 환원
할 것이다. 마치 시간이 자기의 통시성에서 실패한 영원으로, '움직이
지 않는 영원의' 또는 완벽한 일자의 '동적 이미지'로 되돌아가는 것처
럼. 사상사에서 최초로 이 영원의 실패를 벗어나 시간을 사유하려고
시도하는 베르그손은 실제로 철학사에서의 이 시간이라는 관념의 운
명을 영원의 결핍으로 간주되는 생성의 운명으로 묘사했다.

3. 지향성으로서의 사유

인식의 합리성은 일자의 절대성과 일치한다. 즉 이 세상에서 ——명백
한 드러냄의 내부성에서 —— 존재의 알려진 것에 도달하는 또는 반성
속에서 자기 자신의 선험적 구체성에 도달하는 인식은 충족되거나 확
립된다. 즉 인식은 성취될 것이다. 일자와 일자 자신의 같음 ——원형

적인 것으로 전제된 같음──은 그렇게 인식 속에서 일치가 되고 따라서 만족이 되며 그리고 그 자체로 유의미성의 의미성 그 자체로서 문명의 비밀이 된다. 탐구로서의 인식은 결핍이지만 인식은 도달할 수 없거나 오직 예외적으로 도달된 일자의 초월에 대한 무능력하고 경건한 향수가 더는 아니다. 존재가 진리 속에 현재하는 것은 포착과 전유와 인식, 즉 목적론적 활동이다. '무력하지 않은' 사유에 남아 있는 것은 또한 힘이다. 후설의 『유럽학문의 위기와 선험적 현상학』*Die Krisis der europäischen Wissenschaften und die transzendentale Phänomenologie*에 따르면 목적론이 의식에 생명을 준다. 의식은 목적, 목표, 주어진 것, 어떤 세계로 간다. 인식은 지향성*intentionnalité*, 즉 행위와 의지다. 지향*intention*이라는 말 자체가 암시하는 무슨–목적을–가짐*auf-etwas-hinauswollen*, 즉 '나는 원한다', '나는 할 수 있다'. 후설이 적어도 지향성의 일부로 이해하는 '나는 원한다', '내가 내 자신을 현재화한다'. 현존을 재현하거나 제어하는 데 소비하는*se dé-pense* 사유*pensée*. 자기의 현존 속에 있는 존재는 손 안으로의 포획에 자기를 주는데, 그것은 증여다. 학문의 가장 추상적인 가르침들은 손이 미치는 거리에 있는 사물들 가운데서 우리가 거주하는 세계에서 시작한다. 이것들은 후설이 "생활세계"라고 부르는 어떤 주어진 세계에서 주어진 사물들이다. 의식의 지향성은 구체적으로 포착, 지각과 개념, 모든 인식 속에 구체화된 실천, 자기의 기술적 연장과 소비의 때 이른 약속이다. 우리가 관념적인 것으로 말할 수 있을 존재론에 입각해 이미 그와 같이 의미하는 인식의 상관자는 주어진 것과 증여와 **포획되는 것***à prendre*이다. 만족의 의미는 단순히 지각의 범위 내에서 지각된 것의 추상적 일치로 되돌아가지 않는다. 만족의 구체성은 향유다. 단순히 '의식의 내용'이 아니라 의미하는 '체험된 것'. 즉 '나는 존재한다'의 동일성, 자기에게 만족하고 그와 같이 자기의 존재를 보존하는 나는 생각한다의 동일성이 체험된 것에서 동일시된다. 자기 힘의 한계 속에서 서구인의 자유로운 자기성의 동일화.

장애물들 즉 자연적이고 사회적인 힘들과 죽음에 의해서만 제한될 수 있는 자유. 지식이 점진적으로 이길 수 있는 자연과 사회라는 장애물들. 떠맡을 수 없고 이해할 수 없으며 '유한한 자유'라는 관념을 신용하는 죽음이라는 장애물. 그러나 늘 자유는 힘[권능]들에 의해 측정된다. 즉 어쩌면 서구인에게 중요한 근대성에서의 서구인의 경이. 가능한 모든 것이 허용되는 만족한 인간이라는 이상.

따라서 우리가 제기하는 물음들은 지금부터 다음과 같이 표현될 수 있다. 즉 사유는 결과의 일치 속에서 또는 동일성과 비동일성의 동일성 속에서 지워지고, 철학적 관념론과 실재론의 애매성 속에서 도달된 절대자를 병합하거나 절대자 속에서 소멸되는 모든 타자성에 대한 포위 공격으로서만 사유하는가? 절대자를 사유하는 사유는 욕구, 결핍과 향수 또는 만족, 성취와 향유만을 의미하는가? 시간의 통시성은 현존의 결핍과 향수만을 의미하는가? 사유는 인식에 의해서만 절대적으로 다른 것에 접근할 수 있는가, 따라서 사유는 일자로의 귀환과 통일성과의 일치보다 **더 좋은** 이 절대적으로 다른 것에 대한 접근에 의해 빛날 수 없는가? 내가 문제 삼으려고 하는 것은 전파된 철학의 지배적 개념인데, 이 개념에 따르면 사유는 기본적으로 지식, 즉 지향성 ──의지와 재현──이다.[3] 나의 분석은 분석의 출발점으로서 지향적 행위에 대한 반성을 채택할 것이다.

4. 지향성과 양심의 가책[4]

나는 지향성이 후설의 현상학에서 설명되기 때문에 지향성에서 출발
한다. 거기서 사유와 존재의 관계에서의 사유와 지식의 등가성이 가
장 직접적으로 표현된다. 후설이 영혼의 감정적이고 능동적 삶의 근
원적이고 비이론적인 지향성의 관념을 발전시키지만, 그는 브렌타노
의 명제에 대한 자신의 새로운 정식화에서 기울인 모든 주의에도 불
구하고 그 점에 대한 브렌타노의 명제를 채택하면서 근본에서는 지향
성의 재현——객관화하는 행위——을 유지했다. 이제 지식은 홀로 의
식 바깥의 **타자**와의 관계이고, 그리고 말하자면 의식의 대상인 이 타
자의 지향이나 의지다. 후설은 의식의 지향성을 탐구하면서 "그것이
진정 원하는 것"worauf sie eigentlich hinauswill을 알고 싶어 한다. 지향이
라는 말이 이미 암시하는 이 의지는 의식의 통일성들에 주어진 **행위들**
이라는 명칭을 정당화한다. 진리의 직관 속에서, 지식은 가득 채움, 대

---

3) 지식에 대한 문제 삼음이 여전히 지식인 철학적 사유 속에서 이뤄진다는 것은 이 문제
　삼음에 대한 반박이 아니다. 의미의 일부로서 지식에 대한 문제 삼음은 지식의 틀림을
　보여 주고 싶거나 또는 사유에서의 지식의 역할을 무시하고 싶은 데 있을 불합리한 시
　도가 아니다. 지식은 의미를 드러내고 말함을 허용한다. 그러나 지식은 그렇다고 해서
　유의미성의 궁극적 표현의 자리가 아니다. 지식은 그것이 드러내는 의미 속에 흔적들을
　남기지 않는다. 드러냄에 필요한 형식들은 드러난 것들을 변형시키지 않는다.
4) 나는 여기서 앞의 논문 「비지향적 의식」 중 세번째 주제인 '양심의 가책을 느끼는 의식과
　냉혹함'의 맥락에서 발전된 양심의 가책에 대한 생각들을 더 폭넓게 반복한다.

상에 대한 열망의 만족으로 묘사된다. 이 존재에 대한 구성과 일치하는 존재에 대한 지배. 선험적 환원은 의식 그 자체의 존재와 다른 존재 속에서의 모든 독립을 정지시킴으로써 이 정지된 존재를 의식대상으로 재발견되게 하고, 절대적 존재로서 자신을 확립하고 모든 차이들을 통해 '우주[세계]의 지배자처럼 자기 자신의 지배자'로 동일시되는 자아를 확증하며 자아의 이 지배가 반박될 모든 어두운 구석을 밝게 비출 수 있는 자기의 충만한 의식으로 이끈다——또는 이끌어야만 한다. 게다가 구성하는 자아가 구성한 것에 신체적으로 묶인 영역과 구성하는 자아가 서로 충돌한다면, 구성하는 자아는 거기서 물질화의 내부성에 따라 객관적 세계의 외부성을 갖지 않는 자기의 피부 속에 있는 것처럼 세계 속에 있다.

그러나 자기 자신에 대한 반성 속에서, 자기의 고유한 지각과 학문의 행위들을 재발견하고 지배하며 그렇게 자기의식과 절대적 존재로 확립되는 환원된 의식은 또한 말하자면 게다가 그 어떤 의지적 지향 없이 자기 자신의 비지향적 의식으로 여전히 있고 자아에게 알리지 않은 채, 세계와 대상들을 자기 자신에게 재현하는 능동적 자아의 지식으로서 행해지는 비지향적 의식으로 남아 있다. 비지향적 의식은 이 의식 속에서 '작용하고'agit '원하고' 지향들을 갖는 **자아**의 의식의 모든 지향적 과정을 동반한다. **자아**로부터 발생할 주도권 없이, 목표 없이, '간접적'이고 암묵적인 의식의 의식. 자아 없이 지나가고 나를 늙게 하는 시간과 같은 수동적 의식. 반성과 구별되고, 물론 비지향성이 내적 대상으로 제공되기 쉽거나 또는 반성이 비지향적 의식의 잠재적 메시지들을 설명하기 위해 대체되고 싶은 생각이 들 내적 지각과 구별되는 비지향적인, 자기의 직접적 의식.

선험적[초월론적] 자아와 선험적 자아의 정신적 상태와 행위를 대상으로 간주하는 반성의 지향적 의식은 또한 비지향적인 소위 암묵적인 **체험된 것**의 모든 양태들을 주제화하고 포착하고 명백하게 할 수 있다. 의식은 기초적 계획 속에 있는 철학에 의해 그렇게 하도록 초대받는데, 의식의 지평들과 의식 속에 있는 암묵적인 것과 의식이 지속하는 시간 그 자체를 망각하는 의식의 불가피한 선험적 소박함을 해명하는 데 있다.

따라서 우리는 철학에서 이 모든 직접적인 의식을 명백하지 않은 지식으로서만 또는 충만한 빛으로 이끌리는 여전히 불확실한 재현으로서만——분명 너무 빠르게——간주하는 경향이 있다. 반성, 즉 지향적 의식이 지각된 세계 그 자체 또는 절대적이고 환원된 의식을 현재화하는 주어진 것들처럼 명석판명한 주어진 것들로 전환시킬 주제화된 세계의 어두운 맥락.

그러나 자기의식으로 이해된 반성적 의식의 시선 아래서, 지향적인 것을 향해 대위법對位法적으로 체험된 비지향적인 것이 자기의 참된 의미를 보존하고 넘겨주는지를 스스로에게 물을 수 있다. 반성에 대한 전통적 비판은 소위 자발적 의식이 탐색하고 주제화하고 객관화하고 경솔한 반성의 눈 아래에서 겪는 변화를 늘 의심했다. 어떤 비밀에 대한 위반과 무시.

나는 묻는다. 마치 사유하는 자아가 세계에 나타나고 세계에 속하는 것처럼, 우리가 전-반성적인 것으로만 간주하고 반성 속에서 사유하는 자기 자신을 지향적으로 겨냥하는 지향적 의식을 동반하는 암묵적인 이 비반성적 의식에서 무엇이 발생하는가? 말하자면 소위 이 혼란, 이 암묵[내포]은 긍정적으로 무엇을 의미할 수 있는가? 잠재성이라는 형식적 관념에 의지하는 것은 충분치 않다. 한편으로는 개념을 통해 특수성을 포위하는 것, 관념 속에 가정된 것들의 암시, 지평 속에 있는 가능성의 잠재성과 다른 한편으로는 우리가 전-반성적 의식이라고 부르는 것과 지속 그 자체인 것에 있는 비지향성의 내부성을 구별할 이유가 없는가?

자기의 전-반성적 의식의 '지식'은 정확히 말해 아는가? 모든 지향에 앞서는 혼란한 의식, 암묵적 의식 ——또는 모든 지향에서 회복된 지속—— 은 행위가 아니라 순수한 수동성이다. 이것은 하이데거의 내던져져 있음^{Geworfenheit}에서처럼 **존재를 선택하지 않은 존재를 통**해 또는 모든 가정 이전에 이미 실현된 가능성들의 뒤범벅으로의 추락을 통해서만은 아니다. 자기의 지식을 의미하기보다는 현존의 소멸이나 조심성인 '의식'. 현상학적 분석이 물론 반성 속에서 시간의 지속 그 자체에서 적어도 불명확하게 남아 있는 다시-잡음들[과거지향들] ré-tentions과 미리-잡음들[미래지향들]pro-tentions의 놀이에 따라 지향적으로 구조화돼 있는 것으로 묘사하는 시간의 순수 지속. 자아의 모든 의지를 없애고, 절대적으로 자아의 활동 외부에 있으며, 어쩌면 과거를 재구성하는 그 어떤 기억 행위도 순간의 불가역성을 되돌릴 수 없는 **순간의 수동성**에 입각한 수동적 종합의 실현 그 자체일 지속. **최초에 시간의 경과**laps를 통해 모든 재현의 활동을 벗어나는 시간의 시간성. 암묵적인 것들의 암묵은 여기서 단순히 감춰진 지식으로서와는 다르게, 도래와 과거의 현존이나 비-현존을 자기에게 재현하는 방식과는 다르게 의미하지 않는가? 순수 지속, 비-간섭, 집착-없이-존재함être-sans-insistance, 살금살금-존재함être-sur-la-pointe-des-pieds, 감히 존재하려 함 없이 존재함être sans oser être으로서의 지속. 자아의 집착 없는 순간의 심급 그리고 '들어가는 동안 떠나는' 이미 시간의 경과! 양심의 가책을 느끼는 의식 즉 비-지향적인 것들의 이 암묵[내포] 즉 지향들 없이, 목표들 없이, 세계의 거울에 자기의 모습을 응시하고 안심하며 자기를 정립하는 인격의 보호하는 가면 없이. 이름 없이, 지위[입장] 없이, 직함[자격] 없이. 현존을 두려워하는 현존, 모든 속성을 벌거벗은 동일한 자아의 집착을 두려워하는 현존. 모든 의지 이전에, 모든 잘못 이전에 자기의 비-지향성에서, 자기의 비-지향적 동일화에서 동일성은 자기의 확립 앞에서 후퇴하고 동일화의 자기로의 귀환이 집요함을 허용할 수 있는 것 앞에서 불안해 한다. 양심의 가책을 느끼는 의식 또는 주저함. 유죄 없는 그러나 고발된. 그리고 자기의 현존 그 자체에 책임이 있는. 임명되지 않은 사람들non-investi, 정당화되지 않은 사람들,『시편』기자의 표현을 따라 "땅 위의 나그네[이방인]", 감히 들어가지 않는 조국 없는 사람들 또는 "집 없는 사람들"의 유보. 정신적인 것의 내부성은 아마도 근본적으로 이것, 즉 존재와 존재의 피부 속에서 자기를 확립하는 이 대담성의 결핍일 것이다. 세계-내-존재가 아니라 문제 삼아진-존재. 그것에 준거해 ──그것의 기억으로── 존재 속에서 이미 자기를 정립하고 자기를 긍정하며 ──또는 자기를 확립하는── 자아는 파스칼의 말에 따라 자기성의 과장된 동일성의 드러냄 그 자체에서, 즉 '나를 말함'[나를 말하는 행위]le dire je에서 자기가 가증스러운 것임을 인정할 만큼 충분히 애매한 것으로 ──또는 충분히 수수께끼 같은 것으로—— 남아 있다. A는 A이다^A est A의 오만한 우위성, 즉 이해가능성과 의미성의 원리, 인간적 자아 속에 있는 이 주권, 이 자유는 또한 말하자면 비천함[겸손]humilité의 나타남occurrence이다. 그 유명한——쉽게 수사적인——'삶의 의미'에 대한 탐구에서 발견되는 존재에 대한 긍정과 존재를 견고하게 함에 대한 문제 삼음, 마치 생명의 힘, 심리적 힘이나 사회적 힘으로부터 또는 자기의 선험적 주권에서 유래하는 의미를 이미 얻은 절대적 자아가 자기의 양심의 가책을 느끼는 의식으로 돌아가는 것처럼.

전-반성적이고 비-지향적인 의식은 이 수동성에 대한 의식화에 도달할 수 없다. 마치 비지향적 의식에서 '격변화 없는 주격'으로서 자기를 정립하고 존재할 정당한 권리를 확약하며 비지향적인 것의 주저함을 '지배하는' 주체의 반성이 구별되는 것처럼. 마치 비지향적 의식이 극복해야 할 정신의 유년기인 것처럼, 마치 비지향적 의식이 무감동한 영혼에 도착한 약함의 접근인 것처럼. 비지향적인 것은 처음부터 수동성이다. 목적격은 말하자면 '제1격'premier cas이다. (사실, 그 어떤 행동의 상관자가 아닌 이 수동성이 비-지향적인 것의 '양심의 가책을 느끼는 의식'을 기술하기보다는 수동성이 비-지향적인 것의 '양심의 가책을 느끼는 의식'에 의해 기술된다.) 불안 속에서 의미화된 존재함의 유한성이 아닌 양심의 가책을 느끼는 의식. 늘 때 이른 나의 죽음은 아마도 존재로서의 존재를 보존하는 존재를 꼼짝 못 하게 할 것이지만 이 추문은 불안 속에서 존재의 결백한 의식을 약화시키지 않고, 자유의 권리와 결백한 의식이라는 자유이기도 한 존재 보존의 양도할 수 없는 권리에 기초한 도덕을 약화시키지도 않는다. 이와 반대로, 비-지향적인 것의 수동성에서——비-지향적인 것의 '자발성'의 양태 그 자체에서 그리고 이 주제에 대한 형이상학적 사유들의 모든 정식화 이전에 —— 지금[손에-쥐는]main-tenant의 지향적 사유, 지식과 지배와 함께 정립되는 존재 안에서의 정립la position dans l'être의 정의justice 그 자체가 **문제 삼아진다.** 여기 이 문제 삼음 속에 양심의 가책을 느끼는 의식으로서의 존재가 있다. 문제 삼아진-존재être-en-question, 그러나 의문에 놓임. 응답해야 함, 즉 책임 속에서의 언어의 탄생. 말해야만 함, 나je를 말해야만 함, 1인칭 속에 있음, 바로 나됨Être moi. 그러나 그렇기 때문에 나로서의 나의 존재에 대한 긍정 속에서 나의 존재할 권리를 책임져야 함. 우리는 거기까지 파스칼의 "나는 가증스럽다"를 사유해야 한다.

5. 얼굴과 타인의 죽음

어떤 익명의 법, 어떤 법적 실체의 추상성에 준거하지 않고 타인에 대한 두려움la crainte 속에서 타인의 존재할 권리를 책임져야 함. 나의 세계-내-존재 또는 나의 '태양 아래의 자리', 나의 집은 나로 인해 이미 억압받거나 굶주리고 제3세계로 추방된 타자들에게 속하는 자리들에 대한 강탈이 아니었는가? 다시 말해 배척하는 것, 배제하는 것, 추방하는 것, 약탈하는 것, 살인하는 것이 아니었는가? 파스칼은 "태양 아래의 나의 자리는 모든 땅에 대한 강탈의 시작과 상징"이라고 말했다. 나의 존재함——존재함을 의도하고 의식하는 것이 무죄라 해도——이 폭력과 살인으로 저지를 수 있는 모든 것에 대한 두려움. 순전한 존재 보존이 결백한 의식으로 귀환한다 해도 나의 '자기의식' 뒤에 있는 두려움. 나의 거기에 있음[현존재]Dasein의 거기에Da서 누군가의 자리를 점령하는 것에 대한 두려움. 자리를 가질 수 없음, 곧 깊은 유토피아. 타인의 얼굴에서 나에게 오는 두려움.

나의 철학적 시론들에서, 나는 유의미성의 근원적 장소로서의 타인의 얼굴에 대해 많이 말했다. 나타남의 현상학적 질서에 침입하는 얼굴에 대한 묘사──내가 지금 시도하고 있듯이──를 아주 간결하게 다시 묘사하는 것이 나에게 허락될 것인가?

타자의 근접성은 얼굴의 의미성signifiance이다. 지각 속에서의 조형적[의고적] 형식들의 현존과 함께 가면처럼 끊임없이 얼굴을 감추는 조형적[의고적] 형식들을 넘어 처음부터 의미하는. 얼굴은 이 형식들을 끊임없이 돌파한다. 모든 특수한 표현 이전에 그리고 이미 자기 자신에게 태연한 척하면서 표현을 감추고 보호하는 모든 특수한 표현 아래에[뒤에] 있는 표현 그 자체의 벌거벗음과 빈곤, 즉 극도의 노출, 방어할 수 없음, 상처입을 수 있음 그 자체. 인간의 모든 목표 이전에 총구를 들이대고 쏘는 발포와 같은 극도의 노출. 포위된[투옥된] 사람들과 추격당하는 사람들──모든 추격 이전에 그리고 모든 처벌 이전에 추격당한 것들──의 건네줌. ~와 마주함의 직선적인, 비가시적 죽음과 비밀스러운 고독으로의 노출의 직선적임에 있는 얼굴. 드러난 것들의 가시성을 넘어 그리고 죽음에 대한 모든 지식 이전의 죽을 운명[죽음의 가능성]. 최초의 범죄의 폭력을 유혹하고 인도하는 표현. 다시 말해 범죄의 살인의 직선은 자기의 목표 속에서 얼굴의 노출이나 표현에 이미 유일하게 맞춰진다. 최초의 살인자는 어쩌면 자신이 가져올 발포의 결과를 모를 것이지만, 살인자의 폭력의 목표는, 죽음이 피할 수 없는 직선적임으로 이웃의 얼굴을 침범하는 직선, 즉 일격을 가한 발포와 살인하는 화살의 궤적처럼 그려진 직선을 찾아내도록 해 준다.

그러나 얼굴의 마주함은 얼굴의 표현에서 ──얼굴의 죽을 운명에서 ── 나를 소환하고, 나에게 묻고, 나에게 요청한다. 마치 타인의 얼굴──말하자면 모든 전체와 분리된 순전한 타자성 ──이 마주하는 비가시적 죽음이 '나의 일'인 것처럼. 마치 타인의 얼굴의 벌거벗음에서 죽음이 이미 관계하는 타인에게 알려지지 않은 죽음이 나와의 대면 이전에, 그가 내 자신의 얼굴을 훑어보는[관찰하는] 죽음이기 이전에 '나와 상관있는'[나에게 오는, 나를 쳐다보는]me regardait 것처럼. 마치 죽음으로 노출되는 타자에게 비가시적인 이 죽음 속에서 나의 가능성 있는 무관심을 통해 내가 공모자가 되는 것처럼 타자의 죽음은 나를 소환하고 문제 삼는다. 그리고 마치 내가 심지어 내 자신을 타자에게 헌신하기 이전에도, 내가 이 타자의 죽음을 책임져야 하고, 타인을 죽음의 고독에 홀로 내버려 두지 않아야 하는 것처럼. 나를 소환하고, 나에게 묻고, 나에게 요구하는 것은 바로 얼굴을 통한 나의 책임으로의 이 부름 속에서고, 이 문제 삼음에서 타인은 이웃이다.

나에게 요구하고, 나를 문제 삼고 나에게 호소하고, 타인의 죽음에 대한 나의 책임에 호소하는 이 방식은 매우 환원할 수 없는 의미이기 때문에, 이런 의미에 입각해 죽음의 의미는 존재와 존재의 부정이라는 추상적 변증법을 넘어 이해돼야 하는데, 우리는 부정과 무화無化로 환원된 폭력 때문에 존재의 부정을 죽음이라 부른다. 내가 타인을 그의 고독에 내버려둘 수 없음인 것의 구체성에서, 나에게 전해진 이 포기에 대한 금지에서 죽음은 의미한다. 죽음의 의미는 사람-사이에서 시작한다. 죽음은 타인의 근접성 그 자체 또는 사회성에서 최초로 의미한다. 신이 나의 생각[관념]에 오시는 계명이 나에게 의미 있게 되는 것이 바로 타자의 얼굴로부터인 것처럼.

타인에 대한 두려움, 타인의 죽음에 대한 두려움은 나의 두려움이지만 결코 내 자신에 대한 두려움이 아니다. 따라서 그 두려움은 『존재와 시간』이 처해 있음Befindlichkeit, affectivité을 제안하는 존경할 만한 현상학적 분석과 뚜렷이 대조된다. 즉 이것은 대명사적 형태를 가진 동사un verbe à forme pronominale에서 자기를 표현하는 반성적 구조인데, 이 구조에서 감정은 늘 움직이는 어떤 것을 통한de 감정이지만 또한 자기 자신으로 인한pour 감정이기도 하다. 그리고 여기서 감정은 움직여짐에 있다. 즉 감정은 어떤 것 앞에서de 두려워함, 어떤 것에 대해[어떤 것 때문에]de 즐거워함, 어떤 것 때문에de 슬퍼함, 그러나 또한 자기 자신 때문에pour soi 즐거워함, 자기 자신 때문에pour soi 슬퍼함 따위에 있다. 나는 나의 죽음을 걱정하고 염려한다. 'de'[대한, 앞에서]와 'pour'[때문에]의 이중 지향성, 따라서 자기 자신으로의 귀환, 자기 자신에 대한 불안으로의 귀환, 자기 자신의 유한성으로 인한 불안으로의 귀환. 다시 말해 개에 대한[개 앞에서의] 두려움 속에서, 나의 죽음으로 인한 불안. 타인에 대한 두려움은 나의 죽음으로 인한 불안으로 되돌아가지 않는다. 타인에 대한 두려움은 이 존재 자체를 목적으로 하는 하이데거의 현존재의 존재론과 현존재의 존재의 결백한 의식을 벗어난다. 이 감정혼란 속에 있는 윤리적 깨어남과 지킴. 하이데거의 죽음을-향한-존재는 분명 **존재자**에게서 이-존재-자체를-목적으로 하는 존재자의 존재의 종말과 이 종말의 추문을 가리키지만 이 종말에서 아무런 존재의 가책도 깨어나지 않는다.

6. 윤리 또는 존재의 의미

그것과의 관계 속에서 모든 사물들이 ──그리고 심지어 타인조차 ── 의미를 갖는 것처럼 보이는 이-존재-자체를-목적으로 하는 존재의 자연에서, 본질적 자연은 문제 삼아진다. 현상 속 그 자체에서, 현상의 빛 그 자체에서, 우리가 영광으로 지칭할 수 있을 의미성의 잉여를 의미하는 타인의 얼굴이 야기하는 전복. 그 영광이 나에게 묻고, 나에게 요청하며, 나를 소환한다. 우리는 책임의 이 물음이나 이 호명 또는 이 소환을 신의 말이라고 불러선 안 될 것인가? 신은 생각할 수 있는 어떤 것에 대한 주제화에서보다는, 심지어 대화로의 그 어떤 초대에서보다는, 분명 이 소환에서 생각에 오시지 않는가? 이 책임으로의 소환은 나의 지식, 타인에 대한 나의 인식이 타인이 나와 유사한 것으로 재-현되게 하는 일반성의 형식들을 찢고, 타인의 얼굴에서 가능한 도피 없이 책임적인 사람으로서 따라서 유일하고 선택받은 자로서 나를 지명하지 않는가?

　　의식이 최종적인 것으로 가는 것을 확신하는 자기의 존재론적 보존 또는 자기의 죽음을-향한-존재 속에서 의식이 존재로 방향을 돌리는 이 모든 것은 타인의 얼굴 앞에서 정지된다. 내가 얼굴에 대해 말하면서 의존했던 영광이라는 말이 의미하는 것은 어쩌면 존재와 죽음의 이 너머cet au-delà de l'être et de la mort일 것이다.

존재에 대한 집착 뒤에 있는 인간성! 분석적으로 ——또는 동물적으로 ——자기의 존재를 고수하는 존재에 대한 긍정 뒤에 있는 인간성 그리고 인간 개인들의 삶에서 그리고 생명적, 의식적 또는 무의식적 그리고 이성적 생존투쟁에서 동일시되고 확립되며 확고해지는 동일성의 관념적 활력 뒤에 있는 인간성, 즉 이웃의 얼굴에서 요구된 나의 경이로움 또는 자기로부터 해방되고 타인을 두려워하는[염려하는] 나의 경이로움은 동일성이 자기 자신으로 영원히 돌이킬 수 없이 귀환하는 것에 대한 정지 ——**판단중지**epoché ——와 동일성의 논리적이고 존재론적인 특권의 신성불가침성에 대한 정지와 같은 것이기도 하다. 살인을 통해 그리고 합병적이고 전체화하는 사유를 통해 모든 타자성을 부정하는, 동일성의 관념적 우위성에 대한 정지. 동일자와 타자의 관계들인 체하는 전쟁과 정치의 중지. 윤리는 자아를 통한 자아의 주권sa souraineté de moi의 자리 없음에서, 가증스러운 자아의 양태에서 의미하지만 또한 어쩌면 영혼의 정신성 그 자체, 그리고 확실히 존재의 의미 곧 자기 자신을 정당화하라는 존재의 부름에 대한 물음을 의미하기도 한다. 윤리는 무조건적이고 심지어 논리적으로 분간할 수 없는 동일성의 절정l'apogée 곧 모든 기준 너머에 있는 자율의 절정에서 나je로 불리는 동일성의 애매성을 통해 그러나 바로 이 무조건적인 동일성의 절정에서 또한 자기가 가증스러운 자아임을 고백할 수 있는 동일성의 애매성을 통해 의미한다.

자아는 인간에게서 존재자의 존재의 위기 그 자체다. 이 동사의 의미가 또한 그것의 비밀스러운 의미론에서 이해돼야 할 것이기 때문이 아니라 그리고 존재론에 호소할 것이기 때문이 아니라, 내 자신이 나의 존재가 정당한지를 이미 스스로에게 묻기 때문이고, 나의 **현존재**Dasein의 **거기에**le Da가 이미 누군가의 자리에 대한 강탈이 아닌지를 이미 스스로에게 묻기 때문에 존재의 위기.

　타인의 죽을 운명에서 단순한 개인으로서 내가 나를 정립하고 소박하게 ──자연스럽게── 나의 정립을 보존하는 견고한 땅으로부터 나를 떼어 놓는 타인의 얼굴로부터 나에게 오는 양심의 가책을 느끼는 의식. 나를 문제 삼는 양심의 가책을 느끼는 의식. 정보들로 가장한 이론적 응답을 기다리지 않는 물음. 존재에 필적할 수 없는 지식의 실패를 위로해야 할 실천적 임시방편이 아닌 책임에 호소하는 물음.

　이해와 지배의 지식의 결핍이 아니라 사회성 속에서, 욕정 없는 사랑 속에서 윤리적 근접성의 탁월함인 책임. 인간성은 비지향적 의식의 내부성으로의 회귀, 양심의 가책을 느끼는 의식으로의 회귀, 죽음보다 더 불의를 두려워하고 저지른 불의보다 겪은 불의를 더 좋아하며 존재를 확보하는 것보다 존재를 정당화하는 것을 더 좋아할 인간성의 가능성으로의 회귀이다.

7. 윤리와 시간

나는 모든 표정술 이전에, 그의 얼굴의 직선적임에서, 죽음의 비밀스러운 고독으로의 무방비적 노출을 읽어 내면서, 그리고 거기에서 모든 언어적 표현 이전에 이 약함의 깊이에서 명령하는 목소리, 이 죽음에 무관심하지 않도록, 타인이 홀로 죽게 내버려 두지 않도록, 즉 이 죽음의 공범자가 될 위험을 무릅쓰고 타인의 생명을 책임지도록 나에게 알려진 명령을 들으면서 타인의 얼굴에 입각한 사회성의 현상학을 시도했다. 타인의 얼굴의 마주함은 마주함의 직선적임에서 방어할 수 없음과 타자성의 저항l'opposition de l'altérité 즉 개인들과 개념들을 동일시하고 그들을 서로 구별하거나 모순이나 대립을 통해 관념들을 상호적으로 대립시키는 순전히 논리적 타자성이 없는 권위를 의미할 것이다. 타인의 타자성은 '살인하지 말라'의 극점이며 내 안에서, 나의 존재함이, 존재함을 의도하는 것이 무죄라 해도, 폭력과 강탈로 저지를 위험이 있는 모든 것에 대한 두려움이다. 거기에 있음Dasein의 거기에Da서 타자의 자리를 점령하고 즉 구체적으로 타자를 추방하고, 어떤 '제3'세계나 '제4'세계에 사는 타자를 비참한 상태에 운명 지으며, 타자를 살해할 위험. 따라서 이 타인에 대한 두려움 가운데 무한한 책임, 우리가 결코 면제되지 않은 책임, 비록 그 책임이 타인의 죽음과의 무력한 대면 속에서 '제가 여기에 있습니다'로 응답할 뿐이라 해도 이웃의 최후 순간에 중단하지 않는 책임이 나타날 것이다.[5] 사회성의 전적 무사심[무상성] ——비록 무사심이 완전히 헛되다 해도 ——이 이웃 사랑, 욕정 없는 사랑, 그러나 또한 죽음처럼 거부할 수 없는 사랑이라 불리는 그런 사회성의 비밀을 지키는 책임.

일자의 일치 속에서 어떤 쇠약이나 결핍과 혼동되지 않을 사회성. 자기의 존재의 권리를 보증하는 존재자의 존재에 대한 자연적 집

---

5) 아마도 의학의 잠재적 탄생이기도 하고, 모든 지식 이전에 타인의 얼굴이나 죽을 운명을 통해 깨어난 사랑의 지킴.

착의 깊이에서, 나의 근원적 동일성의 핵심에서[6] ──이 집착에 맞서 그리고 이 동일성에 맞서 ── 타인의 얼굴의 마주함에서 깨어난, 그러므로 모든 맹세 **이전에**, 내-자신에게 현재하기 이전에 또는 자기 자신으로 되돌아오기 이전에 내가 헌신한 타인에 대한 책임이 일어난다.

이 **이전에**avant라는 말은 무엇을 의미하는가? 이것은 선험적인 것의 이전인가? 그러나 이전은 우선 선천성의 '깊은 과거' 속에서 이미 **나는 생각한다**의 상관관계적 현존일 관념, 기억을 통해 재현될 ──시간의 지속 속에서, 순간들의 흐름으로 간주된 시간성 속에서 다시 붙잡히고, 보존되거나 회복될 ── 관념으로 되돌아갈 것인가? 이렇게 현재의 특권은 여전히 보존될 것이고, 그것의 주권적 표현은 플라톤의 상기론이며 따라서 사유에서 지각까지 어떤 준거une référence가 보장될 것이다. 따라서 지나가지-않는-현재의 특권과 마찬가지로 영원의 특권은 관념의 관념성에서 여전히 긍정될 것이다. 시간의 지속이나 통시성을 통해 인간의 유한한 의식 속에서 오직 은폐되거나 변형되거나 결핍될 뿐인 영원. 또한 다양성이 들어가는 존재의 지식 속에서 동일화된 다양성을 포괄함으로써 그리고 다양성을 다시 붙잡음으로써 경험의 다양성을 동일화하기 위해 시간보다 더 '강하고', 선험적 통각의 일치 아래 시간의 그림자들의 분산을 모으며, 형식들 중 가장 견고하고 가장 형식적이고, 내용들의 모든 이질성보다 더 강한 **나는**

---

6) 어떤 구별된 특수한 기호에도 의존하지 않고 동일시되고 있기 때문에 근원적 동일성. 기호는 실제로 동일화의 문제를 해결하지 못할 것인데, 왜냐하면 이번에는 기호가 동일한 것으로 보존되기를 바랄 것이기 때문이다. 나는 모든 기호 외부에서 동일자로 인정받는다. 다시 말해 나는 논리적으로 구별할 수 없는 동일성이다.

생각한다의 특권. 고대의 일자의 재발견들. 나 또는 동일화하는 나는 생각한다는 합리성의 근거와 로고스일 것이다. 따라서 존재론은 존재를 재현하는 지식으로서만이 아니라 존재의 동일성이 궁극적으로 자기 자신으로 회귀하는 것으로서, 일자로의 회귀로서 해석돼야만 한다.

이와 반대로 현재로 환원할 수 없고, 그의 권리를 확립했던 나의 동일성에 대한 고려 없이 타인에-대한-책임의 윤리적 앞섬에서 의미하는 것처럼 보이는 것은 바로 과거다. 결코 나의 잘못도 나의 행위도 아닌 것을 향해, 결코 나의 권력도 나의 자유에도 있지 않은 것을 향해, 나의 기억으로 들어가지 않는 것을 향해 내던져진 이 책임 속에 내가 여기에 있다. 모든 상기, 모든 과거지향, 모든 재현, 회상된 현재와의 모든 관계 외부에서 나와 상관있고me concerne, 나에게 '오며'me regarde, '나와 관계 있는 일'인 과거의 윤리적 의미성signifiance. 윤리 속에서, 나의 현재로 환원할 수 없는 순수 과거 따라서 근원적 과거의 의미성. 타인에 대한 책임에 입각한, 기억할 수 없는 과거의 근원적 의미성. 인류의 역사에 대한, 나와 상관있는[나에게 오는]me regarde 타자들의 과거에 대한 비지향적 참여.

타인에 대한 책임은 '나는 생각한다'에 옛날에 주어진 관념과 '나는 생각한다'를 통해 재발견된 관념으로 다시 올라가는 사유가 되지 않는다. 주권적 나의 자연적인 존재하려는 노력conatus essendi naturel은 타인의 얼굴 앞에서 문제 삼아지고, 나의 주권이 '가증스러운' 것임을 인정하고 태양 아래의 나의 자리 ——"모든 땅에 대한 강탈의 상징과 시작인" ——를 인정하는 윤리적 지킴 속에서 문제 삼아진다. 이웃의 얼굴에서 명령으로 알려진[표현된] 타인에 대한 책임은 내 안에 있는

'초월론적 통각'의 단순한 양태가 아니다.[7)]

나는 '타인의 얼굴 앞에서'라고 말했다. 정확히 말해, 우리는 여기서 **앞에서**devant라는 전치사를 사용할 수 있다. 우리가 이렇게 말함으로써 얼굴의 형식적 벌거벗음——또는 벌거벗은 형식들—— 속에서 얼굴이 죽을 운명을 표현하고 계명을 의미하지 않는다면 얼굴의 의미와 이미 얼굴을 은폐하는 재현의 조형적[의고적] 형식들을 혼동하지 않았는가? 우리는 이 조형적[의고적] 형식들을 해체하는 의미의 끊임없는 잉여를 무시하지 않았는가? 재현되지 않고——현재화되지 않고—— 권위나 영광을 가지고 명령법 속에서 의미하는 잉여. 우리는 그 계명의 이 영광스러운 의미성의 **방법**comment ——매우 일반적이고 빠른 방식에서만——으로, 말하자면 이 근원적 명령법의 '명령성' impérativité 으로 되돌아가야 한다.

얼굴이 나에게 명령하는 타인에-대한-책임이 이 계명의 원인이나 근원일 존재자의 주제적 현존으로 거슬러 올라가게 하는 것 없이 타인의 얼굴은 나와 상관있다. 사실 여기서 먼저 명령을 지각함으로써 명령을 받아들이는 것과 그다음에 결단 속에서, 의지의 행위 속에

---

7) "기억할 수 없는 과거를 향해 내던져진 내가 여기에 있다"(me voici rejeté vers un passé immémorial)와 같은 표현에서 대명사 '내가'(me)를 정당화하는 나의 동일성은 '나'의 목적격을 통해 타인에 대한 책임이 설립하는 역사적 형제애에 이미 빚진 동일성을 의미한다. 사실, 인간성의 관념과 인간성의 일치의 관념은 **동물성**처럼 순전히 유(類)적인 것은 아니다. 그 관념은 기억할 수 없는 과거를 책임지면서 타자에 대한 책임으로부터 나타나는 역사를 이미 가정한다. '민족의 정신'과 거기에서 인류의 정신이 얽히는(se noue) 책임. 따라서 역사——회상되지 않은 과거 ——는 과거의 근원적인 구체성을 의미하지 않는가?

서 그 명령에 순종하는 것이 문제가 아니다. 순종의 예속은 이 얼굴의 근접성에서 명령의 들음에 앞선다. 명령 ──명령을 알게 되는 "나는 생각한다"가 제기될 수 있는 연역법의 요구들이 영원히 연기되는 계명의 극도의 긴박함을 측정하거나 증명하는──의 들음에 앞서는 순종. 긴박함을 통한 명령법이 '만사를 제쳐놓고' 정언적인 것이 되고 예속이 돌이킬 수 없는 것이 되는 그런 긴박함, 다시 말해 수동성의 능동성으로의 귀환에 동의하지 않는 긴박함, 환대의 자발성들로 전도되는 지적 수용성이 그 특징인 귀환에 동의하지 않는 긴박함.

그러나 '명령의 들음에 앞서는 순종의 예속'은 광기와 불합리한 시대착오일 뿐인가? 그것은 오히려 지식의 주지주의와 정확히 단절하고 절대적 명령에 대한 순종 속에서 미래의 통시성 그 자체의 윤곽을 드러내면서 영감의 역설적 양태를 묘사하고 있는 것은 아닌가? 그것은 이 관계함의 방식을, 계율을 통한 이 '촉발'affection과 이 수동성 또는 인내를 어떤 '동시성'으로 환원하지 않고, 그 포개 놓기가 부분적이든 정확하든 간에 '현재'와 미래의 어떤 포개 놓기로 환원하지 않고, 미래가 아직 도래하지-않음à-venir 또는 기대의 ──또는 미리 잡음protention의 ── 포착에 지배되지 않고, 두려움이나 희망의 재현이 시간의 통-시성과 명령법의 과도함과 권위를 흐리게 하지 않고, 절대적으로 돌이킬 수 없는 미래가 명령하는 견줄 데 없는 방식이 아닌가? 영감은 지식의 주지주의와 정확히 단절한다. 마치 그 명령이 그 명령에 순종하는 사람 그 자체의 목소리에서 표현되는 것처럼. 그와 같은 것은 모든 비유를 넘어 윤리적 의식의 목소리일 것인데, 이 윤리적 의식은 본능의 단순한 선천성도 아니고 **나는 생각한다**가 나는 생각한다에 강요되는 것을 포위하면서 '의식화' 속에서 자기의 돌이킬 수 없는 수동성을 성급하게 자발성으로 전환시키면서 나는 생각한다가 받아들이는 것을 같게 하면서^{égalant} 모든 권위를 파괴하면서 최후의 말을 보존할 지향성도 아니다. 자기를-위함[대자]이 책임의 타자를-위함으로 전환되는 것은 비록 타자를 위함이 엄격하지만 여전히 자기를 성찰하는 '나는 생각한다'에 의해 만들어진 단순한 발견으로만 가장하고 어떤 '깊은 본성'의 비밀스럽고 지금까지 상상할 수 없는 양태로 가장한다 해도, 또다시 자율적 **자기를-위함**에서 행해질 수 없다.

영감을 가장해 **배후로부터 오는 힘**$^{vis\ a\ tergo}$의 전개가 아닌 윤리적 순종의 타율. 이 타율은 **얼굴**에서 온다. 즉 타율은 주제로서 접근되지 않는 타인의 얼굴에서 알려진[의미화된] 명령에 대한 종속에서 온다. 이 순종으로부터만 신에게 이름을 붙인다는 조건 아래서 절대적 명령 ─더할 나위 없는 권위 ─에 대한 순종, 더할 나위 없는 권위에 대한 근원적 순종, 신의 말에 대한 근원적 순종. 신체를 갖지 않고 무신론의 부정에 노출되는 미지의 신!

그러나 이 명령의 의미나 내용은 영감받은 신의 명령에 종속된 순종과 분리할 수 없다. 즉 타인에 대한 책임, 자아^{moi}의 자기 자신^{soi}으로의 저항할 수 없는 회귀로부터 자아를 떼어 놓는 선함, 존재자의 무조건적인 존재 보존으로부터 자아를 떼어 놓음은 명령받는다. 타인에 대한 책임을 명령하는 계명으로의 이 종속의 **윤리**와 지식으로 역류하지 않고 순종 속에서 재현되고 현재화되는 것을 **넘어** 영감받는 이 돌이킬 수 없는 종속에서의 미래의 **통시성** 사이의 일치를 강조하는 것이 필요하다. 계명의 '명령성' 그 자체와 계명의 선함이 순종에 의미할 너머. 데카르트의 **제3성찰**의 무한 관념의 역설의 구체성.

윤리적 영감과 미래-예언의 의미성^{signifiance}. 나는 후설의 목표, 지향성, 미리-잡음의 관념에서 기대의 성급함과 같지 않은 예언자적 영감에서 출발하는 미래의 통시성을 제안하고 싶다. 데카르트가 그것의 역설 속에서 가르친 무한이라는 관념 즉 사유가 담을 수 있는 것보다 더 사유하는 견줄 데 없는 사유, 타인의 얼굴에서 타인에게 나를 헌신하는 계명에 대한 순종 속에서 우리가 말하고자 했던 사유의 구체적인 지혜. 여기에 아직 도래하지-않음을 넘어 '미래의 목표'$^{visée\ du\ futur}$, 즉 참된 '현상학'이 있다. 타인의 죽을 운명 ——그리고 결국 그의 삶——이 나와 상관있는 타인에 대한 책임을 사유가 이미 발견하기 때문에 사유가 사유하는 것보다 더 많이 사유하는 사유 또는 사유하면서 사유하는 것보다 **더 잘**^{mieux} 행하는 사유. 미지의 신$^{8)}$을 통해 영감받은 정언명령에 제한된 사유, 양도할 수 없는 책임을 짊어짐에 제한되는 사유, 그러나 그렇게 함으로써 나의 인격적 유일성, 나의 장자권과 선택받음을 신성화하는 사유. 예언의 **미래**를 통한 타인과 그의 **과거**-나에게서 기억할 수 없는 과거-에 대한 책임의 존재-사이에서-벗어남-이것들이 없다면 미지의 신은 자기의 말없는 부정신학을 깨뜨리면서 자기의 영광 속에서 들리지 않은 채 있을 것이다. 그것은 존재와 존재론의 얽힘이 윤리에서 풀리는 시간성이다.

---

8) 주제에서 떨어져 나온 그리고 너라고 친근하게 말함의 순수한 직선적임에서 떨어져 나온 미지의 신, 마치 그(Il)가 그(Il)의 3인칭 속에서 주제와 너라고 친근하게 말함으로부터 자유롭게 되거나 초월되는 것처럼.

통시성과 재현

일상생활과 우리의 철학적·과학적 사유의 전통조차 보존되는 이해
가능성[이해] ──유의미성──의 영역은 보는 것^{vision}을 통해 특징
지어진다. 대상이나 주제를 위해 보여진 것을 갖는 **보는 것**^{voir}의 구
조──소위 지향적 구조──는 사물들로 접근하는 감성의 모든 양태
에서 발견된다. 그 구조는 사물들의 상태나 사물들의 관계들을 향한
지성적 접근 속에서 그리고 분명 또한 인간 존재들의 왕래 속에서, 서
로 말하고 그들이 서로 본다고 우리가 말하는 존재들 사이에서 발견
된다. 따라서 우리가 사유나 지성이나 정신 또는 순전히 영혼이라고
부르는 모든 것이 형성되는 인식의 우위성.

1. 지식과 현존

사유, 지성, 정신, 영혼은 의식일 것이고 또는 의식의 시초에 있을 것이
다. 인간의 의식은 사유, 지성, 정신, 영혼의 완전한 양태, 다시 말해 주
제화하는 나의 시선 아래 모든 타자성을 겨냥하고 포섭하거나 언뜻
보는 **나는 생각한다** 속에서 **동일한 나의** 의식일 것이다. 이 사유의 목표

는 지향성으로 불린다. 우선 **보는 것**의 주제화와 말하자면 우리가 우리의 존재-사이에서-벗어남의 모범이라고 쉽게 생각하는 영혼의 관조적 성격 ──관조된 것과 거리를 두는 영혼의 존재── 을 의미하는 주목할 만한 말. 그러나 지향성은 열망, 목적성과 욕망, 이기주의와 자기중심주의의 계기 그리고 어쨌든 자아론의 계기를 의미하기도 한다. 우리가 물리학자들의 대상에서 순전히 운동적인 현상과 충동을 아무리 적게 구별한다 해도, 우리가 '충동들'^{pulsions}이라고 부르는 것을 확실히 자극하는 계기. 이런 의미에서 의식은, 무의식 그 자체는 의식의 결핍 양태일 것인데, 우리의 정신의 해석을 지배하는 특징으로 진정 남아 있다. **나는 생각한다**의 통각에 의해 '지향적으로' 겨냥되고 포위되며 소집된 **타자**는 **나는 생각한다** 또는 **의식작용**의 겨냥 ──또는 욕망이나 열망── 을 다시 가득 채우거나 충족시키거나 만족시키기 위해 사유된 것으로서의 **사유된 것**을 통해 ──의식대상을 통해── 온다. 따라서 타자는 나에게 현재한다. 그리고 이 '현재임' 또는 '나는 생각한다'의 나 앞으로의 이 **현존**은 **존재**와 같은 것이다.

시간적 양태이기도 한 현존이나 존재. 그러나 그것은 구체적으로 또한 나에 대해 타자의 바깥에-있음을 의미하고 바로 그것을 통해 **몸을 바침**^{un s'offrir}, **자기를 줌**^{un se donner}, 그리고 **주어짐**^{une Gegebenheit}을 의미한다. 그것은 그 말의 비유적 의미에서만이 아니라 이미 손 안에 움켜잡음^{une prise en mains}과 관련된 **포획함**^{un prendre}의 구체적 지평에서 의미하는 증여로서 현존 안에서의 타자성의 증여다. 본질적인 손에-줌^{Main-tenance}, 말하자면 현재하는 것들의 현존은 시간성으로서 포착할 수 있음의 약속 곧 고체의 약속이다. 이것은 어쩌면 **사물**과 '어떤 것', 존재 안에 있는 **존재자**의 배치가 현존으로 승격하는 것 그 자체일 것이다. 그리고 사물들에 대한 인식의 이 원형적 윤곽은, 후설의『유럽 학문의 위기와 선험적 현상학』의 현상학이 그러나 이미 원칙적으로 『논리 연구』가 우리에게 가르쳤듯이, 이해의 관념화된 지식들이라는 추상들의 선행 조건이다.

따라서 지식과 보는 것의 기술적 가능성들은 소위 이론적 순수함 과 소위 순전한 현존과 순전한 표상의 진리와 시간의 관조적 명석성 과 뚜렷한 대조를 덜 이룬다. 이 가능성들과 이 기술적 유혹들은 그것 들의 지평이다. 그것들은 탈선과 타락으로 고발된 근대 산업에 대한 비판가들이 존재–사이에서–벗어남을 생각하는 것보다 소위 이론의 존재–사이에서–벗어남과 사이가 훨씬 덜 틀어진다. 보는 것 또는 지 식과 손 안에 쥐는 것은 지향성의 구조에서 연결된다. 지향성의 구조 는 의식에서 자기를 인식하는 사유의 매듭으로 남아 있다. 다시 말해 현존의 손에–쥠은 이 사유의 탁월함 그 자체로서의 그것의 내부성을 강조한다.

그러나 결국 보는 것과 지식으로 이해된 사유 속에 있고 지향성 으로부터 해석된 이해가능성과 지성은 사유의 시간성 그 자체에서 과 거와 미래에 비해 현존을 특권화하는 데 있다. 과거와 미래에서 현존 의 변질을 이해한다는 것은 과거와 미래를 현존으로 환원하고 되돌아 오게 하는 문제 곧 과거와 미래를 재–현하는 문제일 것이다. 그리고 마찬가지로 **나는 생각한다**의 내부에서 현존으로 집합하고 흡수되고 공시화되며 그리고 그렇게 나의 동일성 속에 붙잡는 모든 타자성을 이해하는 문제일 것이다. 다시 말해 **자기의 것**으로서의 동일성의 사유를 통해 인수된 이 타자성을 이해하고 그 사실로써 자기의 **타자**를 **동일자**로 환원하는 문제다. 타자는 내부성의 경이를 확립하는 지식 속에서 내 것le propre du moi이 된다. 존재에 대한 겨냥[조준]과 주제화 속에 있는 지향성 다시 말해 현존 속에 있는 지향성은 자기 자신으로부터의 탈출만큼 자기 자신으로의 귀환이다.

보는 것[시각], 인식과 지향성으로 이해된 사유에서, 이해가능성은 따라서 타자의 동일자로의 환원을 의미하고, 자기의 자아론적 모으기 속에서 **존재**로서의 공시성을 의미한다. **나는 생각한다** 또는 칸트의 **나는 생각한다**의 선험적 통각의 일치, 데카르트에서 후설까지 그리고 『존재와 시간』 9절에서 **현존재**의 '존재한다는 것'은 **각자성** Jemeinigkeit의 근원과 따라서 나의 근원이 되는 하이데거까지도 긍정된 현존의 자아론은 알려진 것에서 표현된다.

'인간들 사이에서 서로 본다는 것' 즉 분명 언어는 자신 쪽에서 보는 것으로, 따라서 지향성의 이 자아론적 의미성으로, 종합의 이 자아론으로, 모든 타자성을 현존으로 집합시키는 것으로 그리고 표상의 공시성으로 돌아가지 않는가? 언어는 대체로 그렇게 이해된다.

지식과 보는 것은 물론 말함에서 기호들에 의지하고 언어적 기호 속에서 타인에게 전해지는데, 타인은 의미화된 것[알려진 것]을 주제화된 현존으로 순전히 자아론적으로 모으는 것을 벗어날 것이다. 그리고 이 소통의 동기에 관한 문제는 남아 있다. 왜 우리는 타자에게 이야기하는가? 왜냐하면 우리가 말할 어떤 것을 가지고 있기 때문이다. 그러나 왜 이 알려진 것 또는 표상된 것의 어떤 것은 말할 어떤 것인가? 그럼에도 불구하고 기호들에 대한 의존이 반드시 이 소통을 전제하는 것은 아니다. 이 기호들에 대한 의존은 필요성을 통해 정당화될 수 있는데, 이 필요성에서 나는 통각의 고독한 종합 속에서 다른 어떤 사람에게 말하기 이전에 자기 자신에게 기호를 주는 것에 대해 생각한다. 다시 말해 기호들에 대한 의존은 다양한 것들을 현존이나 표상으로 모으는 자아론적 행위 속에서 직접적 현존을 넘어 이미 지나간 것 또는 아직 도래하지 않은 것의 현존을 탐구할 수 있고, 따라서 기호들을 통해 그것들을 소환하거나 예견하거나 그것들에 이름을 붙일 수 있다. 따라서 우리는 심지어 자기 자신을 위해 글을 쓸 수 있다. 언어 없이는, 언어적 기호들에 대한 의존 없이는 사유는 없다는 것은 현존의 자아론적 질서에서 어떤 결정적 파열도 증명하고자 하지 않을 것이다. 그것은 오직 내적 담론의 필요성만을 의미할 것이다. 유한한 사유는 스스로에게 묻고 스스로에게 답하기 위해 분열하지만, 실은 다시 매어진다. 사유는 자기의 공시적 통각의 지속성을 방해함으로써 자기 자신에 대해 성찰하지만 동일한 '나는 생각한다'에서 여전히 발생하고 거기로 복귀한다. 사유는 심지어 ──이 모으기 속에서 ── 어떤 항un terme으로부터 그 어떤 항을 분명 배제하는 또 다른 항으로 이행할 수 있지만 자기의 배제 그 자체를 통해 알려지고 이미 만회될 것이다. 나를 분열시키는 변증법은 종합으로 끝나고 더는 분열된 틈이 보이지 않는 체계로 끝난다. 변증법은 타인과의 대화가 아니거나 또는 적어도 '질문과 대답을 통한 영혼과 영혼 자신과의 대화'로 남아 있다. 플라톤은 사유를 바로 그렇게 정의했다. 이 정의로 되돌아가는 담론의 전통적 해석에 따르면 정신은 자기의 사유를 말할 때도 역시 일자이고 유일한 것으로un et unique, 현존 속의 동일자로, 내가 자기 자신과 대립할 수 있었던 정신의 오락가락$^{\text{va-et-vient}}$에도 불구하고 종합으로 남아 있다.

사람 사이의 말함의 경험적 현실에서 보존되는 일치와 현존. 모든 대화상대자들에게서 말함은 타자의 사유 **안으로** 들어가고 타자의 사유와 일치할 것이다. 이성과 내부성인 일치. 사유하는 주체들은 다양한 어둡고 경험적으로 적대적인 점들^{points}인데, 이 점들에서 그들이 서로 보고 서로에게 말하고 일치할 때 빛이 발생한다. 관념들의 교환은 말의 일치 속에서 또는 지식에 이름을 붙이거나 지식을 노출시키는 이야기의 일치 속에서 현존이나 표상을 발생시킬 것이다. 관념들의 교환은 유일한 의식 속에서, 이성으로 남아 있는 **나는 생각한다** 속에서 일치할 것이다. 보편적 이성과 자아론적 내부성.

언어는 내적 담론으로 간주될 수 있고 지향적 **나는 생각한다**의 자아를 통한 현존의 일치로 타자성을 모으는 것과 늘 관련될 수 있다. 비록 타인이 이 언어로 들어간다 해도 ——왜냐하면 타인이 거기로 들어갈 수 있기 때문에—— 기억과 상상 속에서 이뤄진 재-현을 넘어 현존이 역사가와 미래학자의 탐구를 통해 확립될 때조차 그리고 문화적 인간성에서 기록이 과거와 미래를 책 ——제본된 것 ——의 현존으로 또는 책장 내부에 폐쇄된 도서관의 현존으로 모을 때조차 이 자아론적 표상 행위와의 연관은 이 언어로의 진입에 의해 방해받지 않는다. 이것은 역사를 사물의 현존으로 모으는 것, 존재자의 존재를 존재자로 모으는 것이다. 사유의 본질로서의 재현과 시각을 위한 중요한 계기! 그리고 독서에 걸릴 수 있을 모든 시간에도 불구하고 이 모으기 ——또는 이 현존의 구조——는 지속으로 복귀할 것이다. 그리고 무엇보다 어느 누구에 의해 현재화되지 않았고 재현되지도 않았던 과거——기억할 수 없는 또는 전前근원적인 과거——에도 불구하고, 그리고 어느 누구도 기대하지 않은 영감받은 미래에도 불구하고. 흐름의 은유와의, '안쪽'[이전]en-deçà과 '너머'au-delà의 여전히 공간적 이미지들과의 앞선 연대기적 관련성 없이 텍스트의 '구절들'의 해석학에 입각해 시간을 의미하기 시작하는 과거와 미래.

시간은 자기의 매듭[얽힘]을 **그렇게** 보여 주었는가? 후설이 우리에게 훌륭한 예를 제시한 시간의 현상학의 어떤 애매성에서 그것을 이미 보여 주었는데, 여기에서 다시-잡음[과거지향]과 미리-잡음[미래지향]의 지향성은 한편으론 시간의식으로 이해된 다시 말해 여전히 현존——의식에서 표현된 '존재자의 존재'——의 재-현으로 이해된 의식의 시간을 생생한 현재의 재-현으로 환원했지만, 다른 한편으로 여기에서 다시-잡음의 **다시 잡음**은 이 구성 자체에서 이미 주어지고 전제된 시간 곧 흐름처럼 경과하는 어떤 시간 이해를 통해서만 미리-잡음의 미리 잡음과 다르다. 이 흐름의 은유는 **존재자**에게서 차용한 시간성으로 살아가는데, 이 존재자는 액체이고 그 액체의 입자들은 움직이고 있으며 시간 속에서 이미 이뤄지는 운동이다.

따라서 내적인 것으로 말해지는——따라서 내가 내 자신에게 하는 질문과 대답 속에서의 담론의 분열에도 불구하고 재-현에 따라 자아론적인 것으로 남아 있는—— 담론에서도 다수의 연합은 '모두가 타자들의 사유로 들어간다'는 조건하에 가능한 것은 아닌지, 이 담론 자체가 소위 담론의 내적 분열에도 불구하고 대화상대자들이 구별되는 타인과의 앞선 사회성에 이미 의존하고 있는 것은 아닌지 스스로에게 물어봐야 한다. 그럼에도 불구하고 이 실제적이고 망각된 사회성은, 내적 대화가 여전히 대화라 불리어질 자격을 갖기 위해, 대화가 아무리 일시적이라 해도, 자기 자신과 자기 자신 사이의 파열을 통해 전제되는 것은 아닌지 스스로에게 물어봐야 한다. 재현의 내부성으로 환원될 수 없는 사회성, 알려진 대상으로서의 타인에 관해 얻을 수 있는 지식으로 환원될 사회성과는 다른 사회성, 세계를 경험하는 나의 내부성을 이미 지탱할 사회성과는 다른 사회성. 내적 대화는 타인에 대한 **재현**을 넘어 타자로서의 타인과의 관계, 처음부터 보편적 이성을 통해 **동일자**로 이미 얼핏 보여진 **타자**와의 관계를 처음부터 전제하지 않는가?

　모두가 타자들에 대한 재현으로 진입하는 것 ──주어진 것의 공시성에서 사유들의 일치 ──이 사유와 담론의 유일하고 근원적이며 궁극적 합리성인지 아닌지 묻는 순간이 왔다. 지향성을 통해 시간을 현존으로 모으는 것 ──따라서 시간을 존재의 존재의 행위l'essance de l'être로, 시간을 현존과 재-현으로 환원할 가능성 ──이 시간의 제1의 매듭인지 아닌지 묻는 순간이 왔다. 그리고 현존의 드러냄 ──나타남 ──이 합리성과 똑같은 것인지 아닌지를 묻는 순간이 왔다. 언어는 **말해진 것**dit에서만, 도처에서 적어도 잠재적인 직설법의 명제들에서만, 단언적 또는 가능적 판단들의 이론적 내용에서만, 정보들의 단순한 소통에서만, **말해진 것**에서만 즉 쓰어질 수 있는 모든 것에서만 유의미한 것인가? 언어는 **말함**dire의 사회성 속에서, 말함의 물음과 대답을 명령하는 타인에 대한 책임 속에서, 그리고 주어진 우주의 깊은 동시성에 따른 사물들의 현존과 그렇게 뚜렷이 대조되는 대화상대자의

'비-현존' 또는 '간접현전'[간접제시, 유비적 통각]aprésentation을 통해 유의미한 것은 아닌가? 나로부터 이 대화상대자로, 다시 말해 **말해진 것과 씌어진 것**의 현존으로 모으게 내버려 두는 시간성과는 다른 시간성, 즉 이 '나-로부터-타자-로'에서 구체적인 시간성이지만 주제적으로 시간성을 포착하는 '나는 생각한다'의 종합 속에서 공시성의 추상으로 곧바로 굳어지는 시간성.

우리는 의미의 의미성과 관련하여 무조건적인 우위성을 주제화하는 이론적인 이 포착에 그리고 그것과 **그것의 의식대상과** 상관되어 있는 질서에 즉 현존의 질서, 존재로서의 존재의 질서 그리고 객관성의 질서에 부여해야 하는가? 인식은 자기 자신과 자기의 정당화에 대해 스스로에게 물어야 하지 않는가? 이 정당화는──권리와 정의의 의미론적 맥락에서── 모든 이론적 설명 이전에 인간성에서 그때까지 존재로서의 자연적 펼침 속에서 그리고 모든 합리화의 시자을 위해 주어지는 것으로서의 자연적 펼침 속에서 정당화되는 존재가 내 안에서 매정하게 문제 삼아지고 자기를 위하여 시작 이전의 올바름을 찾는 이해가능성의 영역 그 자체 또는 근원적인 합리성의 영역 그 자체로서의 타인에 대한 책임 즉 이웃의 근접성으로 되돌아가지 않는가?

참된 지식에 대한 판단과 주제적 사유가 얼굴에 각인된 타인의 윤리적 의미성에 속하는 어떤 요구들에 기초하여 또는 어떤 요구들에 관하여 소환[호출]된다 ── 발명된다 ── 는 것을 나는 다른 곳에서 보여 주려고 했다.[1] 나와 비교할 수 없고 유일한 타자의 얼굴에서

---

1) *Autrement qu'être ou au-delà de l'essence*, p. 205와 그 이하 참조.

의 명령들. 정의를 구체적인 것으로 만드는 어떤 요구들. 정의가 그렇게 논리적 판단의 객관성의 근원으로 발견된다는 것 그리고 정의가 이론적 사유의 평면 전체를 지탱해야 한다는 것이 합리성 또는 지향적 사유의 구조, 정의가 내포하는 다양한 것들의 공시화, 종합적 사유에 의한 존재에 대한 주제화, 존재론의 문제를 고발하게 되는 것은 아니다. 그러나 나는 또한 이것이 바로 이미 파생된 질서의 합리성이고 타인에 대한 책임이 근원적이고 구체적인 시간성을 의미하며 현존의 보편화는 그 책임을 전제한다고 생각한다. 나는 또한 책임이 정의 속에서 구체적인 것으로 만들어지는 사회성이 이야기와 역사를 통해 시간을 현존과 재현으로 '모으고' 그리고 **어느 정도까지** 사유-지식 속에서 '비교할 수 없는 유일한' 인격들을 정의 그 자체의 관점에서 **비교함으로써**, 그 인간들을 **존재자들**로서 즉 유의 개체로서 비교함으로써 이성을 이해되게 만드는 이론적 언어의 객관성을 요구하고 창설한다고 생각한다. 나는 또한 제도들, 법정, 그와 마찬가지로 국가는 이 파생된 합리성의 질서 속에서 구체적으로 나타나야 한다고 생각한다.

그러나 이 분석에 입각해 '이웃의 근접성'과 '타인에 대한 책임'에 기초한 사유의 발현을 보여 줌으로써 사유의 지향적 구조를 소외로서 고발하는 것이 문제가 아니라면, 그럼에도 불구하고 이 발현을 강조하는 것이 중요하다. 국가, 제도들, 그리고 국가와 제도들이 지탱하는 법정조차 결국 비인간적인 정치라는 고유한 결정론에 본질적으로 노출된다. 따라서 정의 속에서 그리고 기초적인 서로-인간성l'inter-humain 속에서 이 결정론의 동기로 되돌아감으로써 이 결정론을 통제할 수 있는 것이 중요하다. 나는 방금 이 방향에서 몇 걸음을 걸었다.

2. 타자성과 통시성

나에게 있어 타인의 타자성이 처음부터 논리적 타자성 즉 서로 반대하는 **전체** 속의 부분들이 타자성의 자국이 있는 그런 종류의 타자성, 순전히 형식적으로 이 사람이 저 사람과 다르고 저 사람이 마찬가지로 이 사람과 다른 그런 종류의 타자성, 이 상호성에 포함된 인간들 사이에서 언어는 각자의 상대에 대한 서술로 지향적으로 겨냥되고 결집된 정보나 일화의 상호적 교환에 불과할 그런 종류의 타자성을 의미하는 것인지, 아니면 우리가 생각하는 경향이 있는 것처럼, 나에 대한 타인의 타자성이 무엇보다——그리고 내가 감히 말한다면 '적극적으로'—— 숙고하지 않고 처음부터 타인을 책임지는 나를 의무 지우는 타인의 얼굴인지를 우리에게 물어봄으로써 시작해 보자. 처음부터, 다시 말해 나는 상호성을 염려하지 않고 '사심 없이' 응답한다. **타자를 위함**의 무사심[무상성], 인사에서 즉 **안녕하세요**에서, 다시 **만납시다**에서 이미 잠자는 책임의 응답. 정보들과 이야기들을 전달하는 명제들의 서술들에 앞서는 언어. 이웃의 근접성에서 이웃을 책임지는 **타자를 위함**. 바로 **마주함**의 지울 수 없고 떠맡을 수 없는 타자성과 권위 속에 있는 얼굴이 의미하는——또는 명령하는—— 책임. (우리는 누구와 얼굴을 마주하는가? 권위는 어디서 오는가? 잊어선 안 될 물음들!) 그러나 얼굴의 접근 속에 있는 **타자를 위함**——~에 대한 **의식**보다 더 오래된 **타자를 위함**——은 타자를 위함의 순종 속에서 **모든 포착**에 앞서고 세계-내-존재 속에 있는 나-주체의 지향성에 앞선 것으로 남아 있으며 타자를 위함에서 종합된 공시적 세계가 발생하고 주어진다. **타자를 위함**은 내 안에서 일어난다. 마치 순종이 명령에 대한 들음으로의 나의 도달 그 자체인 것처럼, 마치 내가 이해하기 이전에 순종한 것처럼, 마치 타자성의 얽힘이 지식 이전에 얽히는 것처럼, 나의 순종 그 자체에서 나를 통해 이해된 명령.

그러나 이제 이 근본적 순종의 단순성이 타자 곁에서 나타나는 제3자에 의해 혼란에 빠진다. 제3자 자신도 이웃이고 또한 나의 책임으로 돌아온다. 이제 이 제3자를 통해 인간의 복수성의 근접성이 있다. 이 복수성에서 어느 사람이 타자들보다 더 중요한가? 이것이 정의의 요구라는 물음이 탄생하는 시간과 장소다! 유일하고 비교할 수 없는 타자들을 비교할 의무. 이것이 **지식**의 시간, 따라서 얼굴의 벌거벗음을 넘어 또는 얼굴의 벌거벗음 이전에 객관성의 시간이다. 이것이 의식과 지향성의 시간이다. 정의에서 발생하고 정의에 기초하며 따라서 얼굴의 타자성에서 나에게 명령하는 **타자를 위함**에 의해 요청된 객관성. 끊임없이 얼굴의 벌거벗음을 은폐하고 얼굴의 벌거벗음에 세계에서의 내용과 침착성[평정]을 주는 재-현으로의 부름. 세계의 맥락을 벗어나 근원적으로 의미하고 ——또는 명령하고—— 얼굴의 타자성의 수수께끼나 애매성 속에서 그럼에도 불구하고 얼굴이 정의에 호소할 때 야기시키는 현존과 객관성의 의고적[조형적] 형식들로부터 끊임없이 억지로 자기를 떼어 놓고 끊임없이 그 의고적 형식들에 대한 예외가 되는 얼굴의 타자성을 가로막는 정의의 ——그 점에 있어서는 엄격한—— 객관성.

질서를-벗어나는extra-ordinaire, 얼굴의 외부성. 질서가 정의이기 때문에 질서에서-벗어난. 다시 말해 이 외부성이 들어가는 정의 그 자체로부터 억지로 자기를 떼어 놓으면서 모든 관계와 종합과 늘 분리되는 만큼 이 형용사의 어원론적 의미에서 질서를-벗어나거나 절대적인. 절대적인 것 ──남용하는 말──은 어쩌면 현상학에서만 또는 타인의 얼굴이 야기시키는 현상학의 파열에서만 구체적으로 장소와 의미를 얻을 수 있다.

순수한 표현, 즉 방어도 엄폐물도 없는 건네줌과 똑같은 즉 바로 이 벌거벗음에서 죽음으로의 노출 곧 벌거벗음, 빈곤, 수동성과 순전한 상처 입을 가능성인 ~와 마주함의 극도의 직선적임과 똑같은──타인이 이미 어떤 인물의 피부 안에서 역할을 하는 표현의 모든 특수한 형태들 아래에 있는sous ── 타인의 얼굴. 타인의 죽을 운명 그 자체로서의 얼굴.

그러나 이 도덕성을 통해, 또한, 나와 관계하는concernent ──나에게 오는me concernent ── 소환과 의무, 권위의 '마주함', 마치 타인의 얼굴이 노출되는 비가시적 죽음이, 거기에 접근하는 나에게 있어, 나의 유죄나 무죄 이전에 또는 적어도 나의 의도의 유죄 속에서 나를 소환하는 나의 일인 것처럼. 바로 이 죽음을 책임지도록 부름받은 타인의 포로로서의 나. 언젠가 내가 차지한 모든 참여와 무관하게 그리고 언젠가 나의 주도권과 나의 자유에 좌우되기 쉬울 모든 것과 무관하게, 타인 안에서 이 나와 '상관있'을 모든 것과 무관하게 내 안에 있는 타인에 대한 책임. 그러나 이제 타인의 얼굴을 통해──타인의 죽을 운명을 통해── 타인 안에서 나와 상관없는 모든 것이 '나와 상관있다'. 타인에 대한 책임 곧 나에게 '살인하지 말라' 그리고 결국 또한 '너는 이 절대적으로 다른 타자의 생명에 책임이 있다'를 의미하는 얼굴, 유일한 것에 대한 책임. 사랑이 유일성의 가능성 그 자체의 조건이기 때문에 유일성을 위함, **사랑받는** 사람을 위함.

포로로서의 조건 ──또는 무-조건 ──은 이웃에 접근하는 내 안에서 강조된다. 그러나 또한 그의 **선택받음**, 대체하도록 내버려 두지 않는 그의 유일성. 그는 더는 나Moi라고 불리는 '유 안의 개체', '나 일반'의 '특수한 경우'가 아니다. 그는, 도스토옙스키가 각 사람에 대한 각 사람의 의무 속에서 가장 의무 지워진 유일한 자로서 '나는 모든 것에 가장 책임이 있다'고 말하게 만드는 그 사람처럼, 1인칭 속에서 말하는 나다. 타인에 대한 그의 의무는 또한 무한하다. 상호성에 대해 스스로에게 묻지 않고, 타인의 얼굴의 접근에서 타인에 대해 질문하지 않고, 이웃에 대해 결코 면제되지 않은 사람.

따라서 주제화할 수 있는 그 어떤 현존의 의식대상의 상호 관계가 없는, 나와 타자의 비-대칭적 '관계'. 지식이 아닌, 타인으로의 깨어남. 다시 말해 바로 인식으로 환원할 수 없는 타인 ──이웃으로서의 타인의 **근접성**에서 가장 먼저 온 사람 ──에 대한 접근, 비록 이것이 요청된 정의를 통해 타자들의 복수성 앞에서 인식을 요구한다 해도. 더는 나에 따르지 않고 바로 그의 유일성 속에서 모든 척도에 복종하지 않는 타자와의 일치가 아니라 타자에 대한 무관심하지-않음non-in-différence, 곧 자기 자신과 똑같은 영혼의 안정을 깨뜨리는 사랑인 사유. 나의 존재 안에서 주체의 자연적 정립에 대한, 나의 보존 ──결백한 의식의 나의 보존 ──에 대한 내 안에서의 문제 삼음, 나의 **존재**

하려는 노력에 대한, 존재자로서의 나의 집착에 대한 문제 삼음. 여기에 경솔한——또는 불의한—— 현존이 있는데, 이 현존은, 하이데거가 『숲길』*Holzwege*에서 그것을 해석하고 있듯이, 「아낙시만드로스의 명제」Der Spruch des Anaximander에서 어쩌면 이미 문제가 된 쟁점이었다. 아주 갑작스럽게 침해와 침탈을 의미하는 존재의 **현존** 속에 있는 이 존재esse의 '확실성[적극성]'에 대한 문제 삼음! 하이데거가 '존재 사유'의 우위성에 대해 가르치고 싶은 모든 것에도 불구하고 하이데거는 여기서 윤리의 근원적 의미성과 부딪치지 않는가? 존재의 '결백한 의식'을 통해 타인에게 저지르는 모욕, 타인의 얼굴에서 나와 상관있는 [나를 쳐다보는]regardent le moi 이방인, 과부, 고아에게 이미 저지른 모욕.[2]

3. 시간과 사회성

나는 모든 표정술 이전에 타인의 얼굴의 직선적임에서, 모든 언어적 표현 이전에 타인의 죽을 운명에서, 이 약함의 깊이로부터 명령하는 목소리 즉 이 죽음에 무관심한 채로 있지 말라는 명령과 타인이 홀로 죽게 내버려두지 말라는 명령 곧 이 죽음의 공범자가 될 위험을 무릅

---

[2] 그러나 언어의 어떤 짐 또는 내 안에 있는 어떤 애매성! 여기에서 우리는 각기의 자아 속에서 '1인칭'이 유의 개체화가 아니라 유일성일 때도 개념으로서의 나에 대해 말한다. 나는, 말하자면, 우리가 나에 대해 말할 때가 아니라 내가 1인칭 속에서 말할 때 나(moi)다. 다시 말해 우리가 이 탈출, 이 유일성, 이 선택받음에 대해 말하자마자 그 개념이 나를 탈환하는 힘에도 불구하고 개념으로부터 탈주하는 나.

쓰고 타인의 생명을 책임지라는 명령을 들음으로써 타인의 얼굴에 기초해 ──근접성에 기초해── 사회성의 '현상학'을 시도했다. 타인의 마주함은, 마주함의 직선적임에서, 타인의 약함과 동시에 사실들과 개념들의 동일성의 상대방으로서 모순과 대립을 통해 서로 구별하거나 서로의 개념들과 상호 대립하는 단순히 논리적 **타자성**에 없는 권위를 의미할 것이다. 타인의 타자성은 '살인하지 말라'의 극점이며 내 안에서, 나의 존재함이, 존재함의 의도들이 무죄라 해도, 폭력과 강탈로 저지를 위험이 있는 모든 것에 대한 두려움이다. 거기에 **있음**^{Dasein}의 거기에^{Da}서 타자의 자리를 점령하고 즉 구체적으로 타자를 추방하고, 어떤 '제3'세계나 '제4'세계에 사는 타자를 불행한 상태에 운명 지으며, 타자에게 죽음을 가져올 위험. 따라서 이 타인에 대한 두려움 가운데 무한한 책임, 우리가 결코 면제되지 않은 책임, 비록 그 책임이 타인의 죽음과의 무력한 대면 속에서 '제가 여기에 있습니다'로 응답할 뿐이라 해도 또는 살아남음의 수치심 속에서 나의 잘못들에 대한 기억을 반추할 뿐이라 해도 이웃의 최후 순간에 중단하지 않는 책임 ──환자를 '치유 불가능하다고 단정하는' 의사의 무정하고 현실적인 표현에도 불구하고── 이 나타날 것이다. 우리의 문명에서 '양심의 가책을 느끼는 의식'의 효과 없음과 손쉬움에 대한 모든 고발에도 불구하고! 사회성의 전적 무사심[무상성] ──비록 무사심이 완전히 헛되다 해도── 이 이웃 사랑이라 불리는 즉 (유 안에 있는 개인의 특수성을 넘어) 유일한 것의 유일성의 가능성 그 자체로 불리는 그런 사회성의 비밀을 지키는 책임. 욕정 없는 사랑 그러나 죽음처럼 거부할 수 없는 사랑.

분리에 빠질 일치의 '완성'과 통일성이 자신들의 완성을 갈망할 일자의 통일성에서 발생할 어떤 불완전이나 결핍과 혼동돼선 안 될 사회성. 그의 **존재할 권리**를 보장받은 존재자의 존재에 대한 자연적 보존의 깊이로부터 ──그 개념과 그 문제를 모를 만큼──, 논리적으로 식별할 수 없는 동일성의 중심부로부터 ──동일성이 자기 자신 안에 정지해 있고 동일화에 필요할 구별짓는 모든 기호를 필요로 하지 않기 때문에 ── 이 결백한 의식의 보존에 반대하고 이 정지의 동일성을 소환하는 바로 나의 동일성의 깊이로부터 타인의 얼굴(가시적인 것의 강제적인 힘을 갖지 않는)이 말하는 소리 없는 명령의 언어를 통해 깨어난, 내가 내 자신의 동일성을 동일화해선 안 되는 것처럼 내가 결심해선 안 되는, 책임의 불안이 일어난다. 숙고에 앞서는 책임, 따라서 내 자신에게 바치기 전에 내가 노출되고 바쳐진 책임. 맹세 또는 헌신?

4. 기억할 수 없는 과거

이성적 결정이 요청하는 모든 논리적 숙고에 앞서는 책임. 타인의 얼굴을 재-현, 가시적인 것의 객관성, 세계에 속하는 얼굴의 강제적 힘으로 이미 환원할 숙고. 상기에 입각해 해석된 다시 말해 지각과 관계된 선험적 관념의 앞섬이 아닌 책임의 앞섬, 관념의 관념성에 입각해 또는 지나가지 않는 현존의 영원에 입각해 그리고 현존의 지속이나 시간의 통-시성이 유한한 인간의 의식 속에서 은폐 또는 감소 또는 변형 또는 결핍에 불과할 현전의 영원에 입각해 어렴풋이 보인 무시간적 현존과 관계된 선험적 관념의 책임이 아닌 책임의 앞섬.

그것은 책임의 윤리적 앞섬에서, 숙고에 대한 그것의 우위성에서 타인을-위함, 과거가 있었던 현재로 환원할 수 없는 과거이다. 모든 것이 시작해야 했던 현존의 권리를 순박하게 ──자연스럽게── 보장받은 동일성과 관계없는 과거. 여기에 나는 이 책임 속에서 결코 나의 실수가 아니었고 나의 행함도 아니었던 것을 향해, 결코 나의 힘 속에 있지 않았고 나의 자유 속에 있지도 않았던 것을 향해, 결코 나의 현존이 아니었고 기억을 통해 나에게 오지 않은 것을 향해 내던져진다. 그 어떤 과거의 참여에 대해 기억한 현재 없이 이 책임 속에서, 이 무無-원리적[전前근원적, 무정부적, 무정부주의적] 책임an-archique responsabilité 속에서의 윤리적 의미성. 모든 상기, 모든 다시-잡음, 모든 재-현, 기억된 현재와의 모든 관계를 벗어나 나와 관계있고, '나를 쳐다보며', '나의 일[사건]'인 과거의 의미성. 타인에 대한 책임에 입각해 명령의 타율로 들어간 기억할 수 없는 과거의 의미성. 인류의 역사에 대한, '나와 관계있는' 타자들의 과거에 대한 나의 **비-지향적 참여**. 타인에 대한 나의 책임의 시간인 그 시간의 구체성의 깊이에서 재-현으로 모이지 않는 과거의 통시성.

타인에 대한 책임은 예전에 '나는 생각한다'에 주어지고 '나는 생각한다'를 통해 재발견된 선험적 관념으로 복귀하는 사유가 되지 않는다. 주권적 나의 자연적인 **존재하려는 노력**은, 나의 주권이 '가증스럽고' '태양 아래의' 나의 '자리' ──'모든 땅에 대한 강탈의 시작과 상징' ──임을 인정할 수 있는 윤리적 지킴 속에서, 타인의 죽음 또는 죽을 운명에 의해 문제 삼아진다. 이웃의 얼굴에서 명령으로 알려진 타인에 대한 책임은 내 안에서 단순히 '초월론적[선험적] 통각'의 양태가 아니다. 내가 이 명령의 원인이나 의지일 존재자의 주제적 현존으로 복귀하는 것이 가능함 없이 그 명령은 나와 관계있다. 내가 말했듯이, 여기서도 먼저 명령을 지각함으로써 그리고 나서 명령에 대해 숙고한 이후에 내린 결정을 통해 그 명령에 우리 자신을 종속시킴으로써 명령을 수용하는 것이 문제가 아니다. 그 종속은, 이 얼굴의 근접성에서, 그 종속이 짊어지는 명령을 떠맡기 위한 합리적 결정에 우선한다. 종속의 수동성이 떠맡는 행위로 돌아가는 즉 환대와 포착의 자발성으로 돌아가는 지적 작용의 수용성과는 다른 그런 종속. 여기에 타자성을 현존에 동화시키는 것에 저항하는 받아들일 수 없는 타자성의 절대적 낯섦, '나는 생각한다'를 재-현함으로써 '나는 생각한다'를 때리는 것을 늘 받아들이는 '나는 생각한다'의 통각에 낯선 받아들일 수 없는 타자성의 절대적 낯섦이 있다. 과거의 비길 데 없는 통-시성. 그 명령에 대한 이해에 앞서는 종속. 즉 이것은 무한한 권위를 증명하거나 측정한다. 기대를 통한——또는 미래지향을 통한—— 포착이 명령법의 권위가 가져오는 시간의 통시성을 가로막을 아직 도래하지-않음^{à-venir} 속에 미래가 이미 주어지는 것 없이.

　기억에 의존하지 않고, '생생한 현재들'로 귀환하지 않고 표현되는——또는 '사유되는'—— 과거. 재-현들로 만들어지지 않는 과거. 나에게 과해지고, 바로 나에게 명령으로 알려진, 그렇다고 해서 그 명령이 어떤 망각된 현재 속에서 분명 떠맡게 되어 있을 참여로 되돌아가지 않는, 거부할 수 없는 책임으로부터 의미하는 과거. 모든 참여보다 더 오래된 뿌리 깊은 의무의 의미 속에 있는 과거. 타인의 얼굴로 가장해 나에게 명령하는 명령법 속에서 완전한 의미를 얻는 과거. 말하자면, 책임을 '정당화할' 자유롭게 내린 그 어떤 결정에 대한 고려가 없는, 그 어떤 **알리바이**[현장 부재 증명]alibi에 대한 고려가 없는 정언명령. 결코 현재하지 않고 알려진, 순종이 명령에 대한 들음에 속하는 양태인 타자에 대한 책임으로부터 알려진 기억할 수 없는 과거. 따라서 명령에 대한 들음은 타인에 대한 어떤 앞선 관대한 배치들dispositions의 소환이 아닌데, 이 배치들은 망각되거나 비밀스럽고, 나의 구성에 속하며 선험적인 것처럼 얼굴에 의해 깨어난다. 이미 순종으로서의 명령에 대한 들음은 그 명령이 이론적 결론으로부터 자기의 필연성을 얻을 타인의 얼굴에서 열리는 숙고 ——이 숙고가 변증법적이라 해도——로부터 생기는 결정이 아니다. 그 명령의 힘은 나의 힘보다 더 강한 힘을 더는 의미하지 않을 것이다. 그 명령은 여기서 어떤 힘에서 정확히 생기지 않을 것이다. 그 명령은 억압을 포기하는 것으로서, 자기의 힘과 그 어떤 전-능toute-puissance을 포기하는 것으로서——타인의 얼굴로 가장해—— 온다. 권위는 형식적이고 존재론적인 구조들의 결정론에 복종하지 않는다. 타율은 불가피하게 노예 상태를 의미하지 않는다. 존재와 그 존재가 달리는 확고한 선두의 필연성들에도 불구하고 자기의 존재 그 자체를 걱정하는, 거부할 수 없는 권위의 타율. 이것은 바로 윤리에 대한 불순종과 위반이 권위와 선함을 논박하지 않고, 무력하지만 주권적인, 양심의 가책을 느끼는 의식으로 복귀하는 윤리의 온전한 새로움이다. 양심의 가책을 느끼는 의식은 자기의 관대한 비폭력에서 드러나는 불완전하고 가시적인 사유도, 어린아이 같은 이성의 미성숙도 의미하지 않는다. 양심의 가책을 느끼는 의식은——기억, 숙고와 폭력적 힘의 공헌을 넘어—— 자기의 환원불가능성 속에서 신의 말의 가능성을 암시하는 예외적 울림을 의미할 것이다.

5. 순수 미래

나의 죽음 이후에 그리고 나의 죽음에도 불구하고après et malgré ma mort 의미하는, 유한한 나에게 즉 죽음으로 운명 지어진 나에게 의미하는 권위의 의미성, 이 죽음을 넘어 의미하는 유의미한 명령. 물론 그 어떤 부활의 약속이 아니라 죽음이 풀지 못하는 의무이고 재-현의 공시화할 수 있는 시간과 뚜렷이 대조되는 미래이며, 나는 생각한다가 자기의 떠밑는 능력에 강요되는 것을 포위하면서 마지막 말을 간직할 지향성에 주어진 시간과 뚜렷이 대조되는 미래다.

타자를 위해 죽기까지 타자에 대한 책임! 이제 타인의 타자성 ——멀고 가까운——은, 나로서의 나의 책임을 통해, 나의 나는 생각한다의 동일성을 위해, 모든 나의 지속처럼, 현존이나 재현으로 다시 모이는 그러나 또한 지향적 사유를 통한 의미의 모든 자아론적 의미부여prestation의 종말인 최후의 현재에 충격을 준다. 나의 '죽음을-향한-존재'에서 이 의미부여가 이미 운명 지어질 종말 그리고 의미부여의 의식적 존재함의 찢어지지 않는 내부성에서 예상되는 종말. 타인의 얼굴 ——따라서 우리가 재-현으로 해석하지 않는 것이 옳은 일이었던——이, 나의 자아론적 의미부여Sinngebung의 있을 수 있는 고갈과 이 의미부여에서 발생하는 모든 의미의 예상된 붕괴를 넘어, 죽을 운명일 나에게 어떤 의미를 의미하는 자기의 고유한 ——명령적인—— 방식을 보존하는 이 이웃의 근접성의 절정. 나의 죽음을 넘어 나를 의무 지우는 의미와 의무가 여기 타인 속에 있다! 미래의 근원적 의미! 아직 도래하지-않음으로서, 나의 기대들이나 미리-잡음들의 지평으로서 나에게 도달하지 않는 미래의 미래화Futurition d'un futur. 우리는 미래의 이 **명령적** 의미[의미작용]signification에서 타인에 대한 무관심하지-않음으로서, 이방인에 대한 나의 책임으로서 나와 상관있어야 하지 않는가? 다시 말해 우리는 자연적인 존재 질서의 이 파열에서 초-자연적인 것으로 부적절하게 말해진 것을 이해해야 하지 않는가? 우리는 신의 말일 명령 또는 정확히 말해 여전히 관념으로 신의 오심 그 자체일 명령과 어휘 ——이 어휘를 통해 모든 가능한 계시 속에서 신을 '인식하'고 명명한다——로의 신의 동화일 명령을 이해해야 하지 않는가? '신의 존재에 대한 증명'으로서가 아니라 '신이 의미로 내려옴' tombée de Dieu sous le sens으로서의 미래의 미래성. 현존으로서의 시간의 의미[의미작용] 또는 성 아우구스티누스 그 자신에게서처럼 시간의 현존으로의 환원가능성을 넘어, 시간의 지속의 특이한 얽힘 곧 신학의 신을-향함à-Dieu으로서의 시간.

타인의 죽음을 책임지는 타인에 대한 책임은 더는 재현의 관할에 속하지 않는 타자성에 헌신한다. 헌신하는 이 방식 ——또는 이 헌신——은 시간이다. 이것은 타자를 동일자로 환원하는 것이 아니라 타자로서의 타자와의 관계로 남아 있다. 이것은 초월이다.『존재와 시간』의 '죽음을-향한-존재'가 묘사하는 시간의 유한성에서 ——이 천재적 작품이 가져오는 보급된 철학의 완전한 쇄신에도 불구하고 ——유의미한 것le sensé은 존재해야 하는a à être 따라서 현존으로서의 존재에 대한 고발에도 불구하고 여전히 현존의 철학에 속하는 **현존재**의 **각자성**Jemeinigkeit의 내부성에 갇힌 채 있다. 타인의 죽음에 대한 책임 ——하이데거의 감정, 즉 **처해 있음**Befindlichkeit의 현상학으로 들어가지 않는 타인에 대한 두려움 ——은 타인의 얼굴을 통해, 죽을 운명일 나의 유한한 존재 속에서, 나에게 발생하는 것을 넘어, 나를 위한 아직 도래하지-않음인 것을 넘어, **미래의 의미**를 이해하는 데 있지 않은가? 따라서 우리는 죽음으로써 사유와 유의미성[유의미한 것]의 끝까지 가지 않을 것이다! 유의미한 것은 나의 죽음을 넘어 지속한다. 우리는, 비록 모든 관계의 항들이 이미 ——또는 여전히 —— 체계의 관념성 속에서 동시적이라 해도, **관계**라는 명칭을 통해 타인에 대한 책임에 대한 이 무관심하지-않음을 설정해야만 하지 않는가? 그리고 통-시성 ——초월보다 더 형식적이지만 또한 더 의미 있는——은 타자의 죽음에 대한 일자의 책임의 구체성을 통해 모든 의식작용-의식대상의 상관관계로 환원할 수 없는 것으로 판명되지 않는가?

6. 신을-향함

타자를 책임지도록 인간에게——나에게 —— 명령하는 명령에 대한 종속은 어쩌면 사랑을 위한 엄격한 표현일 것이다. 더는 우리의 문학들과 우리의 위선들 속에서 더럽혀진 이 명칭이 표현하는 것이 아니라, 그저 **자기를 보여 주는** 것 곧 '유의 개체'로 남아 있는 것을 부수면서, 유일한 것 결국 절대적으로 **다른 것**l'absolument autre으로의 접근의 사실 그 자체인 사랑. 더는 존재론의 의미가 상실되는 자의성의 심연이 아니라 유, 종과 개체의 위계질서를 넘어 또는 말하자면 보편성과 특수성의 구별을 넘어 유일성이라는 **논리적** 범주의 향상에 필수적인 장소 그 자체일 영혼적인[심적인] 것이나 주체적인 것의 완전한 질서 ──또는 완전한 무질서 ──를 함축하는 사랑.

절대적 명령, 더할 나위 없는 권위 또는 탁월함이나 선^善의 권위로의 종속. 그것은 **존재자**의 존재 보존과 뚜렷이 대조되는 권위가 자기의 충만한 의미를 얻는 기회 그 자체 ──또는 상황들 ──가 아닌가? 권위는 아무런 약속도 아무런 도움도 가져오지 않지만 요구의 절대성을 가져온다. 신이 그저 관념에 오시는 이 권위에 입각해서만 우리가 신을 명명한다는 조건 아래에서의 신의 말. 어떤 주제 속에서 구체화되지 않고 이 초월 그 자체를 통해 ──이 비-현존 그 자체를 통해 ──무신론의 부정으로 노출되는 '미지의' 신. 그러나 주제화가 무한에 적절하고, 시각이 정신의 최고의 탁월함이며, 존재의 자기중심주의와 자아론을 통해 무한이 사유의 근원적 양태에 도달한다는 것은 과연 확실한가?

사유가 그것이 담을 수 있는 것보다 더 사유하는 무한의 관념, 그리고 데카르트의 제3성찰을 따라 신이 인간 속에서 사유되는 무한의 관념은 의식대상이 없는 의식작용과 같은 것이 아닌가? 그리고 병합할 수 없는 것의 질서를 벗어난 미래 속에서의 책임의 구체성은 타인의 얼굴에서의 신의 말을 통해 명령받지 않는가?

명령의 명령법에 대한 숙고에 앞서는 종속, 말하자면 무한한 권위를 측정하거나 증명하는 것에 앞서는 종속 그러나 또한 강제에 대한 극도의 거부, 강제하는 것을 거부하는 비-폭력 즉 초월의 완전한 퇴각을 가지고, 초월의 완전한 무한을 가지고 강제하는 것을 거부하는 비-폭력. 초월의 퇴각과 변함없는 권위, 이미 시간의 통-시성? 불순종을 방해하고, 시간을 남겨 두는 즉 자유를 남겨 두는 무한하고 변함없는 권위. 권위와 비-폭력의 애매성. 양심의 가책을 느끼는 의식으로서의 인간은 무한의 관념, 즉 관념으로서의 무한의 관념이라는 이 애매성의 고르디아스의 매듭이다. 불완전한 이성의 기호이고 이미 죄를 누그러뜨리고 죄를 성급하게 정당화하며 이미 위선의 모든 결백한 의식인 양심의 가책일 뿐만 아니라, 결백한 의식이 없는 정의로운 사람들의 사회에서의 거룩의 기회이고 다함없는 정의에 대한 염려 속에서 인간의 정의의 엄격함에 대해 동의하는 양심의 가책.

7. 시간의 탈형식화

나의 현재가 아니었고 나의 상기와 무관한 이 과거의 의미작용 signification, 그리고 나의 힘과 나의 유한성과 나의 죽음-으로-운명 지어-짐을 넘어 죽을 운명을 통해 또는 타인의 얼굴을 통해 나에게 명령하는 미래의 의미작용은 더는 내부성과 내부성의 역사적 현재의 재현가능한 시간을 낳지 않는다. 시간의 통-시성, 통-시성의 '차이'는 단순한 파열을 의미하지 않고, 더는 선험적 통각의 일치에 기초하지 않는 무관심하지-않음과 일치를 의미하며, 상기와 희망을 통해 시간을 재-현함으로써 시간을 다시 묶지만 시간을 배반하는 형식들 가운데 가장 형식적인 것을 의미한다. 나는 통-시성의 이 일치들에 관해, 시간의 신을-향함에 관해, 시간이 자기의 인내에서조차 예언의 궁극적 구체성인 시간의 예-언에 관해 그 이상 말하지 않을 것이다. 우리가 특히 존재의 현존과 구별하고자 했고 우리가 인간 속에 있는 윤리에 입각해 접근했던 시간의 '모험' 또는 시간의 '얽힘'은 그 어떤 범주, 그 어떤 '**실존범주**'existential를 통해 구성될 수도 없고 더 잘 말해질 수도 없다. 시간을 표현하고자 하는 모든 모습들과 모든 단어들 ──초월이나 너머와 같은── 은 이미 시간에서 유래한다. **신을-향함**à-Dieu은 신학들의 주제화도 아니고 무한을 향해 가는 것이 아니라 목적un terme을 향해 가는 목적성도 아니며, 인간들에 대한 의무보다 궁극적 목적들과 약속들에 몰두하는 종말론도 아니다. 그러나 à[향함]와 pro[앞에서]를 포함하는 명제들은 시간의 은유들일 뿐이고 시간의 구성을 도울 수 없다.

특히 이 연구에서 일자의 일치가 아리스토텔레스 이후로 또는 아리스토텔레스를 따라 시간의 통시성 속에 있는 시간에 접근하게 했던 **운동** 속에서 흩어지면서 겪었을 ──나는 어떻게 겪는지 모른다── 단순한 타락으로부터만 연역되지 않고 인간의 얽힘에서 과거, 미래와 현재가 시간 속에서 어떻게 얽히는지를 말하는 것이 내게 중요했다. 이런 관점에서, 일치는 순간들의 흐름 속에서 상실되고, 과거가 기억의 이미지들로 가장해 순간들을 모으고 미래가 할부금과 약속으로 가장해 순간들을 모으는 재현 속에서 ──참되게 자기를 되찾지 않고── 자기를 되찾는다. 그러나 나는 **나는 생각한다**의 일치가 있는 가장 형식적인 형식의 탈형식화로서의 시간을 탐구했다. 베르그손, 로젠츠바이크와 하이데거는 각자 자기 방식으로 시간의 순수한 형식보다 더 '오래된' 구체성으로부터 즉 베르그손은 (**유체**의 운동 이미지의 지속에도 불구하고) 발명과 새로움의 자유로부터, 로젠츠바이크는 '창조, 계시와 구원'이라는 성서적 연계로부터, 하이데거는 (탈자태들 extases에서 여전히 운동의 바깥ex에도 불구하고) '사물들 가까이에 있음' auprès des choses, 내던져져 있음Geworfenheit, 죽음을―향한―존재Sein-zum-Tode로부터 출발함으로써 근대적 사유에 탈형식화의 문제를 열어 주었다. 또한 『도덕과 종교의 두 원천』Les Deux sources de la morale et de la religion에서, 『창조적 진화』L'Évolution créatrice에서 '생의 도약'으로 간주된 『의식에 직접 주어진 것에 관한 시론』Essai sur les données immédiates de la conscience과 『물질과 기억』Matière et mémoire의 지속이 이웃에 대한 사랑과 우리가 '신을―향함'이라 불렀던 것을 의미한다는 것을 상기시키는 것은 금지되는가? 그러나 『도덕과 종교의 두 원천』의 출판과 우리를 분리시키는 반세기의 모든 가르침들에도 불구하고 우리에게 이 비교를 회피할 권리가 있는가?

거기에서 변함없이 명령하지만 또한 강제하는 것을 거부하고 전―능을 완전히 단념함으로써 모든 것을 명령하는 권위로서 '신이 우리의 관념[생각]에 오시는' 타인의 얼굴로부터 시간을 사유하려는 시도들 이후 실제로 열리는 것처럼 보이는 것은 신정론 없는 신학의 헌신 속에서 시간을 사유할 필요성이다. 타인에게 제안하는 것이 불가능하고 결국 설교하는 것이 불가능한 종교. 재현들을 먹고 사는 종교와 대조적으로, 종교는 약속에서 시작하지 않는다. 우리는 여기에서 20세기의 대량학살과 홀로코스트의 공포 이후 20세기의 어려운 경건――개인적인 모든 확신과 위험들――을 인식해야 하지 않는가?

물론, 우리는 약속들의 시간이 언젠가 교육학이 아닌 다른 곳에서 시작인지 아닌지를 스스로에게 물을 수 있고, 그리고 약속들 없는 섬김이 그 약속들을 받을 만한——심지어 성취할—— 유일한 것인지 아닌지를 스스로에게 물을 수 있다. 그러나 이 두 가지 문제는 이미 설교를 의심하는 것처럼 보인다.

문화의 관념에 대한 철학적 규정

1. 내부성으로서의 문화

문화는 우선 낯섦과 앞섬을 통해 인간적 자아의 **동일자인** 직접적 동일성을 놀라게 하고 때리는 자연의 **타자성**을 제거하려는 의도——그리고 이것은 그리스-로마 서구의 특권적 차원(과 그리스-로마 서구의 보편화의 가능성)이다——로 해석될 수 있다.

이런 이유로 '나는 생각한다'의 나로서의 인간과 **자기의식**까지 그리고 **자기 자신 안에서** '동일성과 비-동일성의' 동일성까지 확대되는 **지식**으로서의 인간. 데카르트는 (인식의 돌발사건[급변]인) '나는 의심한다'에서 파생된 '나는 생각한다'를 모든 인간의 영혼에게로 확대시키고 칸트는 거기에서 **감각된 것**을 지식으로 모으는 초월론적 통각의 통일성을 언뜻 볼 것이다. 유의미성과 이해가능성의 장소는 지식 속에 보존될 것이고 모든 서구 문화에서 정신적인 것의 매듭과 동등할 것이다. 타인이나 신과 인간의 관계들조차 집단적 또는 종교적 경험들로 즉 진리에 대한 공헌으로 이해될 것이다. 인간, 즉 존재에게 무관심하거나 '적대적인' 자연의 급진적 외부성은 **현존**으로 전환되는데,

이 현존은 실재의 존재를 의미할 뿐만 아니라 바로 뚫고 들어갈 수 없는 존재로부터 그리고 과거와 미래의 비밀들로부터 떼어 놓기인 현재의 시간적 양태 속에서 사유하는 것의 처분에 있고 사유하는 것의 힘이 미치는 범위 안에 놓임을 의미한다. 상기와 상상력은 은폐된 것들을 현재로 환원하는 것으로, 재-현으로, 이상적 현재의 '영원' 속에서 법과 체계와 그들의 수학적 표현에 대해 사유할 수 있음 속에서 통시적인 것의 집합과 공시화로 이해될 것이다. 따라서 미완성의 과학의 부재조차 탐구를 위한 세계의 열림 속에 있다.

지식은 그렇게 인간과 외부성과의 관계, 곧 동일자와 타자의 관계일 것인데, 이 관계에서 타자는 마침내 자기의 타자성을 빼앗기고 타자는 나의 지식에 내재하게 되며 타자의 초월은 내부성이 된다. 레옹 브룅슈빅Léon Brunschvicg은 수학은 우리의 내적인 삶이라고 말했다! 지식은 내부성의 문화다. 이 지식과 존재의 합치가 서구철학의 새벽부터 우리가 이미 알고 있는 것과 우리의 내부성에서 오직 망각했던 것만을 우리는 배운다고 우리로 하여금 말하게 한다. 초월적인 어떤 것도 정신을 촉발시킬 수도 없고 진정 정신을 확장시킬 수도 없다. 인간의 자율의 문화 그리고 어쩌면 애초에 매우 깊이 무신론적인 문화.

2. 지식의 계기로서의 실천

그러나 세계의 존재는, 지식으로의 노출 속에서, 현존의 열림과 솔직성 속에서, 그 사실 때문에 자기를 주는 것이고 우선 진리의 무엇에 대해-붙잡음이 응답하는 잡히게 함se-laisser-prendre이다. 그러나 구체성의 충만 속에서, 현존이 지식 속에 '자기를 주는 것'은 '붙잡는-손-에-자기를-줌's'offrir-à-la-main-qui-prend 그리고 결국 이미 지식 그 자체에서 포착하는 손 근육의 수축과 손이 꽉 쥐거나 손가락이 가리키는 물질을 이미 자유로이 처분하는 손 근육의 수축이다. 따라서 여전히 '이론적인' **지각** 속에서 '목표'visée가 강조되고 목적, 사물, '어떤 것', 종점, **존재자**와의 관계가 강조된다. 존재자는 존재 이해의 구체성에 속한다. 지각은 인간을 위한 만족의 '지배', 자기화, 획득과 약속이다. 자아 안에서 이해 타산적이고 능동적인 주체의 출현. 내부성의 문화에서, 이 내부성의 과장법으로서의 만족! 중요시해야 할 비유들. 아무것도 다른 것으로 남아 있을 수 없는 문화는 처음부터 실천으로 향한다. 산업시대의 기술 이전부터 그리고 우리가 고발하는 소위 타락 없이 지식과 내부성의 문화는 육화된 실천, 지배와 자기화, 그리고 만족의 윤곽이다. 미래 과학의 가장 추상적인 교훈들은 이 사물들과 손의 친밀함에 달려 있는데 여기서 사물들의 현존은 말하자면 '손에-쥠'main-tenance이다. 후설은 '생활세계'라는 개념에서 이것을 우리에게 가르쳤다. 레옹 브룅슈빅이 말하는 수학자의 '내적인 삶'이 여전히 돌아가는 — 망각되고 흐려진 토대로 돌아가는 것처럼 — '손에-쥠'.

손이 쥐는 것을 빚거나 조각하는 손을 통한 형성이 '손에 움켜잡음'prise en mains에 이미 추가되고 사유가 손의 살 속에서 표현되는 '손에-쥠'. 이미 예술가의 행위인 형성하는 손, 또는 붓을 만들거나 다루면서 사물들의 물질 속에서 형상을 출현하게 하는 손, 그리고 — 역설적으로 순수 지식을 위해 — 사유가 지금까지 보여지지 않은 자기의 모델을 재인식하는 손! 지식이나 비-지식, 예술적 운동, **존재**에 **의미**를 주기 위한 지식의 방식과는 다른 방식, 우리가 곧 말할 문화의 예술적 차원.

그러나 지식의 —— 헤겔이 만족satisfaction의 **포만**satis에서 타자를 동일시하거나 내재화하는 사유가 완성되는 자유와 이성의 승리로서 찬양하는 절대 지식의 —— 문화에서 문화는 사물들과 인간들을 이긴다. 이것이 존재의 의미다. 지향성에서 인간의 의식이 자기 자신에게서 나가지만 의식이 동일시하고 의식을 만족시키는 **사유대상**에 따라 남아 있는 후설에게서처럼. 인간의 자유가 확립되고, 인간의 동일성이 확고해지며, **타자**가 주체를 문제 삼거나 주체를 '당황케 하는' 것 없이 주체가 자기의 동일성에서 지속하는 같음의 사유pensée de l'égal로서의 문화.

3. 육화된 사유로서의 유의미성

동일자의 동일성과 '이미 구성된' 존재의 타자성 사이의 차이가 **환원되는** 지식으로서의 문화, 경험이 주어진 것에 대한 지배로 해석되고 내적 세계로서의 자기 자신 안에 있음[존재 그 자체], **의식작용**noèse의 **의식대상**noème에서 외부 존재의 현존과 구성으로서의 자기 자신 안에 있음을 재발견한다는 사실 ——내부성의 이상——로 해석되는 지식으로서의 문화는 **타자**를 포위하는 데 끝까지 성공하는가? 실제로 이미 사물들에 대한 지각은 사유할 수 있는 사물들의 객관성에서 순전한 내부성으로 완성될 수 없다. 지각은 예컨대 눈과 머리의 운동들이 없다면, 손과 다리가 움직이지 않는다면, 진부한 분석이 재현의 내용만을 구별하는 '인식'의 행위에서 전체 신체가 부분에 속하지 않는다면 불가능하다. 이것은 정신[심리]생리학이 결코 알지 못한 감성의 생리학적 조건들에 대한 단순한 상기가 아니다. 현존 그리고 실재에 적응하는 운동들의 자발성 속에서의 유기체의 삶은 지식의 자연적 또는 '자연주의적' 원인들로 간주돼선 안 된다. 즉 현존과 유기체의 삶은 어쨌든 객관적이고 이해가능한 방식으로 지각이 가져오는 것의 감각 '내용' 그 자체에 속하고 이미 후설이 지각의 선험적 조건들 가운데 분석했던 감각 '내용' 그 자체에 속한다.

따라서 지식의 내재적 구조에 기묘한 시대착오가 있을 것이다. 즉 **나는 생각한다**에 의해서 포위되거나 경험 속에서 이해된 세계나 세계의 일부가 이미 사실상 포위하는 요소들 가운데 있고 어쨌든 **나는 생각한다**의 살^la chair du je pense에 속한다. 이미 비유가 아니라 사유와 신체성을 '연합하는' 정신적 종합이라는 관념이 정당화할 수 없는 육화된 **나는 생각한다**의 역설 그 자체인 것. '초월론적 통각'은 여기에서 충분하지 않을 것이다. 따라서 신체가 거울 속에서 나에게 나타나는 것처럼, 의사가 나를 진찰하면서 신체를 보는 것처럼 객관적으로 동일시할 수 있는 신체 즉 세계의 일부와는 완전히 **다른 신체 자신**이라는 관념. 그리고 동시에 이 신체와 **동일한 것**! **나는 생각한다**의 동일자와 지식으로서의 문화가 설명할 수 없는 **자연**의 타자 사이의 관계. 지식의 '관조'가 지배와 포착이 되는 지식의 분절로서의 손은 **연장된 사물**^res extensa과 절대적으로 구별되는 데카르트의 **사유하는 사물**^res cogitans의 순수한 내부성보다 더 오래되고, '신의 도움 없이' 사유하는 것의 사유를 통해서만 알려질 수 있는 이미 주체의 육화일 것인가?

4. 예술에서 표현으로서의 문화

서구의 전체 문화를 부활시키는 것으로 보일 수 있는 것은 사유가 자기 안으로 들어가고 거기서 자기의 현존에 **주어진 것**으로서 존재를 재발견하려는 지속적인 노력으로 이해된 보편적 지혜의 순수한 실패인가? 아니면 거기에 『기호들』*Signes*에서의 메를로퐁티의 표현에 따라 초월적 자연, 자연주의의 즉자, 정신의 내부성, 정신의 행위들의 내부성, 정신의 규범들의 내부성 사이에 '새로운 어떤 것'(p. 204)이 있을 것인가? 살아 있는 살a chair이나 육화의 기억할 수 없는 상태, 즉 관념론적 주체의 순수한 정신성과 자연의 순수한 물질성 ——양자는 구성된 추상들! ——에 앞서는 구체성. 나와 나의 '타자' 사이의 구체적 감성에서, 최초의 관계는 대립이나 철저한 구별이 아니라 **표현**, 타자 속에서 일자의 표현[다른 것들이 내 속에서 표출되는 표현]expression de l'un dans l'autre, 문화적 사건, 모든 예술의 근원이었다. '나'의 사유와 물질의 외부성 사이에서, 표현의 **유의미성**은 지식의 내재화와 다르고 동일자가 타자를 지배하는 것과는 다른 의미성을 통해de signifiance 의미한다. 문화는 그 말의 어원론적 의미에서 세계 내 거주인데, 세계 내 거주는 단순한 공간적 내재가 아니라 예술이나 시詩인 살의 비-주제화하는 지혜를 통한 **존재** 안에서의 감각적인 표현 형식들의 창조다. 제안된 목표를 달성하기 위해 적용된 여전히 기술적인 몸짓 속에서, 솜씨와 멋이 이미 나타난다. 목소리에서, 의미하는 언어와 노래와 시의 가능성들이 이미 나타난다. 걸을 수 있는 다리들은 이미 춤출 수 있을 것이다. 만지고 붙잡는 손들은 더듬고 빗질하며 조각하고 결코 보여지지 않은 이상理想에 순응하는 놀라움 속에서 피아노 건반을 친다. 사유의 철 이른 또는 **최초의 물질화**, 즉 유의미성이 지식에서의 선험적 구성의 의식작용-의식대상 구조와 관계하지 않고 어떤 공통의 규범과도 관계하지 않는, 그러나 인간 속에서의 조화와 부조화가 보편성에의 의존이나 보편성으로의 환원 없이 발생하고 이 다양성의 극단적 이국 정서 속에 남아 있는 예술적 문화의 다양성 속에서의 탄생. 우리는 취미들에 대해 논쟁하지 않는다! 다수의 개인들과 분산된 집단들 사이의 차이에서 물질이나 자연 또는 존재는, 메를로퐁티가 말하는 것처럼, 자기의 영혼을 계시하거나 표현하거나 축하하고 인간적인 것(또는 인간 자신)은 이 표현의 자리 자체를 의미할 것이고 미美의 드러냄에 필수적인 모든 배치의 자리 자체를 의미할 것이며, 이 축하의 능동적 양태들 또는 드러냄이기도 한 타자 속에서 동일자의 근원적 물질화의 능동적 양태들인 예술과 시詩에 필수적인 모든 배치의 자리 자체를 의미할 것이다. 같음의 사유에서처럼 지식의 이해가능성과 뚜렷이 대조를 이루는 드러냄, 내부성의 문화로부터 탈출하지 않고 우리 서구 문화의 지식의 무신론에서 미지의 신의 자리와 정신적 삶의 이름을 차지하는 드러냄.

　그러나 그렇다면 존재의 타자성은 충분히 평가받고 인간적인 것의 **타자**로서 충분히 인정받는가? 그리고 존재의 타자성은 그 자체로 여전히 너무 자연적이지 않은가? 거주의 문화는 자기의 예술적 표현 속에서 동일자로 환원되도록 자기를 내버려 두지 않고 지식이나 시詩

의 문화와는 다른 문화로 초대하는 절대적 타자성에 의한 파열로 위협받지 않는가?

5. 타인의 타자성

인간적인 것이 비인간적인 것을 동일화하고 지배하는 지식을 통해 열린 문화의 차원에서, **유의미성**은 동일자와 타자의 일자의 통일성l'unité de l'Un으로의 회귀로 긍정되고 확립된다. 유사한 방식으로 일자의 통일성은 신체적인 것과 정신적인 것의 양면성에서 이미 나타나는 예술적 표현 속에서 그리고 차이들 자체를 통한 취미의 소통 속에서 영혼과 신체 사이에서 긍정되고 확립된다——그리고 일자의 통일성은 여전히 유의미성이다. 이 모든 것이 문화, 지식과 예술을 일자라는 신플라톤주의의 이상에 대한 '신앙'으로서 배치하는데, 세계의 다수성은 자기를 일자의 통일성에 내재하는 것으로 만들기 위해 또는 자율이나 지식과 기술의 자유 속에서 그리고 미美의 최고의 자기-만족 속에서 일자를 모방하기 위해 일자로 경건하게 되돌아간다. 인간의 다수성을 모으는 국가 그 자체는 따라서 이 통일성의 본질적 형태로서 지식과 예술의 문화에서 이해되고 이 통일성에 대한 공동의 참여인 정치는 인간 사이의 근접성의 원리로 간주되며, 전체라는 선행적 통일성의 시민의 일원들을 상호적으로 연결시키는 도덕법칙의 원리로 간주된다. 서구 문화의 큰 한 측면은 보편적 국가와 감각으로부터 절대지식으로의 개화를 동일한 역사 또는 동일한 로고스 또는 동일한 현상학에서 생기는 것으로 사유하고 제시하는 데 있다.

6. 타인의 타자성과의 관계: 윤리

그러나 우리는 동일자와 타자의 대립의 해결책으로 이해된 이해가능성이 동일자에게 자기를 빌려주는 타자에 기초해 타자의 동일자로의 환원이나 전환을 통한 것과는 다르게 의미할 수 없는지를 스스로에게 물어야 한다. 우리는 바로 인간의 다수성에서, 타인의 타자성이 분열된 전체의 엄격하게 상호적인 관계들이 이 전체의 통일성 즉 자기의 부분들로 타락한 이 일자를 통해 배타적으로 지배받는 분열된 전체에서 부분들의 논리적 타자성 ──타자들에 관한 어떤 것들 ──만을 의미하는지를 스스로에게 물어야 한다. 다시 말해 우리는 인간의 다수성에서 타인의 타자성이 본래 유기체의 통일성이 구성원들의 연대를 확립하는 그런 유기체의 모습을 따라 자아가 인간의 연대를 지배하는 전체의 부분으로 자기를 인식하는 지식 ──정치적 지식 그러나 본질적으로 지식 ──에 기초해 의미하는지를 스스로에게 물어야 한다. 아니면 ──그리고 이것은 양자택일의 제2항일 것이다──우리는 다른 사람의 타자성¹ᵃˡᵗᵉ́ʳⁱᵗᵉ́ ᵈᵉ ˡ'ᵃᵘᵗʳᵉ ʰᵒᵐᵐᵉ, 곧 타인의 타자성¹ᵃˡᵗᵉ́ʳⁱᵗᵉ́ ᵈ'ᵃᵘᵗʳᵘⁱ이 그 말의 어원론적 의미에서 나를 위해 처음부터 절대적 성격을 갖는 것은 아닌지를 스스로에게 물어야 한다. 마치 타인이 논리적이고 형식적인 의미에서 다를(다시 말해 칸트의 '나는 생각한다'의 통일성의 종합에 자기를 빌려주는, 논리적으로 또는 심지어 선험적으로 극복할 수 있는 권위 때문에 다를) 뿐만 아니라 환원할 수 없는 방식으로 모든 종합에 저항하고 모든 통일성에 앞서는 타자성과 분리 때문에 다르고, 나와 타인 즉 달갑지 않은 이방인의 타자성과의 가능한 관계 ──사회성 ─ 가 이전의 모든 인지와 모든 전체성의 형성과 관계없는 타자성과 분리 때문에 다른 것처럼. 윤리적 관계! 나로부터 이웃으로 가는 근접성 속에서 근접성이 의미하고 일자의 통일성에 대한 그 어떤 결핍이나 '박탈'로 환원되지 않는, 정치에 앞서는 문화의 기획. 이미 동일자로 환원된, 나의 것과 '유사한 것'으로 환원된 타자와의 관계가 아니라 타인으로서의 타인과의 관계. 서구에서 정신의 최고의 은총으로 간주되는 소위 내부성의 배타적 탁월함에도 불구하고 초월의 문화.

7. 얼굴의 현현과 타자에 대한 책임으로서의 문화

이 타자성과 이 절대적 분리는 얼굴의 현현에서, 얼굴을 마주함에서 드러난다. 종합과는 전적으로 다른 집합으로서의 얼굴은 주어진 것들의 종합을 조정하고 주어진 것들을 전체 내부의 부분들의 '세계'로 집합시키는 근접성과는 다른 근접성을 세운다. 얼굴로 깨어난 또는 얼굴을 통해 깨어난 '사유'는 환원할 수 없는 차이로 인해 명령받는다. 다시 말해 ~에 대한 사유가 아니라 처음부터 ~을 위한 사유, 즉 인식의 동일하고 무감동한 영혼의 균형을 깨뜨리는 타자에 대한 무관심하지-않음[비-무차별성, 차이]인 사유. 얼굴의 의미성. 다시 말해 지식과 구별할 수 없는 자기의 동일성 속에 있는 타자로 깨어남. 이웃으로서의 그의 근접성에서 제일 먼저 온 사람으로의 접근, 경험으로 환원할 수 없는 그와의 교제. 타인의 모든 특수한 표현 이전에, 이미 자기 자신에게 태연한 척하면서 방어하는 모든 표현 아래에, 표현 그 자체의 벌거벗음과 빈곤이 있다. 총구를 들이대는 노출, 포위당한 자들과 추격당한 자들 즉 모든 몰아대기와 모든 수색 이전에 추격당한 자들의 넘겨줌. 다른 사람의 죽을 운명 그 자체로서의 얼굴.

그러나 이 얼굴을 **마주함**에서, 이 죽을 운명에서 자아$^{le\ moi}$와 상관있고 나^{me}와 상관있는 소환[지정]과 요구. 타자의 얼굴이 마주하는 비가시적 죽음이 나의 일인 것처럼, 마치 이 죽음이 '나와 상관있는' 것처럼. 타인의 죽음이 나를 법정에 끌어내고 나를 문제 삼는다, 마치 내가 나의 무관심을 통해 이 죽음의 공모자가 되고 이 타자의 죽음을 책임져야 하며 타자가 홀로 죽도록 내버려둬선 안 되는 것처럼. 바로 나를 소환[지정]하고 나에게 물으며 나에게 요구하는 얼굴을 통한 나의 책임에 대한 이 상기 속에서 타인은 나의 이웃이다.

타인과 나 사이의 이 직선적임^{droiture}에서 출발하면서 나는 앞서 얼굴은 어떤 자아에 대한$^{pour\ un\ moi}$ ——얼굴은 나에 대한$^{pour\ moi}$ —— 살인의 유혹이자 이미 나를 고발하고 나를 의심하며 나를 금지하지만 이미 나에게 요구하고 나에게 묻는 '살인하지 말라'라고 쓸 수 있었다. 이웃의 근접성은 타자에 대한 나의 책임이다. 다른 사람에 대한 책임, 다른 사람에 대한^{pour} 불가능성, 다른 사람을 죽음의 신비 속에 홀로 내버려둘 수 없음은 구체적으로 **주는 것**의 모든 양태들을 통해 타인를 위해 죽는 극한의 증여를 수납하는 것이다. 여기서 책임은 법률적인 차가운 요청이 아니다. 그것은 닳아빠진 이 사랑이라는 말의 본래적 의미^{signification}가 의지하고, 문화로서의 모든 문학, 모든 도서관, 전체 성서가 전제하며, 사랑의 승화와 신성모독이 이야기되는 그런 이웃 사랑 ——욕정 없는 사랑—— 의 전적인 무거움이다.

8. 인간성이 존재의 야만에 구멍을 내는 문화

근대성에서의 지식과 기술의 문화처럼, 그리고 대학을 기점으로 하여 그리스-로마의 유산에 속하지 않는 문화들의 형태들로 열린 문화처럼, 보편적으로 의미하는 문화. 그러나 지식, 기술과 예술들의 문화와 대조적으로, 인간적 자아의 동일자가 자연의 타자를 흡수함으로써 또는 거기에서 자기를 표현함으로써 자기의 동일성 속에서 확고해지는 것이 필요한 것이 아니라 동일성이 자기의 **유일성**의 의미를 상실하게 하지 않고 이 동일성 자체, 동일성의 무한한 자유, 동일성의 권력을 문제 삼는 것이 필요한 문화. 타자의 얼굴——절대적으로 다른 것의 얼굴——이 나의 동일성에서 타인에 대한 양도 불가능한 책임과 선택받은 자의 존엄을 깨우는 윤리적 문화.

이 유의미한 것의 의미성에서 **정신**의 새로운 의미signification. 그것은 자연의 **타자**를 자기 것으로 삼거나 시와 예술에서 축하하고 다시 말해 세계에서 거주를 드러내는 사유에 있지 않다. 존재의 야만은 더 철저한 외부성, 타인의 초월과 낯섦에 대해 위협한다. 모든 공간적 거리보다 더 외부적인 외부성. 문화는 극복도 아니고 초월의 중립화도 아니다. 문화는 타인을 향한 윤리적 책임과 의무에서 초월로서의 초월과의 관계이다. 우리는 그것을 사랑이라고 부를 수 있다. 그것은 경험적으로 주어진 것이 아니고 세계로부터 생기지 않는 타인의 얼굴을 통해 명령받는다. 비록 어떤 역사철학도 야만의 귀환에 맞서 우리를 보호해 주지 않는다 해도 인간성이 존재의 야만에 구멍을 내는 것.

유일성에 대해

1. 형식적 질서

인간적 개체는 먼저 유(類)――인류――의 소속이라는 형식적 틀에서 사유돼야 할 것으로 보일 것이다. 인간적 개체는 종으로 나뉘면서 그리고 나뉘지 않는 통일성에 이르면서, 경험적으로 주어진 것 가운데 있고 시공간적으로 결정된 기호들을 식별할 수 있는 개체의 논리적으로 궁극적인 동일성에 이르면서 전체의 부분인데, 이를 통해 이 통일성은 특수성 속에서, 아리스토텔레스에 따르면 유의 관념적 또는 추상적 존재를 넘어 '홀로 존재하는' '존재자'로 정립된다.

개체는 타자에게 타자다. 형식적 타자성. 다시 말해 일자는 그것의 내용이 무엇이든 타자가 아니다. 모두는 모두에게 타자다. 모두는 모든 타자들을 배제하고 따로 존재하며 모두의 입장에서 존재한다. 유의 공동체에서의 순전히 논리적이고 상호적인 부정성.

정립되는 존재의 이 긍정성과 이 배제의 부정성은 인간적 개체의 인간성에서 다시 발견되고 찬양되는――또는 뚜렷이 드러나는――것처럼 보인다. 특수한 개체의 긍정성은 삶을 의미하는 존재에 대한 집착[고집]이다. 인간적 개체는 삶에의 의지 속에서, 다시 말해 자유 속에서, 나의 자기중심주의로 확립되는 자기의 자유 속에서 사는데, 나의 동일성은 구별할 수 없는 외부에서 인간적 개체로서 마치 내부에서처럼 자기를 체험함으로써en s'éprouvant 바로 동일시된다. 그러나 인간적 개체는 또한 자기의 자유를 제한하는 타자들의 자유를 배제하는, 자기의 자유 속에서의 부정성이다. 재차 상호적인 나들moi's의 타자성. 다시 말해 모든 사람이 모든 사람에게 대항하는 전쟁의 가능성.

2. 이성적 개인의 자율

그러나 서구 전통과 서구 사유의 지혜에 따라, 개체들은 이성이 지식의 진리를 보장하는 그 **지식**을 통해 이뤄지는 평화 속에서 자기들의 **존재하려는 노력**과 타자들에 대한 대립의 배제적 폭력을 극복한다. 인간적 개체들은 의식을 통해 인간적인 것들이 될 것이다[의식을 통한 인간성들일 것이다]. 다양한 '나들'은 자신들이 억압 없이, 자신들의 자유를 포기하지 않고 순종하는 이성적 진리에 있어서 일치한다. 개체의 특수한 의지는 인격의 자–율auto-nomie에 이르는데 인격의 자율에서 **규범**nomos, 곧 보편 법칙은 자아를 억압하지 않고 의식적이고 이성적인 자아를 억압한다. 의지는 실천이성이다. 서로 다르거나 낯선 인격들은 같아진다. 그때부터 특수한 인격들의 자유로운 집결이 관념적 진리들 특히 법 주위에서 이뤄지고——또는 적어도 추구된다—— 개체는 국가, 제도들, 정치를 통해 인간적인 평화로 열린다. 종교적인 것의 권위조차 신학들을 통해 이성의 진리 속에서 나의 자유에 강제된다. 과학과 기술을 통해 외부 자연의 타자성을 극복하는 이성은 사물들의 평등한 분배를 감독한다. 따라서 의식, 지식, 진리, 그리고 그것의 의식이 이미 가능성이고 이미 사랑 ──따라서 그 말의 그리스적 의미에서 모든 학문과 모든 정치의 어머니인 철학 ──인 지혜는 인간적 개체의 정신성 그 자체, 인간의 인간성, 개체 속의 인격, 인권의 근원과 모든 정당화의 원리일 것이다. 평화롭게 인격들 사이의 평등을 의미하는 정신성. 자기를 위한 존재로서의, 충족과 자유 속에서 만족하는 인간의 안전으로서의 인간적 개체의 평화. 자기의 긍정성과 자기의 정립 곧 나에게 보증된 실체의 실체성에서의 정지의 고요. 국가가 역사를 통해 갈망하는 평등, 그리고 본래 아주 다르게 타고난 인간적 개체들에게 이성을 통해 약속되는 평등, 유類 속의 개체들의 형식적 평등. 인류 속의 인간적 개체들은 판단에 제공되고, 경우에 따라서는 평화를 재건하는 정의의 행사에 필요한 객관성에 동의한다. 이것이 우리 유럽인들에게서 인간의 조건과 그 유명한 인권, 모든 정당화의 원리와 기준이 그렇게 근원적으로 관계하는 도식이다. 인권을 국가 및 보편적인 것과 특수한 것의 논리와 관련시키는 인권은 분명 개체의 인간화를 위한, 개체의 정의와 평화를 위한 불가피한 질서다. 그렇다고 해서 이것이 이 개체의 인간화의 근원적인 계기인가? 개체의 정치적 운명은, 그것이 특수한 것의 평화 속에서 정립되고 휴식할 때, 또 다른 권리 수여와 평화의 더 오래된 양태를 기억해야만 하지 않는가? 그것이 나의 문제다.

3. 유럽인의 양심의 가책

그러나 유럽인의 의식은 유럽에 본질적이고 총결산의 시대이기도 한 이 근대성의 시대에 평화롭지 않다. 수천 년 동안의 영광스러운 이성, 의기양양한 지식의 이성 이후의 양심의 가책. 그러나 또한 수천 년 동안의 정치적이지만 피비린내 나는 형제 살해의 투쟁, 보편성으로 간주된 제국주의, 인간에 대한 경멸, 금세기의 양차 세계대전, 억압, 대량학살, 홀로코스트, 테러리즘, 실업, 제3세계의 늘 끝없는 빈곤, 파시즘과 국가사회주의의 무자비한 교리들, 심지어 인간에 대한 옹호가 스탈린주의로 전환되는 최고의 역설 이후의 양심의 가책. 이성은 의지들을 늘 설득했는가? 의지들은, 학문들의 승리하는 이성이 역사 그 자체에 생명을 주고 그 어떤 오류 추리도 해선 안 되는 문화에서, 여전히 회개하지 않고 있는 실천이성이었는가? 유럽은 자기의 중심성과 자기의 논리의 탁월함을 문제 삼기까지, 야만적은 아니더라도 예전에 원시적인 것으로 간주되는 사유들을 고양시키기 ─자기 대학들의 정상에서─ 까지 양심의 가책을 느끼고 서로 이의를 제기한다. 유럽의 평화를 확립해야 했던 유럽의 철학적 특권에 대한, 유럽 자신에 의한 논박! 유럽은 자기의 진리 자체의 사회적 무능을 통해 또는 과학의 정점에서, 그리스에서 제기된 문제로서 유럽철학을 점화시키고 조명했던 '존재로서의 존재' 속에 있는 인간적 개체를 위협하는 과학을 통해 겁내지 않는가?

그러나 그때부터 또한 우리는 어느 순간부터 헬레니즘의 본질적 사정거리가 아무리 필연적이라 해도 ─우리가 앞으로 보게 될 것처럼 —— 유럽의 인간성이 인간적 개체에게 헬레니즘적인 것만은 아닌 의미를 주는 한 양심의 가책의 이 요소들이 유럽의 인간성을 보여 주고 고발하고 있는 것은 아닌지 스스로에게 물어야 한다. 자기의식에서 우주 전체를 재건하기 위해 '네 자신을 알라'에서 일찍이 일어났던 이론이성의 보편성의 붕괴. 정신의 지혜에 대한 사랑이 사랑의 모든 힘도, 어쩌면 사랑의 근원적 힘도 고갈시키지 않는 정신에서 유래하는 사명의 증언.

4. 살인하지 말라

이 양심의 가책은 사실 안락하고 고요한 어떤 문화 계획과 '획득된 결과들'의 불충분 사이의 모순이 불러일으킨 단순한 실망을 나타내지 않는다. 회의주의나 냉소적 변증법은 모든 문화의 위기에서 아무리 사유의 게으름과 죽음에 대한 두려움을 고발해도 소용없다. 유럽의 인간성의 불안에는 게으름과 두려움과는 다른 것이 있다. 살인 앞에서의 공포와 같은 것이 있다. 논박할 수 없는 사물들의 논리를 통해 어떤 사람들에게 과해진 고통들의 정당성에 대한 불안이 있다, 마치 우리 자신의 시련에 철학자의 동의가 강요되는 것처럼. 분명 논리적인 모든 것의 정당성에 대한, 헤겔이 "동일성과 비-동일성의 동일성"이라고 부르는 것의 순전한 관점에서만 과해진 고통들의 정당성에 대한 불안이 있다. 희생자들의 폭력적 죽음 이후 살아남은 개체들에게 과해지는 책임의 불안. 마치 타인을 위협하는 위험들 이후에 살아남음에 대한 양심의 가책처럼. 마치 모두가, 비록 순수한 손을 가지고 있고 추정되거나 확실한 무죄 가운데 있다 해도, 굶주림과 살인을 책임져야 하는 것처럼! 모든 사람의 죽을 운명에서 생기는 모든 사람의 자기에 대한 두려움은 타인의 고통에 대한 무관심의 추문을 없애지 못한다.

의지들을 강제하지 않고 우리의 의지들을 마음대로 하고 그 의지들을 평화로 향하게 할 참된 인식이라는 '복음'보다 여전히 더 높은 우리 유럽인의 사명 속에서, 십계명의 명령 곧 '살인하지 말라'를 우리는 들어야만 하지 않았는가? 유類를 가득 채우는 개체들의 상호적이고 형식적인 타자성 뒤에서, 그들의 상호적 부정성 뒤에서 ── 그러나 이 상호적 부정성을 통해 인류 속에 있는 그들은 유라는 공통성을 통해 그들 사이에 비슷하고 이성을 타고나며, 모든 사람은 이성을 통해 '자기 방식으로' 평화로 약속돼 있다 ── 또 다른 타자성은 의미한다. 마치 인간의 다수성에서 타인이 뜻밖에 그리고 역설적으로 ── 유의 논리에 대항해 ── 더할 나위 없이 나와 상관있는 사람으로 ── 발견되는 것처럼. 마치 타자들 사이에 있는 내가 바로 나^{je} 또는 나^{moi} ── 소환[지정]되어 배타적 수신자로서 그 명령을 들은 사람 ── 로 발견되는 것처럼. 마치 이 명령이 오직 나를 향해, 무엇보다 나를 향해 오는 것처럼. 마치 그때부터 선택받고 유일한 내가 타인의 죽음과 결국 타인의 생명을 책임져야 하는 것처럼. 유와 개체들의 논리가 지워진 것처럼 보인 특권. 다시 말해 '살인하지 말라' ── 개체들과 유의 질서를 벗어난 애매성. 존재와 존재하기 위한 노력이 **자기 자신** 속에서, 자기 자신에게 뒤틀리고 원초적이며 자치적인 자기성 속에서 수축하는 점^{point} 자체와 동시에 존재함의 이 절박함의 낯선 폐지 또는 정지 그리고 타인의 '일들'에 대한 염려[배려] 속에서의 포기가 가능해지는 점인 자아의 질서를 벗어난Extraordinaire 애매성. 다시 말해 마치 타인의 일들이 나와 상관있고 나에게 맡겨진 것처럼, 마치 타인이 무엇보다 얼굴인 것처럼. 갑자기 유-안에 있는-개체-의-타자성은 명석판명한 관념으로서의 이 관계가 동시에 또는 차별없이 나로부터 타자로 그리고 타자로부터 나에게로 갔던 자기의 형식성과 논리적 진부함에서 회복된다. 마치 의식이 여기서 타인의 의식에 대한 자기의 대칭을 상실한 것처럼!

5. 개체성[개별성] 이전의 유일성

다음과 같은 문제를 제기해야 한다. 인간적 개체가 의미를 얻거나 또는 개체부터 타자까지 타자성이 상호적으로 남아 있고 인간적 개체라는 관념이 어떤 유의 개체에 대한 객관화를 통해 고정되고 각자가 타자에게 타자가 되는 유/개체의 논리적 도식과 대등한 권리가 주어지는 근원적인 의미론적 상황. 또는 양자선택의 또 제2항——타자들 사이의 한 개체에 대한 순전한 객관화로만 환원되기는커녕 인간적 개체로서의 개체에 대한 근원적 접근——은 접근하는 사람 그 자신이 객관화하는 시선에 필요한 거리를 두지 않고, 그 관계에서 벗어나지 않고, 그 만남의 구체성에 속하는 특색 있는 접근이고 이 벗어날 수-없음, 차이에 대한 또는 타자의 타자성에 대한 이 무관심하지-않음——이 돌이킬 수 없음——은 객관화의 단순한 실패가 아니라 바로 이 무관심하지-않음 속에서 유의 개체의 다수성에서의 형식적이고 상호적이며 불충분한 타자성이 아닌 모든 유 외부에 있고 모든 유를 초월하는 **유일성**의 타자성인 타인의 차이에 **응함**이다. 따라서 내부성의 단순한 실패가 아니라 자기의 근접성에서 사회성의 환원할 수 없는 탁월함일 초월 곧 평화 그 자체. 모든 사람에게 존재 안에서의 그들의 정립 sa position dans l'être을 보장하는 순전한 **안전**과 비-공격의 평화가 아니라 이미 이 무관심하지-않음 그 자체인 평화. 무관심하지-않음을 어떤 불만족스러운 호기심의 중립성으로서가 아니라 책임의 '타자를-위함'으로 이해해야 할 평화. 응답――제1의 언어. 증오가 자기의 조심 속에서 이미 전제하는 원초적 선함, 즉 인권, 사랑받는 사람의 권리 곧 유일한 것의 존엄이 의미를 얻는 욕정 없는 사랑.

유 속에서 흩어진 개체들의 인식이 남아 있는 모든 고독에 비해 사회성의 증가를 바로 의미할, 인간에게 있어 초월하는 것들의 근접성. **사랑** 속에서 사회성의 증가. 나는 매우 자주 남용되는 이 말을 경솔하게 말하지 않는다. 윤리적 평화에서, 그 관계는 동화할 수 없고 비교할 수 없는 타자로, 환원할 수 없는 타자로, 유일한 타자로 간다. 오직 유일한 것만이 절대적으로 다르다. 그러나 유일한 것의 유일성은 사랑받는 사람의 유일성이다. 유일한 것의 유일성은 사랑 속에서 **의미한다**. 타자성의 유일성이 사랑하는 사람의 어떤 주관적 착각들로 생각되는 것은 아니다. 이와 정반대로, 주관적인 것 그 자체는 무감각한 존재의 본질에서, 그리고 객관적인 것의 유적 다양성에서, 유일한 것의 가능성의 조건일 것이다. 주관적인 것――인식일 뿐만 아니라 사랑이 되는――을 통해, 논리적 형식들과 자기의 유들과 자기의 개체들의 엄밀성을 통해, 유일한 것에 이르는 길이 있다. 존재에 대한 집착의 은폐된 폭력을 통한 초월. 알려진 개체와 함께보다 그 이상으로 절대적으로 다른 것과 함께 인간의 평화와 근접성이 있다. 다양한 것을 통합하는 종합으로 모인 다양한 것들의 단순한 일치와는 다른 평화. 절대 타자성 속에 있는 타자와의 관계로서의 평화, 개체 안에 있는 인격의 유일성에 대한 인정으로서의 평화. 논리조작으로서의 사랑![1]

6. 정의와 유일성

다른 사람의 근접성과 유일성에서 개체의 권리의 근원적 의미성을 드러내고자 했던 사람 사이의 관계에 대한 이 분석은 결코 정치에 대한 부정이 아니다. 이 근원적 권리 자체가 인류의 '외연'에 속하는 개체들의 복수성을 통해 자유 국가, 정치적 정의에 이르는 방법을 지적하기 위해 그러나 또한 타인의 얼굴에 준거하는 것이 어떻게 이 국가의 원리를 보존하는지를 말하기 위해 결론적으로 몇 마디만 하겠다.

인간의 다수성은 타자의 근접성으로부터, 즉 모든 판단에 앞서는 책임으로부터, 유일하고 비교할 수 없는 것으로서의 직접성 속에 있는 이웃에 대한 선결해야 할 책임으로부터, 근원적 사회성으로부터 나를 떼어 놓는 **제3자**를 자아^{moi}가 망각하도록 허용하지 않는

---

1) 이 사랑의 **타자를-위함**(pour-l'autre)에서 더는 ──또는 아직 ── 피히테(J. G. Fichte)의 나는 생각한다의 나도, 선험적인 것도 아닌 주체성. 그러나 우리는 후자들이 그들의 존재론에 대한 바깥에-섬[예-외](leur ex-ception à l'ontologie), 곧 그들의 '서로 교환할 수-없음' 또는 '선택받음'의 양태와 일치하는 유일성을 양도 불가능하고 거부할 수 없는 책임에 빚지고 있다고 생각할 수 있다. 윤리는 이 상태에서 발생하는 인식의 주제화에 앞설 것인데, 마치 윤리가 나의 '개체화', 모든 존재에 대한 자기의 낯섦의 성별(聖別)인 것처럼.

다——내가me 망각하도록 허용하지 않는다고 말하자. 이웃과 다른 제 3자는 나의 이웃이기도 하다. 그리고 제3자는 이웃의 이웃이기도 하다. 그들——유일한 자들——은 무엇을 하고 있는가? 그들은 서로에게 이미 무엇을 했는가? 이것은 나에게 있어 모든 판단에 앞서는 이 책임, 곧 근접성 때문에, 내가 타자에 대한 일자의 잘못들을 모를 때, 나로서의 나의 책임——일자와 타자 곧 나의 이웃들에 대한 나의 선결해야 할 책임——을 배반하는 것이 될 것이다. 여기서 일자로부터 또는 타자로부터 내가 고통받았을지도 모를 가능한 피해들을 고려하는 것이 문제가 아니다. 나의 책임에 과해지는 타인의 고통을 고려하지 않는 것이 문제다.

그것이 정의의 시간이다. 내가 응답해야 하는, 이웃에 대한 사랑과 유일하고 비교할 수 없는 것으로서의 이웃의 근원적 권리 그 자체는 비교할 수 없는 것들을 비교할 수 있는 이성에, 사랑의 지혜에 호소하게 된다. '타자를 위함'의 '과도한' 관용 위에, 타자를 위함의 무한 위에 측정이 중첩된다. 여기서, 유일한 것의 권리, 인간의 근원적 권리가 판단을 따라서 객관성, 객관화, 주제화, 종합을 요청한다. 그 권리는 판단하는 제도들과 이 모든 것들을 지탱하는 정치적 권위를 필요로 한다. 정의는 국가를 요구하고 창설한다. 여기서 물론 인간의 유일성이 인류에 속하는 개체의 특수성으로, 시민의 조건으로 불가피하게 환원된다. 일탈[표류]. 일탈의 강제적 동기가 유일하고 비교할 수 없는 타인의 권리 자체에 각인돼 있음에도 불구하고 말이다.

그러나 정의 그 자체는 그때부터 인간의 특수성과 일반성이 숨기는 권리의 기원과 타인의 유일성을 망각하게 할 수 없다. 정의는 이 유일성을 권력, 국가 이성, 전체주의의 유혹과 안일함의 결정론에 참여하는 정치의 역사에 양도할 수 없다. 정의는 재판관들과 정치가들의 판단에 시민들의 동일성들 아래로 숨겨진 인간의 얼굴을 환기시키는 목소리들을 기다린다. 이것들은 어쩌면 '예언자적 목소리들'일 것이다.

좀 우스워 보이는 시대착오! 그러나 예언자적 목소리들은 어쩌면 모든 유에 앞서고 모든 유에서 해방된 유일성 속에 있는 내가 여전히 할 수 있는 예측할 수 없는 선함들의 가능성을 의미할 것이다. 예언자적 목소리들은 때때로 정치의 구멍들[정지 기간]에서 높아지는 외침들에서 그리고 당국의 소송과는 관계없이 '인권'을 옹호하는 외침들에서, 때때로 시인들의 노래 속에서, 때때로 단순히 표현의 자유가 제1의 자유의 지위를 갖고 정의가 늘 정의에 대한 수정이며 더 좋은 정의에 대한 기다림인 자유 국가들의 언론과 공공 장소에서 들린다.

'누군가를 위한 죽음'

신사숙녀와 지도자 여러분

여러분이 말해 주신 것에 대해 감사드립니다. 여러분의 말을 연장하는 저의 말은 분명 여러분이 매우 너그럽게 신뢰하면서 저의 말을 기대하는 것처럼 보이는 것에 충분히 부응하지 못할 것입니다. 그래도 여러분은 거기서 ——여전히 오늘날 저항할 수 없고—— 가장 위대하고 가장 드문 것들 가운데의 철학적 지성에 의해 영감받은 젊음에 대한 숭배와 천재적 인간이 어떻게 해서든지 ——어느 방식이든!—— 참여할 수 있었던 국가사회주의에 결부된 돌이킬 수 없는 증오 사이의 갈등의 이야기가 동반하는 것보다 더 깊고 더 오래된 위기의 울림을 발견할 것입니다. 더 깊고 더 오래된 위기. 사유 속에서, 존재와 존재의 의미에 대한 물음 속에서 이 존재에 대한 ——존재의 모험에 대한—— 집중, 매우 천재적으로 기술된 인간의 **거기에-있음**l'être-là으로서, 즉 **현-존재**Da-sein로서 사유를 통한 이 존재에 대한 숙고는 우리를 애매하지 않게 해주었습니까? 존재의 모험은, 거기에-있음으로서, 현존재 ——양도할 수 없는 자기-자신으로의 귀속, **자기의 것으로서**en propre 존재—— 로서 **본래성**Eigentlichkeit, 그 무엇 ——지지, 도움, 영향——에 의해서도 변하지 않고 정복하지만 어떤 의지가 인종과 칼의 의지처럼 이방인의 동의——자유로운 존재가능성$^{pouvoir-être}$의 남성적 힘——를 기대하는 교환을 경멸하는 본래성^{authenticité}입니까? 아니면 이와 반대로 **존재**라는 이 동사는 **거기에-있음**에서 무관심하지-않음$^{non-indifférence}$, **타자**로 인한 사로잡힘^{obsession}, 평화에 대한 탐구와 맹세를 뜻하지 않을까요? 예술적 행위의 자유가 만족하고 미美가 입을 다물며 침묵을 지키고 침묵을 보호하는 비-간섭[내맡김]$^{laisser-faire}$의 침묵이 아닐 평화에 대한, 다시 말해 타자의 시선이 책임을 깨우게 되는 타자의 눈들이 서로 찾는 평화에 대한 탐구와 맹세. 서구인이 독립에서만큼, 예술적 행위에서만큼 원하고 자기를 이해하는 것을 그치지 않았던 평화. 윤리적 가치들——아마도 우리가 폐지된 것으로 선포하는 '성서들'에서 희미해진——에 대한 기억이 이 기억이 부추기고 널리 전파된 '문예'를 통해 현대까지 인간성을 요구하지 않습니까?

남아 있는 문제들. 그러나 저는 그 해를 잊을 수 없는데, 그 해는 반세기 전 내가 프라이부르크의 학생이었고, 하이데거의 가르침이 후설 교수직의 마지막 학기를 계승했으며, 1933년은 아직 생각할 수 없었고, 후설과 하이데거 면전에서 철학사의 최후의 심판에 참여한다는 인상을 받고 살았으며, 제 스승들에게 참이었던 모든 것 또는 스승들의 확실성을 해치지 않으면서도 스승들의 확실성에 추가될 수 있었던 것과의 밀접한 관련 속에서 스트라스부르의 스승들이 가르친 베르그손 철학의 완전한 화음을 둘러싼 기억으로 살았던 그 해입니다. 베르그손 철학은 자기 나름대로 시간이 더는 선험철학의 유산인 순수한 형식이 아니라 시간의 통시적 불-안정성의 가장 깊은 궁극적 의미가 모든 **존재자들**, 기술적 행동에서 발생하고 처음부터 손안에 있는 viennent sous-la-main, zuhanden 이 모든 고체적이고 연장되며 안정적인 사물들에 대한 표상에서 깨어나는 데 있는 바로 지속의 구체성을 통해 **존재**라는 말의 동사적 의미를 강조하는 것이 아니었습니까? 학문에서 영원한 이 관념들과 이 고정된 개념들에서도 깨어나는 통시성. 『도덕과 종교의 두 원천』의 지속에서 이웃에 대한 사랑이 나타날 통시성. 아무튼 현상학의 이 위엄 있는 담론들과 베르그손의 빛나는 지성이 갖는 제1의 철학적 중요성에 대한 확실성이 저를 떠나지 않았습니다. 결국 하이데거의 이름과 연합했던——그리고 결코 없어지지 않을—— 모든 공포에도 불구하고, 어떤 것도 내 정신에서 비록 철학사의 몇 가지 다른 영원한 책들 사이에 불일치가 있다 해도 그 영원한 책들과 동일한 자격으로 1927년의 『존재와 시간』은 소멸되지 않는다는 확신을 없앨 수 없었습니다. 『존재와 시간』의 페이지들이 특히——복잡한 운동 및 교수들과 학생들의 왕래를 통한 시대의 진행 속에서 혼잡해진 오솔길 아래에서—— 철학과 철학자들의 본래의 길들과 목적들을 추구했다는 것을 우리로 하여금 망각하게 할 수 없었습니다. 즉 모든 인간에게 열린 서구의 사유.

여러분은 분명 『존재와 시간』의 입장들을 알고 있기에 저는 여기서 오늘날의 사상의 과정을 요약하지 않을 것입니다. 저는 저의 말 처음에서 언급된 애매성이나 위기와 관련된 핵심들만을 제기할 것입니다. 존재론의 노력과 담론, 인간의 그 유명한 '호기심 많은 정신'을 유혹하는 어떤 가능성을 위해 발생하고 드러날 지식의 기획도 아니고 우주, 사물들과 생물들, 관계들과 관념들, 존재하는 모든 것의 전체성을 파악하려는 야망도 아닌 계획. 그러나 존재론, 즉 **존재**라는 말의 동사적 의미에 대한 이해 속에 있는 제일의적 근거. 여러분은 가장 잘 이해되고 가장 적게 정의되는 그 동사를 알고 있습니다. 존재를 사건이나 모험이나 몸짓으로 표현하는 존재한다는 말의 동사적 의미. 정확히 말해 행동, 운동, 역사, 사건, 모험을 의미하지 않고 그러나 그렇다고 해서 부동의 그리고 영원이 실체들과 존재자들을 조명하는 빛 아래에서 상실하는 영원의 '이해가능한 비밀'과 이미 완전히 다른 영원의 정확한 안정성과 혼동되지 않고 그 동사의 문법적 형태에서 **자기 집**chez soi처럼 거주하는 이해가능한.『존재와 시간』에 따른 존재 이해는 논리적 조작으로 복귀하지 않습니다. 여기서, 그 의미에 대한 이해는 이미 존재의 의미가 탐구되는 존재 사건 그 자체, **존재함**[실존함]exister과 **거기에-있음**être-là 또는 존재의 본질적 양태인 **인간**의 매듭에 사로잡힌 존재의 모험과 '몸짓'에 속할 것입니다.

존재 '사건'에서 이 존재 자체가 문제가 되는 것은 **존재에 대한 염려**[배려], **현-존재, 세계-내-존재, 타자들과-함께-있음, 죽음을-향해-감**으로 변장해서입니다. '객관화하는 주체', '선험적 주체'로의 의존이나 환원 없이 존재는 자기의 존재 '사건'에 고유한 존재에 대한 염려로 변장해 자기 나름대로 사유에서 앞서 가고 전념합니다. 존재와 다르거나 또는 존재 이후에 일어나는 사유 행위에 대한 물음의 위임이나 연기도 없이 이미 사유로 알려지고 이미 존재의 의미에 대한 물음 속에서 얻어진 존재 '사건' 자체의 불가피한 매듭[결절]들. **현-존재**, 즉 **인간-존재**être-homme는 이미 이 물음의 정립, 존재에 대한 집착, 존재에 대한 염려입니다. '이것은 무엇인가?'라는 물음에 답하면서 더는 본질

quiddité에 대한 객관화도 아니고 형용사들에 의해 규정된 명사들에 대한 표상도 아닐 존재 이해. 존재 '사건'에 대한 이해는 '존재함', '현-존재', '세계-내-존재', '타자들과-함께-있음', '죽음을-향한-존재'에서 정확히 이해되는 부사적 양태들modalités adverbiales 아래에서 사유됩니다. 하이데거가 실존범주existentiaux라 부르는 실존의 낯선 부사들. 우리는 실존을 어떤 내적으로 주어진 것에 대한 여전히 애매한 객관화로 환원해선 안 됩니다. 인간의 거기에-있음être-là, 즉 현-존재Da-sein는 이러이러한 다른 측면을 갖는 현재하는 실재의 속성이나 속성들의 결합을 의미하지 않고, 여기서 어렴풋이 보여진 인간의 본질은 존재양식 un mode d'être, 곧 실존existence입니다. 이론은 그것이 체계에 대한 이해에서 누리는 특권을 상실합니다. 이론을 가치론에 양보해야만 하는 것 없이! 객관화 그 자체와 학문은 가능했고 자신들의 실존적 서열rang existentiel에서 드러났지만, 더는 기초적인 것이 아닐 것입니다. 존재론적 이해가능성은 모든 합리성에 기초적인 것으로 드러납니다.

인간은 존재론적 이해가능성에서 초월론적 주체성의 역할을 하지 않습니다. 인간은 그의 현-존재, 그의 세계-내-존재, 그의 본래성의 양태modalité du véritable 또는 존재 사건의 양태로부터 말해집니다. 철학은 휴머니즘의 인간에 관심하지 않고, 존재자로서의 인간이 어떤 비철학적 전통이나 교리 또는 '인간인 모든 것'에 대한 인간의 편애 또는 인간이 선험적 관념론의 주체에서 정립되는 어떤 진리들에 대한 탐구에서의 자기반성이 내포하는 특권적 확실성에서 얻는 탁월함이나 존엄에 관심하지 않습니다. 자기의 존재에 대한 염려 속에 있는 현-존재로서 하이데거의 현상학은 존재론의 핵심에 이 존재 사건의 본질적 표현을 가져오는데, 이 **존재 사건**의 본질적 **표현**은 인간을 흡수하고 인간을 타락시킬 기술로 연장되는 과학 곁에서 그 말의 강한 의미에서 사유된 이 사건에 대한 이해이기도 합니다.

그 말의 동사적 의미에서 『존재와 시간』을 지배하는 **존재자와 존재**의 철저한 구별, **존재**être라는 말의 동사적 의미에서 논리적으로 텅 빈 것으로 간주될 수 있었던 것의 로고스를 찾는 하이데거의 사변적 과감성과 힘, 이 텅 빔이 의미하는 '사건'에 대한 발견, 그리고 결국 『존재와 시간』의 '현상학적 구성'에 따라 사건(우리가 오늘날 말하지 않을 주제)으로부터 발생하는 시간성과 역사성에 대한 발견, 하이데거의 존재론적 분석의 성공적인 묘기, 이 본질essence을 실존existence으로, 존재 사건의 부사적 양태로 간주하기 위해 인산의 본질에서의 성질quiddité의 중지, 의미의 유의미성에서 인간적인 것이 소환되는 새로운 임무. 유의미성으로의 새로운 접근인 이 모든 것이 제일 중요한 것처럼 보이는데, 비록 제가 앞으로 보여 줄 것처럼 ──그리고 그것은 오늘 밤 '누군가를 위한 죽음'이라는 제목으로 이뤄지는 저의 말의 중요한 주제입니다──인간적인 것이 여기서 **존재 너머에 있는 것**un au-delà-de-l'être이 의미를 갖는 것을 가능하게 한다 하더라도!

문제는 『존재와 시간』의 몇 가지 주제들이 저에게 제기하는 물음 속에서 그 주제들에 대해 제가 성찰하는 어떤 지적 겸손을 가지고 여러분에게 말하는 것입니다. 다시 말해 **사유**──존재 사건의 양태 또는 이 사건의 의미에 대한 의문──는 제1철학일 모든 본원적인 가치론에 갇힙니까? 존재론은 인간이 **존재**이고 동시에 존재자인 **현-존재**être-là로서 이해될 때조차 그리고 인간의 실체가 동사의 형태들을 취하는 그 형태가 신체적 실체와 원인과 결과의 물리작용의 유물론적 혼동과 매우 다를 때조차 기초적인 것입니까? 이 본원적 존재론의 견고함은 가치론적 양자선택들을 이미 겪고 가치들 사이에서 선택했으며 본래성을 존경하고 그럼에도 불구하고 본래성에서 발생하는 일상을 경멸하지 않았습니까? 비록 **퇴락**Verfallen이 이미 실존론적인 것으로 드러났다 해도 말입니다.

저는『존재와 시간』의 현상학과 존재론에 특징적인 몇 가지 운동을 여러분 앞에 말하려는 시도 이전에 나의 말 처음부터 한편으로 인간의 본래성, 인간의 **자기의 것으로서**en propre 또는 인간의 변함없는 나의 것mien, 인간의 **본래성**Eigentlichkeit, 독립과 자유 속에서의 동일성과 다른 한편으로 선택받음, 동일화의 원리와 나un moi로의 부름, 서로 교환할 수 없는 것으로의 부름, 유일한 것으로의 부름이기도 한 책임 속에서 타자, 즉 타인으로의 인간성의 헌신으로서의 존재 사이의 양자선택을 주장했습니다. 이 책의 분석이 가리키듯이, 첫 문단부터 존재의 의미에 대한 의문 속에서 본래성에 대한 탐구가 자리 잡는데, 이 본래성에 **존재 사건**이 있습니다. 모든 유의미성이 되돌아가는 **본래성. 자기의 것으로서의 존재**l'être en propre에 결부된 원초적 중요성. 본래성은 존재의 참됨이고 또는 존재 사건의 모으기와 표현인 사유의 참됨입니다. **존재에 대한 염려 속에 있는 존재**l'être en souci d'être ——존재가 문제가 되는 존재 ——의 사건 또는 모험 또는 생기[일어남]生起, advenir. 그것은 나의 것의 충만함, 즉 하이데거의 표현에 따르면 "나의 것임"[자기성] mienneté 또는 "**각자성**"Jemeinigkeit의 충만함과 같은 것인데 그것의 근원적 구체성은 나un je와 너un tu를 내포합니다. 제가 말했듯이, 이 본래성이 겪는 모든 소외가 반송하는 본래성. 그러나 이 소외는 어디에서 옵니까?

　　실존론적으로 해석된 존재에 대한 염려가 **세계-내-존재**, 사물들 가까이에 있음être auprès des choses 으로서 표현되는 『존재와 시간』의 첫 페이지를 상기해 봅시다. 하이데거에 따르면, 이 사물들은 인식될 대상들의 '중립성'에서 드러나기 전에 또는 사물들 말고는 어떤 것도 아닌 사물들로서──**눈앞에 있음**Vorhandenheit 으로서 ──지각할 사물들, 또는 표상할 순전한 현존의 사물들로서 ── 근원적으로 어떤 사물을 망치로, 다른 사물을 가공할 재료로 또는 입에 가져올 음식으로 이미 포착하는 손의 수완에 호소함으로써 주어집니다. 손안에 있음Zu-handenheit은 여기서 실재의 순전한 소유가 아니라 실재의 **방법**comment, 실재의 존재 방식일 것입니다. 그러나 그렇다면 타인들은 늘 이미 '일들'affaires 또는 우리의 '일들'이고 공동세계 속에 있는 사물들에 내포된 이 노동 속에서 늘 이미 알려집니다. 따라서 세계-내-존재는 어떤 의미를 갖는 사물들 가까이에 있음을 뜻하고, **존재에 대한 염려**를 통한 그것의 일관된 의미가 세계를 정확히 구성합니다. 그와같이 세계-내-존재는 『존재와 시간』에서 곧바로 타자들과 **함께 있음**입니다. **타자들과 함께 있음**être avec les autres은 하이데거에 따르면 거기에-있음의, 세계-내-존재의 실존론적인 것l'existential에 속합니다.

　　『존재와 시간』 26절의 현상학은 이 **함께-있음**être-avec의 양태들을 노출시킵니다. 그것은 **타자들**과 관련되어 있는데, 타자들의 실존 양식 ──그저 사물들인 사물들의 존재방식과 늘 구별되고, 손안에 있는 s'offrant à la main 사물들과 구별되는──은 동일한 세계를 공유하고 노동으로부터 그리고 세계의 이 사물들의 도구적 질서 주위에서 정확히 이해된 따라서 거기에선 '그들은 그들이 행하는 것이다'가 되는 인간의 거기에-있음의 양식입니다. 그러나 인간의 거기에 있음의 존재에 대한-염려는 또한 타인을 위한 염려, 타자를 위한 일자의 염려를 가지고 있습니다. 염려는 거기에-있음에 우연히 추가되는 것이 아니라, 이 **현존재**의 구성적 표현une articulation constitutive입니다. 타인에 대한 염려 곧 그의 먹을거리, 그의 마실 것, 그의 입을 것, 그의 건강, 그의 피난처에 대한 염려. 고독한 사람들의 실질적 고독을 통해서도, 우리가 이웃에 대해 느낄 수 있는 무관심을 통해서도, 즉 노동으로부터 이해된 실존의 결핍 양태들인 게으름이나 실업이 노동으로부터의 이 의미를 증명하는 것과 마찬가지로 **타자를-위함**의 결핍 양태들로서 이 양태들을 증명하는 고독과 무관심을 통해서도 부정되지 않는 염려.

따라서 존재가 늘 문제가 되는 거기에-있음être-là은 자기의 본래성 그 자체에서 **타자를-위한-존재**일 것입니다. 거기에 있음의 거기là는 기하학적 공간의 점이 아니라 사람들이 타자들과 함께 있고 타자들을 위해 있는 주민이 있는 장소의 구체성입니다. 서로 함께 **있음**의 실존범주L'existential du Miteinandersein는 관계의 상호성 속에서 타자들과 함께 **있음**un être-ensemble avec les autres입니다. 제가 여는 말에서 본래성의 엄격함에 대한 대안으로서 이웃에 대한 사랑의 평화를 주장함으로써 너무 멀리 나갔습니까?

그러나 하이데거의 표현에 따르면 자기의 본래성 속에 있는 인간의 현존재가 모든 타자의 존재와 뒤섞이기 시작하고 **그들[사람들]**On의 비인격적 익명성의 측면에서 이해되기 시작하며, 일상의 평균성에 골몰하기 시작하거나 **그들**의 독재를 받기 시작하는 것은 바로 세계 내 존재를 통해 알려진 **서로 함께 있음**으로서의 타자들과의 이 관계 속에 서입니다. **그들**, '모든 사람들', 비인칭적 인물, 여기에 있음le voici은 도덕, 유행, 의견, 취미, 가치의 입법자가 됩니다. 결단들의 만장일치에서 혐의를 받을 만한 그들 자신의 비난에서조차 **그들**의 미묘한 현존. "이렇게 '그들'은 그때마다의 현존재가 짊어진 존재부담을 그의 일상성에서 면제해 준다. 그것뿐만이 아니다. 현존재 안에 모든 것을 가볍게 보고 가볍게 만들려는 경향이 있는 한, '그들'은 이러한 존재부담 면제로서 현존재를 환대하는 셈이다. 그리고 '그들'이 존재부담 면제로서 그때마다의 현존재를 항시 환대하고 있기 때문에, '그들'은 검질긴 지배를 유지하며 공고히 할 수 있는 것이다."[1]

따라서 본래성으로의 귀환은 **그들**을 벗어나 자아의 명사적 그리고 실체적 동일성에 대한 의존에서 더는 찾아지지도 않고, 세계–내–존재가 정확히 포함하는 **함께와 위함** ── 서로 함께mit-einander와 심려 Für-sorge ──의 길과는 다른 길을 통해 타자들을 향해 갈 어떤 관계들의 매개를 통해서도 찾아지지 않습니다. 실제로 하이데거의 철학적 기획에서 타인과의 관계는 세계–내–존재에 의해, 따라서 존재론에 의해, 즉 '존재자의 존재'에 대한 이해에 의해 조건 지어지는데, 존

---

1) 나는 마르티노의 번역에 따라 인용한다. Martin Heidegger, *Sein und Zeit*, pp. 127~128; *Être et Temps*, trans. Emmanuel Martineau, Paris: Authentica, 1985, p. 108. **현존재**(Dasein)의 경우 나는 이따금 그의 번역인 '거기에-있음'(être-là)을 사용할 것이다[우리말 번역은 마르틴 하이데거, 『존재와 시간』, 이기상 옮김, 까치, 1998, 178쪽에서 가져온 것이다. ──옮긴이].

재자의 존재의 세계-내-존재는 근본적으로 존재론적입니다. 본래
성——그들로부터의 탈출——은 일상의 존재 내부에서의 전복을 통
해, 즉 불안의 용기 속에서 죽음을 기대하면서 그 결과 **죽음을-향한-
존재**인 거기에-있음에 의해 발생한 단호하고 자유로운 결정을 통해 회
복됩니다. 일상에 대한 두려움과 탈주에서가 아니라 불안의 용기 속
에서! 더할 나위 없는 본래성! "죽음과 더불어 현존재 자신이 그의 가
장 고유한 존재가능에서 자기 앞에 닥쳐 [서] 있는 것이다. 이러한 가
능성에서 **현존재**에게 문제가 되는 것은 단적으로 그의 세계-내-존재
이다…… 현존재가 자기 자신의 이러한 가능성으로서 자기 앞에 닥쳐
[서] 있다면, 그는 전적으로 그의 가장 고유한 존재가능으로 지시되어
있는 셈이다. 그렇게 자기 앞에 닥쳐 [서] 있을 때 현존재에게는 다른
현존재에 대한 모든 연관들이 끊어진다." 가장 고유한 존재가능의 본
래성과 타인과의 모든 관계의 끊어짐! 그리고 하이데거는 다음과 같
이 계속 말합니다. "이러한 가장 고유한, 무연관적 가능성은 동시에 극
단적인 가능성이다. 현존재는 존재가능으로서 죽음의 가능성을 건너
뛸 수는 없다. 죽음은 현존재의 단적인 불가능성의 가능성인 것이다."
구별된ausgezeichnete 자격이 있을 "자기 앞에 닥쳐", "[서] 있음"Vorstand,
"건너뛸 수 없는 [서] 있음". 유類 없는 유일한 것의 타자성을 통해 절
대적 외부le dehors absolu를 향한 "초월"의 열림에 적합할 표현적 용어.
죽음을 통한 불가능한 관계는 "자기 앞에 닥침의 방식에 따라" 자기
자신에게 열린 염려의 구조적 계기만을 기술합니다. 염려는 "죽음을-
향한-존재 속에서 자기의 가장 근원적인 구체성을 가집니다". 거기
에-있음의 더할 나위 없는 **본래성**은 존재의 너머un au-delà de l'être가 아

닙니다.[2]

저는 하이데거에 대한 제 이야기의 제목을 '누군가를 위한 죽음' 또는 '타자를 위한 죽음'이라 붙였는데, 이 제목에서 하이데거의 대단한 작품이 나에게 제기하는 것처럼 보이는 어떤 문제들이 표현됩니다. 여기에 존재를 염려하는 **거기에-있음**을 통한 존재론이 있고, 타인에 대한 염려에 비해 **본래성**의 우위성과 특권을 보존하는 세계-내-존재가 있습니다. 세계-내-존재를 통해 물론 보장되지만 조건 지어지는 염려. 물론 타인으로의 접근, 그러나 얼굴들의 만남 없이, 타인의 죽음이 장례의 행위와 감정과 기억 이상으로 **현-존재**, 즉 생존자에게 의미하는 것 없이, 세계 내에서의 거주와 노동에 입각한 타인으로의 접근. 저는 『존재와 시간』의 ──늘 주목할 만한── 몇 가지 입장과 측면을 제시한 뒤에 그리고 이 입장들에 대해 늘 저를 사로잡은 견해들을 회상한 뒤에 '더 좋은 교의敎義'를 제안할 생각은 없습니다. 무모한 열망! 그러나 여러분은 어쩌면 또한 개인의 연구와 특히 『존재와 시간』에 대한 성찰이 이 원초적인 책을 잊어버리지 않았던 생각들로 저를 이끌었다는 것을 알고 있습니다. 비록 존재론의 근본적 우위성에 대한 하이데거의 주장과 거리를 둔다 할지라도 말입니다. 저는 이 저녁의 중요한 주제인 하이데거의 생각들에 대한 제시를 이 생각들로 대체하지 않고, 결론적으로 저에게 중요한 것을 여러분에게 말할 것입니다. 매우 짧게.

───────────────

2) 인용한 텍스트는 Heiddeger, *Sein und Zeit*, pp. 250~251; *Être et Temps*, pp. 185~186 참조[이기상이 옮긴 국역본에서는 335~336페이지에 실려 있다──옮긴이].

'누군가를 위한 죽음'mourir pour, '타자를 위한 죽음'mourir pour l'autre. 저는 또한 어느 땐가 '함께 죽음'mourir ensemble이라는 나의 말을 상기하려고 생각했습니다. 실제로, 일반적으로 죽음이 의미하는 분리에도 불구하고, 그리고 죽음이 '가장 자기 자신의 것이 될 수 있는' 위에서 인용한 『존재와 시간』의 텍스트들에도 불구하고, '가장 본래적인 것'은 '다른 **현존재**-다른 거기에-있음-다른 인간들-과의 모든 관계가 소멸되는' 것이기도 합니다. 어떤 성서 구절이 제 머리에 떠올랐는데, 그것은 「사무엘하」 1장 23절로서 사울 왕과 그의 아들 요나단의 전사를 애도하는 예언자의 장송곡입니다. "사울과 요나단은 살아 있을 때에도 그렇게 서로 사랑하며 다정하더니, 죽을 때에도 서로 떨어지지 않는구나! 독수리보다도 더 재빠르고 사자보다도 더 힘이 세더니!" 마치, 하이데거의 분석과 대조적으로, 죽음에서, 타인과의 모든 관계가 소멸되지 않는 것처럼. 저는 이 구절이 죽음 이후 더는 거기에 있지 않은 사람들을 합칠 수 있는 '또 다른 삶'을 암시한다고 생각하지 않습니다. 그러나 저는 그 구절에서 "죽음 속에서 떨어지지-않음[비-분리]"에 대한 이 말들이 그렇게 "죽음보다 더 강한" 것으로 말해질 그리고 전투 중 그들의 마지막 시간의 인상적인 동시성에서 상징이나 기호 또는 이미지가 될 아버지와 아들의 사랑을 고양시키기 위해 말하는 비유적인 방식이 된다고 더는 생각하지 않습니다. 이 비유의 말들이 양적인 강도의 개념을 넘어 이 사랑의 힘의 본질을 우리에게 말하기까지 더 엄격하지 않은 한. "독수리보다도 더 재빠르고 사자보다도 더 힘이 세더니"── 인간을 통한 오로지 삶인 동물적인 삶의 노력에 대한 초월, 삶의 **존재하려는 노력**에 대한 초월 ── 그리고 살아 있는 존재들을 통한 인간성의 돌파, 다시 말해 인간성의 새로움이 자기의 '존재에 대한 집착' 속에서 더 강렬한 노력으로 환원되지 않을 그런 인간성의 돌파. '늘 존재가 문제가 됐던' 거기에-있음에서 타인에 대한 책임으로서 깨어날 인간성의 돌파. 사물들 주위에 있는 타자들이 그들이 하는 것인 세계에서 행해지는 단순한 **심려**la simple Für-sorge를 초과하는 인간성의 돌파. 타인의 죽음에 대한 불안이 자기 자신에 대한 염려에 앞서는 인간성의 돌파. 이웃에 대한 자기의 책임에서 사랑의 의미 그 자체이고 어쩌면 감정[정동적인 것] 그 자체의 최초의 굴절일 타자를 위한 죽음의 인간성. 존재함에 대한 염려, 거기에-있음과 세계-내-존재에 대한 염려에 앞서는 거룩으로의 부름 곧 유토피아, 타자의 존재가 그의 직업과 같고 '일들'과 이해관심l'intéressement에서 출발해서만 이해되는 세계-내-존재에 내포된 **타자들과-함께 있음** 또는 **심려의 타자들을-위함**le pour-les-autres de la Für-sorge보다 더 깊은 존재-사이에서-벗어남. 파스칼이 욕정 없는 사랑이라 했던 것인 거룩으로서의 염려. **거기에-있음**l'être-là의 거기에là보다 앞서고, 현존재Dasein의 거기에Da보다 앞서며, 파스칼이 "모든 땅에 대한 강탈의 상징과 시작"이라고 두려워했던 태양 아래의 이 자리보다 앞서는 자리-없음.

저는 모든 현상학, 얼굴에 대한 담론, 얼굴이 자기의 세계-내-존재를 염려하는 인간의 거기에 있음에서-인간의 거기에 있음을 부수면서 소환하는 타자를 책임지는 나에 대한 담론에서 유래하는 언어와 표현들을 가지고 여러분을 괴롭히지 않을 것입니다. 20세기의 시련 이후에 관념론적 수다의 웃음거리밖에 안 되는 말을 의미할 수 없는 표현들. 그 표현들이 서술하는 것 ——그것들의 사변적 대담함이 무엇이든 간에 ──은 인간의 얽힘의 진지함, 헛된 것과 반대되는 것, 헛되고 헛된 것과 반대되는 것에 이름을 붙입니다.

하이데거는 『존재와 시간』 240쪽(프랑스어판 178쪽) 47절에서 "누군가를 위한-죽음"Sterben für을 언급합니다. 하이데거는 거기서 죽음을-향한-존재의 존재론적인 것을 찾고, 분열이나 결합도 없이 자유롭고 용감하게 불안한 미리 앞지름'anticipation, Vorweg 속에서 그것의 '본래적' 의미로 향하지만, 여기서 '누군가를 위한 죽음'은 하이데거에게서 '타인을 위한 죽음'이 참으로 죽음으로부터 타인을 구출할 수 없고 그리고 '모든 사람은 자기 자신을 위해 죽는다'는 진리를 문제 삼지 않고 '단순한 희생'으로만 나타납니다. 희생의 윤리는 존재의 엄격함과 본래성의 존재론의 엄격함을 뒤흔들 수 없습니다.

희생은 본래성과 비본래성 사이에서 갈라진 어떤 질서에서 자리를 찾을 수 없습니다. 타자의 죽음이 자신만의 죽음 이전에 인간의 거기에-있음을 불안하게 하는 희생에서의 타인과의 관계는 바로 책임을 통해 인간인 '나'는 주체의 실체적 동일성도 아니고 존재의 '각자성[자기성]'mienneté에서의 **본래성**l'Eigentlichkeit도 아닌 그런 타자에 대한 책임을 ──결정하면서도── 또는 드러내는 존재론 너머에 있는 것 또는 존재론 이전에 있는 것을 가리키지 않습니까? 이웃을 책임지도록 선택받은 그리고 **그렇게 함으로써** 자기 자신과 동일한 그리고 **그렇게 함으로써** 자기-자신인 사람의 나. 선택받음의 유일성! 여전히 삶과 **존재하려는 노력** 그리고 존재에 대한 염려로 정의되는 인간성을 넘어 존재-사이에서-벗어난 인간성. 나에 대한 타자의 우선성은, 이것을 통해 인간의 거기에-있음이 선택받고 유일하게 되는데, 바로 얼굴의 벌거벗음과 타자의 죽을 운명에 대한 나의 응답입니다. 여기서 타자의 죽음에 대한 염려가 일어나고, '타자를 위한 죽음'과 '타자의 죽음에 대한' 염려가 '본래적' 죽음에 대해 우선성을 갖습니다. **죽음-이후의** 삶이 아니라 희생의 넘침, 사랑과 자비에서의 거룩. 사랑의 현재에서 이 죽음의 미래는 어쩌면 모든 비유를 넘어 시간성 그 자체의 근원적 비밀들 가운데 하나일 것입니다.

인권과 선의지

1. 인간이 서로 다른 사회적 서열, 육체적, 지적, 그리고 도덕적 능력, 덕과 재능들과 같은 성질들과 관계없이 인권이라는 이름 아래 인간 되기의 조건 그 자체와 결부되는 권리들의 발견 그리고 이 권리들이 법률과 사회 질서의 근본 원리들의 수준으로 상승하는 것은 분명 서구 의식의 본질적 순간을 드러낸다. 마치 성서의 명령들 즉 "살인하지 말라", "이방인을 사랑하라"가 인간의 인간성과 결부된 권리들이 우리 문명의 가장 중요한 법적 담론[언어]으로 진입하는 것을 수천 년 동안 기다리고 있는 것처럼. 인간으로서의 인간은 존재에서 예외적 지위, 그리고 바로 그것을 통해 현상들의 결정론을 벗어나는 자리를 향한 권리를 가질 것이다. 그것은 독립을 향한 자유 또는 모든 사람이 인정한 모든 사람의 자유를 향한 권리일 것이다. 사물들, 생물들, 어떤 관점에선 그러나 인간들과 관계있고 인간들을 포함하기도 하는 자연의 생각하는 존재들을 지배하는 자연법칙에 적혀 있는 직접적인 필연성들의 질서를 경계하는 정립을 향한 권리. 예외적 지위, 그러므로 인간이 제정한 법을 통해 보장받고 보호받는 자유의지를 향한 권리. 인간이 결코 목적성의 목적이 아닐 그런 목적성의 순전한 수단에 불과

할 종속을 인간에게 면하게 하는 의무——그러나 자유인들 자신에게 부과되는—— 속에서 드러나는 권리. 비참, 방랑, 심지어 여전히 자연적——물질적이고 심리적인—— 현상들의 연결들이 내포하는 고통과 고문 그리고 살아 있는 존재들의 악의적 폭력과 잔혹함의 억압들과 모욕들을 인간에게 면하게 하는 의무.

자유의지를 향한 권리를 열면서, 현실의 결정론에서 인간의 예외적 지위로부터 보여진 인권의 형식적 본질은 구체적인 특징과 내용을 받아들인다. 인권에 대한 옹호(그리고 이것은 중요하지만 실천적인 문제다)에서 이 구체적 권리들을 위해 긴급의 순서를 결정하는 것은 늘 쉽지 않다. 그것은 모든 국가에서 현실의 상황들에 따라서 다를 수 있다.

따라서 어쨌든 인권을 위한 중요한——그리고 불가피한 전복 속에서 이미 혁명적인—— 일. 현대 과학, 사물들, 인간들과 집단들의 자연과학을 가능하게 하는 일. 과학이 여는 기술적 절차들로의 접근이 격려하는 일. 인권의 적용과 행사를 방해하고 왜곡하는 우발적이고 사회적인 구조들의 수많은 물질적 방해물들을 제거함으로써 인간의 자유의 질서에 대한 완성. 존재의 옷——물질적·생리적·심리적·사회적인——을 튼튼히 하는 바느질의 넘을 수 없는 견고함을 통해 인간의 자유의지를 늘 방해하고 제한하는 존재에서 어쩌면 비인간성의 최고의 엄격함을 극복할 수 없는 권리들.

인간은 어려운 권리들을 얻고 보존하는 것을 포기하면서도 존재함을 끝끝내 고집할 수 있다. 마치 권리들의 자유가 그 자체로 자유에 대한 제한인 것처럼, 마치 자유가 그 자체로 의무의 필연성인 것처럼. 이 권리의 존재해야 함은 무엇을 의미하는가?

2. 비록 현대의 과학적 진보와 연결된 인권의 구체성과 확장의 가능성이 그 권리의 현행성이라는 비교적 최근의 성격을 우리에게 설명하는 것처럼 보인다 해도 그리고 우리가 말했듯이 권리의 깊은 기원이 우리 서구 운명의 가장 이른 시기부터 획득된 것처럼 보인다 해도, 이 권리의 정당화 또는 이 권리의 **존재해야 함**의 문제는 열린 채 남아 있다. 그 대답은 인권이 문제를 제기하는 이해관계의 확장과 이 확장이 전제하는 일반적 동의에 입각해 귀납적으로 획득된 필연성으로 환원되지 않는다. 인권의 '규범적 힘'은 우리를 합리성의 엄격함으로 되돌아오게 하지 않는가? 실제로 무엇을 통해 그리고 어떤 방식으로 인권이 주장하는 자유의지 또는 자율적인 의지가 다른 자유의지에 부과되지만 이 부과가 **결과** 즉 그 의지를 통해 겪는 폭력을 내포하지 않을 수 있을 것인가? 자유의지의 결심이 모순되지 않고 보편화할 수 있는 행위준칙에 복종한다면 그리고 그렇게 자유의지가 사는 이성을 드러내면서 이 의지가 자신들의 합리성 때문에 자유로운 모든 다른 의지에 의해 **존중받도록** 만든다면. 칸트가 실천이성이라고 불렀던 의지. 존중의 '지성적 감정'이 여기서 존중을 상황의 참된 의미의 **양태**로서 드러낸다면. 바로 지적인 것으로서, 칸트가 타율의 근원으로 이해한 감성에서 더는 발생하지 않을, 그리고 어떤 의지가 다른 의지의 자유에 입힌 상처를 증명하기보다는 이성 속에서 평화의 충만을 증명하는 '지성적 감정'. 자유의지의 명령에 순종하는 의지는 이성에 따르는 이성처럼 여전히 자유의지일 것이다. 정언명령은 인권의 최고의 원리일 것이다.

3. 그러나 자유의지가 칸트의 실천이성 개념 즉 선의지로도 불리어진 보편적 사유의 높이에 자기를 전부 빌려준다는 것은 확실한가? 자유 의지는 저항 없이 자기가 가둬지도록 허용하는가? 형식적 보편성에 대한 존중은 열정적이고 감각적인 충동들의 용이함으로 곧바로 환원 될 수 없는 억제할 수 없는 자발성의 일부를 진정시키는가? 지성의 엄격한 합리주의와 합리적 의지의 위험들 사이에서 늘 여전히 구별하도록 하는 억제할 수 없는 자발성. 그러나 이 의지의 억제할 수 없는 자발성은 특히 감성으로서 또한 정언명령이 필요로 하는 이성의 무한한 보편성의 근원적이고 관대한 계획일 선함 그 자체가 아닐 것인가? 칸트에 의해 고발된, 모든 자유의 자격을 박탈하는 병리적인 것보다는 충동의 거룩한 경솔함 속에서의 관대한 충동!

선함, 즉 어린아이 같은 미덕. 그러나 이미 사랑과 자비와 타인에 대한 책임과 현실의 일반 경제를 깨뜨리면서 그리고 자신들의 존재를 고집하는 존재자들의 보존과 뚜렷이 대조를 이루면서 인간의 인간성이 터져 나오는 이미 희생의 가능성. 즉 타인이 자기-자신보다 먼저 가게 하는 **조건**을 위해. 선함의 사심 없음. 즉 명령인 요구를 가진 타인, 얼굴로서의 타인, 타인이 나와 상관없을 때조차 '나를 쳐다보는' 타인, 이웃과 늘 이방인으로서의 타인 즉 초월로서의 선함. 그리고 나, 즉 응답할 의무가 있는 자, 누구와도 바꿀 수 없는 자 그리고 그렇게 선택받은 자와 그렇게 참되게 유일한 자. 제일 먼저 온 사람을 위한 선함, 즉 인권. 무엇보다 타인의 인권. 데카르트는 관용에 대해 말한다. 데카르트는 "인간의 의지들에 대한 자유로운 처분"(『정념론』*les Passions de l'Âme*, 153항)과 동시에 "타인들에게 선을 행하고 이것을 위해 자기 자신의 이익을 경멸하는 것보다 더 중요한 그 어떤 것도 전혀 생각하지 않는다는 사실"(같은 책, 156항)을 관용과 결부시킨다.

4. 우리는 종교나 신학에서 신이 인간에게 권리를 수여하고 인권은 신의 의지에 부합한다고 말한다. 인간의 관습들이나 '인간의 본성'에 대한 탐구에 이미 의존하는 모든 법적 형태들에 비해 이 권리가 갖는 무조건적 또는 과도한 성격을 어쨌든 증명하는 표현들. 그러나 여기에 그 유명한 '신의 존재 증명'을 가져오지 않고 인권은 신이 생각에 오시고 초월이라는 개념이 순전히 부정적인 것으로 남아 있는 것을 그치며 우리 대화의 도를 넘는 '너머'가 타인의 얼굴에 입각해 적극적으로 사유되는 연결conjonction을 구성한다. 우리가 선함의 존재-사이에서-벗어남에서 존재들의 존재에 대한 집착, 즉 **존재하려는** 노력의 정지나 파열이라 불렀던 것은 인권이 내가 어떤 연민 어린 주체성들을 모른다를 통해 내려진 결정들의 차원으로 낮아지기 위해 자기의 절대적 지위를 포기한다는 것을 의미하지 않는다. 그것은 사회성, 즉 어쩌면 인간성의 윤곽일 **타자를-위함**의 완전한 절대성을 의미할 것이다. 그것은 데카르트가 말하는 이 '가장 큰 것'le plus grand을 의미한다. 분명 좋은[건전한] 철학에서 미지의 신에 입각해 인권을 사유하지 않는 것이 중요하다. 타인과의 관계에서 드러나는 절대자에서 출발하면서 신의 관념에 접근하는 것은 허용된다.

타자에-대한-사유에 관한 대화

질문 우리는 윤리적 차원이 당신의 사유의 핵심이며, 타인과 얼굴을 마주함에 각인돼 있는 차원으로 알고 있습니다. 그러나 당신이 특권화하고 용서와 망각, 무한한 자기 증여가 가능하게 되는 두 사람과의 상황이 현실의 사회적 상황이 아닐 때조차 우리는 윤리에 대한 추상적 담론으로 만족할 수 있습니까? 간단히 말해 우리는 윤리에 너무 많은 것을 요구할 위험이 있지 않습니까?

레비나스 합리적 담론에서 도덕주의라는 이름으로 고발된 윤리의 자리를 찾지 않는 현대인들의 그릇된 성숙에 영향받아선 안 됩니다. 어쩌면 우리는 현실의 기존 질서에서 벗어나는 이 탈출이 표현하는 의미를 설명하기 전에, 반성 가운데 윤리의 질서를-벗어남l'extra-ordinaire de l'éthique을 갖게 되는 중요성을 걱정할 필요가 없을 것입니다. 현실 ——존재들——이 있습니다. 그러나 존재라는 낱말은 원칙적으로 어떤 행위나 어떤 역사를 의미해야 할 동사적 형태를 갖습니다. 물론 명사들을 떠올리지 않는 존재라는 낱말의 동사적 형태는 존재의 도래 또는 존재의 사실 자체나 존재 사건을 표현합니다. 동사적 형태는, 마치 존재한다는 사실에서 말하자면 존재가 분투하는 일종의 비-존재의 망각할 수 없는 장자임[상위]이 또한 공명하고 위협하는 것처럼, 존재 안에서 존재의 문제이고, 자기를 보존하는 문제라는 것을 말하며, 존재에는 존재하려는 집착과 노력이 있다는 것을 말합니다. 그러므로 삶으로서의 존재에는 이미 삶을 위해 투쟁하는 자기의 수축, 자기를 위함, '보존 본능'이 있고, 사유하는 존재에는 존재의 의지, 이해 관심[존재-사이], 이기주의가 있습니다. 우리는 물질의 물질성이 물리학자들이 말하는 원자의 고체성 아래에 있는 자기의 최종적 '가둠' 속에서 자아-실체로서 자기의 **존재하려는 노력**conatus essendi에 흡수된 윤리 이전 또는 윤리 없는 순전한 존재의 내부성과 유사한 것은 아닌지, 생존 투쟁과 전쟁들의 이기주의에서 이미 잔혹한 것들의 잔혹함의 비유인 고체적인 것들의 고체성과 단단한 것들의 단단함과 유사한 것은 아닌지 스스로에게 물을 수 있을 것입니다. 유물론적 형이상학의 지속적 유혹! 자기와 다른 것의 존재에 대한 염려, 타인의 죽음에 대해 무관심하지-않음, 그러므로 타인을 위한 죽음의 가능성, 거룩의 기회는 존재 동사가 말하는 이 존재론적 수축의 긴장 완화일 것이고, 존재에 대한 집착을 깨고 인간성의 질서, 은총의 질서와 희생의 질서를 여는 존재-사이에서-벗어남일 것입니다.

　　자기 자신-안에 있음[즉자]l'en-soi, 자기를-위함[대자], '각자 자기를 위함'의 윤리적 나로의, 타자를-위함의 우선성으로의 이 인간적 전환, 그러므로 물론 유일한 그러나 타인에 대한 책임 ——거부할 수 없고 양도할 수 없는—— 으로의 자기의 선택받음을 통해 유일한 나에 의해 존재론적 집착의 자기를-위함이 대체되는 것, 이 철저한 전환은 우리가 타인의 얼굴과의 만남이라 부르는 것에서 발생할 것입니다. 그가 태연한 척하는 태도나 견디어 내는 태도 뒤에서 그는 그의 방어할 수 없는 벌거벗음과 비참, 죽을 운명의 깊이로부터 나를 부르고 나에게 명령합니다. 윤리적 '사건', 사랑과 자비, 관용과 순종이 존재 너머로 이끌거나 존재를 초월하는 것은 나로부터 타자와의 인격적인 관계에서입니다.

그러나 그렇다면 다수성 안에 있는 인간은 어떻게 되는 것인가? 타자 옆에 있는 사람, 즉 제3자, 그리고 제3자와 함께 있는 모든 타자는 어떻게 되는 것인가? 나와 마주하는 타자에 대한 이 책임, 이웃의 얼굴에 대한 응답은 나의 타자이기도 한 제3자를 무시할 수 있는가? 제3자도 나와 상관있지 않은가?

내가 타자를 책임지도록 선택받고 ─또는 선고받고─ 호명된 타인에 대한 이 책임을 통해 제가 정의하는 정신성에서 이제 나는 비교할 필요가 있습니다. 나는 비교할 수 없는 것들을, 유일한 것들을 비교할 필요가 있습니다. '각자 자기를 위함'으로 되돌아갈 수 없습니다. 타자들을 판단해야 합니다. 얼굴과의 만남에서 우리는 판단해선 안 됐습니다. 다시 말해 타자, 유일한 존재는 판단을 허용하지 않고, 타자는 처음부터 나보다 더 중요합니다. 나는 타자에게 충성합니다. 제3자가 나타날 때부터 판단과 정의가 필요합니다. 이웃에 대한 절대적 의무들의 이름으로 타자가 요구하는 절대적 충성에 대한 어떤 포기가 필요합니다. 여기에 제도들과 정치, 국가의 전체 구조가 필요한 새로운 질서의 문제가 있습니다. 그러나 자유 국가는 타인의 얼굴의 요청에 대한 자신의 늑장을 늘 걱정시킵니다. 자유 국가는 우연한 경험적 가능성이 아니라 국가의 구성적[기본적] 범주입니다. 국가 제도들을 넘어, 비록 국가가 정치를 초월한다 해도, 인권 탐구와 옹호의 정당성을 인정하는 국가. 국가를 넘어 확대되는 국가. 정의를 넘어 정의의 필연적 엄격함에 추가돼야 하고 국가로 집합한 각 시민들 안에 있는 인간의 유일성에서 나오며 연역될 수 없고 법률의 일반성들로 환원될 수 없는 가능성에서 나오는 모든 것에 대한 긴급한 부름. 제도들의 정치적 기구 뒤로 사라지지 않을 자비의 가능성, 다시 말해 인간 안에 있는 종교적 호흡 또는 예언자적 정신.

질문 윤리의 주체로서 나는 모든 것을 위해 모든 사람에게 책임이 있고, 나의 책임은 무한합니다. 그것은 그 상황이 주체 자신에게 그리고 나의 윤리적 주의주의主意主義를 통해 공포심을 일으킬 위험이 있는 타자에게 참을 수 없다는 것을 뜻하지 않습니까? 따라서 선을 행하려는 의지에 윤리의 무력함이 있지 않을까요?

레비나스 그 상황이 참을 수 없는 것인지는 모르겠습니다. 그 상황은 우리가 물론 기분 좋은 일이라고 부르는 것은 아니고 유쾌하지 않지만 선善입니다. 매우 중요한 것 ——저는 내 자신이 성인聖人이 되지 않고도 그것을 포기하지 않을 수 있지만 내 자신을 성인으로 드러내지 않습니다——은 그 표현의 유럽적 의미에서 그리스인들[그리스의 사유들]과 성서에서 유래하는 실제로 인간적인 인간은 거룩을 최고의 가치로, 논박할 수 없는 가치로 이해하는 사람이라고 말할 수 있다는 것입니다. 물론 이것을 설교하는 것은 매우 어렵고, 설교하는 것은 매우 인기가 없으며, 심지어 그것으로 인해 선진 사회가 웃습니다.

질문 제가 당신에게 인용하는 '타자를–위함이라는 과도한 관용' 이전에 정치와 더 정확한 의미에서 권리는 사회를 만드는 유일한 수단이 아닙니까? 게다가 이 법의 필요성, 이 무한한 권리에 대한 제약은 탈무드의 정치적 교훈 가운데 하나가 아닙니까?

레비나스 저는 법[권리]도 정치도 논박하지 않았습니다. 다시 말해 저는 심지어 법과 정치의 필요성을 연역하려고 했습니다. 저는 또한 법과 정치의 윤리적 한계들을 보여 줬습니다. 당신이 탈무드에 대해 말하는 것은 정확하지만, 탈무드는 그럼에도 불구하고 자신에게 중요한 개념에 결코 만족하지 않습니다. 탈무드가 개념들을 사용할 때, 탈무드는 그 개념이 나온 예를 결코 망각하지 않습니다. "여기에 법이 있다. ──법은 매우 올바르지만 만일……한다면 무슨 일이 일어날 것이다." 이 '만일……한다면 무슨 일이 일어날 것이다'는 특수한 경우입니다. 논의가 특수한 경우를 결코 무시하지 않고, 그 개념이 자주 뒤집히며 그 개념은 그 개념이 처음에 '~인 체했던' 것과는 아주 다른 의미를 드러냅니다.

질문 결국 윤리에서 정치까지, 사람 사이의 최초의 문제는 분명 정의의 문제입니다. 당신은 이것에 대해 말합니다. 제가 당신에게 다시 인용합니다. "의식의 토대는 정의이지 그 반대가 아니다." 이것에 대해 설명해 주실 수 있습니까?

레비나스 우리가 의식에 대해 말할 때 지식에 대해 말합니다. 다시 말해 의식한다는 것은 아는 것입니다. 또 정의를 실천하기 위해선 알아야 합니다. 다시 말해 객관화하고 비교하고 판단하고 개념들을 만들고 일반화해야 합니다. 인간의 다수성 앞에서 이런 과정들은 강요되고 타인에 대한 책임 ──자비와 사랑인── 은 방황하고 따라서 진리를 찾습니다. 저는 객관성에 대한 탐구 자체가 윤리적 갈등에서 생기고, 판단에 기초한 정의가 윤리적 갈등의 첨예함을 가라앉힌다는 것을 감히 쓰고자 했습니다. 제가 오늘 상기하려고 하는 것은 의식이 지식의 정신성, 진리의 정신성이고, 의식은 그 자체로 사랑의 정신성이 아니라는 것입니다. 사람들은 철학에 대해 철학이 지혜에 대한 사랑이고, 우리는 지식의 관점에서 지혜를 사유한다고 말합니다.『전체성과 무한』독일어판 출판을 위한 서문을 부탁받았습니다.[1] 저는 나의 가르침은 결국 여전히 매우 고전적이라고 말했습니다. 나의 가르침은 플라톤의 가르침에 따라 의식이 선善을 만드는 것이 아니라 선이 의식을 불러낸다는 것을 반복합니다. 지혜, "그것은 선이 명령하는 것이다. 모든 영혼이 자신이 행하는 것을 행하는 것은 바로 선을 위해서다"(플라톤,『국가』, 505e).

질문 토크빌Alexis de Tocqueville이 두려워했듯이 법치 국가, 평등한 사회와 개인주의가 말하자면 윤리적 염려[배려]의 죽음을 만들지 않습니까? 평등은 그것이 모든 개인을 하나의 잣대로 환원할 위험이 있다

---

1) 이 책『전체성과 무한』독일어판 서문 참조.

는 의미에서 동일자를 위한 타자의 죽음이 아닙니까?

레비나스 토크빌에게서 사회는 분명 필요악이고, 그는 사회에 대해 귀족주의적 시각을 가지고 있습니다. 아니, 우리는 자비를 위한 여지를 확보하기 위해 가난한 사람들의 존재를 원할 수 없습니다! 평등주의는 분명 정의의 개념입니다. 민주주의는 그것으로 충분합니까? 폴 리쾨르Paul Ricœur는 『르몽드』에서 최근 영국의 선거에 대해 말하면서 영국에서 그들이 필요로 하는 것을 가지고 있는 대부분의 사람들이 지주처럼 투표하고, 아무도 가난한 사람들을 염려하지 않는다고 몹시 슬퍼합니다. 리쾨르는 늘 존재하는 소수자에 대한 지속적 배제를 민주주의에 대한 위협 가운데 하나로 봅니다.

질문 정치가 어느만큼 '윤리적인 황홀'을 보존할 수 있습니까, 또는 그와 반대로 정치가 '이해관심[존재 사이]에서-벗어남'을 어느만큼 파괴할 수 있습니까? 권리가 윤리적 관계의 성취가 될 수 있습니까?

레비나스 네, 만일 권리가 완전히 도덕적이라면…… 저는 방금 자유 국가에 대해 말했습니다. 자유 국가는 권리 그 자체로의 지속적 회귀, 사실상의 법률일 뿐인 정치적 권리에 대한 비판적 성찰이 아닙니까? 법의 기초를 만드는 법학자들은 매우 도덕적입니다. 바르비Klaus Barbie[2]

---

2) 클라우스 바르비(1913~1991)는 2차 세계대전 중 프랑스 비시 정부 리옹 지구 게슈타포 책임자로 있으면서 많은 인물을 직간접적으로 살해한 인물이다. 전후 미국의 비호를 받

재판을 주재했던 사람은 도덕적 존재이지만, 그는 기존의 법만을 적용합니다. 그러나 자유 국가는 자기를 문제 삼을 수 있는 국가이기도 합니다. 저는 말하자면 법원의 삶과 발전의 전문적인 세부사항을 모릅니다. 저의 문제는 제가 얼굴의 나타남에 의해 은폐된, 나와 만나는 얼굴의 무한한 윤리적 요청이라 부르는 것과 개인과 대상으로서의 타인의 나타남을 어떻게 화해시킬 것인지를 스스로에게 묻는 데 있습니다. 얼굴들을 소외시키지 않으면서 비교할 수 없는 것들에 대한 이 비교로 어떻게 들어갈 수 있을까요? 왜냐하면 존재들이 얼굴들로서 비교되는 것이 아니라 이미 시민들로서, 개인들로서, '유일성들'이 아니라 유類 안에 있는 다수성으로서 비교되기 때문입니다.

질문 그의 얼굴에서 타인은 유일하고, 그런 까닭에 그는 비교할 수 없습니다.

레비나스 제가 유일성에 대해 말할 때 저는 또한 타인의 타자성을 말합니다. 유일한 것은 탁월하게 다른 것입니다. 다시 말해 그는 유類에 속하지 않거나 여전히 유 안에 있지 않습니다. 늘 제게 깊은 감명을 준 오래된 탈무드 텍스트가 하나 있습니다. 다시 말해 신은 아주 질서를 벗어납니다. 실제로 돈을 제조하기 위해 국가들은 도장에 의존합니

아 전범재판을 피했으며, 1950년대 이후 볼리비아로 망명하여 무기거래상 등 사업가로 살았으나, 1983년 프랑스로 추방되었고, 1987년 리옹 재판에서 종신형을 선고받고 복역하다가 1991년 사망했다.—옮긴이

다. 단 하나의 도장으로 국가들은 모두 같아 보이는 수많은 화폐를 만듭니다. 신은 그 도장으로 자신의 이미지를 강요하면서 비슷하지 않은 다수성을 창조하게 됩니다. 18세기 리투아니아 랍비 볼로진의 하임Haïm de Volozine은 그것으로부터 그들 각자——세계에서 유일한 인간——는 우주 전체에 책임이 있다고 결론지었습니다! 그것은 어쩌면 연역할 수 없고 예견할 수 없는 무한한 가능성의 권리[법]——일단 그 권리는 그 엄격함에서 존중받습니다——를 넘어 각자의 자비, 즉 유일한 것의 힘에 속한다는 것을 시사하고 싶었을 것입니다.

질문 레이보비츠Yeshayahu Leibowitz 교수는 최근에 유대 민족국가의 역사적 실현에 메시아적 가치를 줄 때 이스라엘이 저지를 오류를 주장했습니다. 이런 판단에 공감하십니까?

레비나스 레이보비츠 교수는 정통 사유를 대표하는데, 정통 사유에 따르면 유대교는 토라의 계명들을 실현하는 데 있습니다. 시오니즘에서, 그는 시오니즘이 채택할 순전히 정치적인 형태를 반대하는데, 왜냐하면 시오니즘이 순전히 정치적 행태로부터 이스라엘의 운명의 성취를 기대하기 때문입니다. 레이보비츠에 따르면, 그런 시각엔 근본적인 신학적 오류가 있을 것입니다. 레이보비츠에게서 유대인 문제는 여전히 초자연적인 문제로 남아 있을 것입니다. 다시 말해 메시아의 약속은 문자 그대로 받아들여야 합니다. 종말론은 정치가 아닙니다. 다윗의 후예는 이스라엘의 디아스포라[흩어진 유대인들]를 모을 것이고, 억압에 종지부를 찍으며, 세계를 변혁시킬 것입니다.

제 입장은 다릅니다. 아우슈비츠는 깊은 위기였습니다. 그 위기는 인간과 신의 관계 자체와 상관있습니다. 약속의 문제 자체가 제기됩니다. 우리가 그 약속을 믿기 때문에 토라에 충실한 것입니까? 설사 아무런 약속이 없다 해도 나는 토라의 가르침에 충실한 채 있으면 안 됩니까? 우리는 이스라엘에게 한 그 약속이 그 충실함의 이유가 되지 않고 유대인이 되기를 원해야 합니다. 유대교는 자기 역사의 '행복한 결말' 때문이 아니라, 이 역사가 토라의 가르침에 충실하기 때문에 가치가 있습니다. 역사의 충실성에서 수난──수난이 늘 있었던 것처럼──인 역사. 이스라엘 국가의 용서받지 못한 부활 이후로 수난으로 남아 있는 역사. 그러나 우리 시대를 가로지를 수도 없고, 어딘가에 정치적 조건들이 주어지는 것 말고는 자신의 진리를 증언할 수도 없는 역사. 이런 까닭에 이스라엘 국가는 오늘날 이스라엘의 토라와 모든 사람에게 토라가 갖는 의미에 중요합니다.

우리 안에 있는 무한의 관념에 대해

무한의 관념은——비록 무한의 관념이 그것의 수학적 의미와 용법의 측면에서만 명명되고 인정되며, 말하자면 조작가능한 것이라 할지라도—— 반성에 있어 이미 종교적 계시에서 묶이는 역설적 매듭^{le noeud} paradoxal을 보존한다. 처음부터 자기의 구체성에서 인간들을 향한 계율들에 묶인 종교적 계시는 이 열림 속에서 자기를 주면서 그럼에도 불구하고 또한 절대적으로 다른 것으로 또는 초월적인 것으로 남아 있을 신에 대한 인식이다. 종교는 무한이 자기의 진리와 신비의 애매성 속에서 생각에 오는, 상황들의 근원적인 접합점^{le concours}이 아닐 것인가? 그러나 그렇다면 우리는 무한이 생각에 오심이 지식의 사실, 즉 드러냄의 본질이 내부성의 질서를 확립하는 데 있을 그런 드러냄이라고 확신하는가? 우리는 무엇보다——어떤 합의와 어쩌면 존중할 만한 전통이 말하는 경향이 있는 것처럼—— 내부성이 정신적 힘의 최고의 은총이고¹⁾ 신의 계시가 진리의 일치에서, **사유가 사유된 것에** 행

---

1) 이 의문이 미셸 앙리(Michel Henry)가 그의 놀라운——그리고 불가피한 —— 『드러냄의 본질』(*Essence de la manifestation*)에서 시도한 귀중한 분석들을 묵살하기를 바라지

사하는 지배에서 완성되며 따라서 의미나 이해가 그 말의 어원론적 의미에서 경제, 곧 우리가 거주하는 집의 경제, 자기 집의 경제, 포위하고 파악하며 소유하고 향유하는 어떤 방식의 경제라고 확신하는가?

인간의 유한한 사유는, 무한의 관념을 완전함의 관념과 신의 관념을 동일시하는 데카르트를 따라, 무한의 관념을 자기 자신으로부터 끌어낼 수 없다. 신 자신이 무한의 관념을 우리 안에 놓았음에 틀림없다. 그러나 어떻게 이 무한의 관념이 유한한 사유 안에 붙잡힐 수 있는가? 데카르트가 우리 안에 놓인 무한의 관념으로부터 연역할 것을 주장하는 '신의 존재 증명'의 결과와 무관하게, 유한한 사유 안에 무한의 오심이나 하강 또는 수축은 어쨌든 지식의 의도와 적합한—또는 똑같은— 대상이 간접적으로 주어진 것보다, 세계 내 **존재자**의 현존보다, **자기를 확립하는** 존재자의 현존보다 다시 말해 별처럼 빛나는 하늘의 천장 아래에 있는 '흔들리지 않는' 땅의 표면 위에 확신을 가지고 자기를 정립하는 **존재자**의 현존보다 오히려, 우리가 신의 존재를 통해 지시하는 것의 의미를 기술하는 사건에 이름을 붙인다. 랍비의 지혜의 말을 따르면, 신의 상승이 말해지는 곳마다 신의 낮아짐이 이미 표현된다.

그러나 무한의 관념의 예외는 최소의 선입관을 가진 분석이 지식 속에서 접근된 인간의 사유에서 발견하는 순전한 상관관계와 의식작용-의식대상의 대응으로 환원되지 않는 영혼의 깨어남을 내포한다. 피에르 오방크Pierre Aubenque가 강조했듯이 여기에 신 자신이고 오직

않는다.

신의 신학자일 신, 곧 자기를 사유할 수 있는 유일한 자일 신을 위해 남겨 둔, 아리스토텔레스의 신학의 명제를 역전시키는 예외가 있다. 바로 신학으로서 꾸며지는 인간의 사유를 가리키는 예외! 그러나 이 신학의 **로고스**는 이론적 지향성과 다를 것이고 **나는 생각한다**의 배타적 고립 속에서 그리고 모으고 종합하는 지배를 가지고 주권적 자아의 초월론적 통각의 통일성에 의거해 확신하는, 사유와 사유된 것의 일치와 다를 것이다. 본질적 의미에서 모든 경험의 수동성이 의식을 놀라게 하는 것을 받아들이지만 결코 침범당하지 않는 의식의 능동성으로 불가피하게 전환하는 가운데 주어진 것을 이해하면서 사유를 채우고 **만족**시키는satis-fait, 사유된 것과 똑같은 사유로서 바로 무신론적인 사유의 일반적으로 허용된 현상학에 대한 예외.

그 자체로 신의 관념인 무한의 관념에서, 타자를 통한 일자에 대한 순전한 부정을 넘어, 양자와 대립하고 분리시킬 순전한 모순을 넘어 또는 '나는 생각한다'로 이해된 일자의 헤게모니에 타자를 노출시킬 순전한 모순을 넘어, 무한을 통한 유한의 **촉발**'affection이 발생한다. 나타남과 다르게, 내용에의 참여와 다르게, 개념과 다르게, 이해와 다르게 기술돼야 할 촉발. 무한을 통한 유한의 돌이킬 수 없는 촉발. 주제화로 소집되지 않는 수동성, 신에 대한 사랑과 두려움으로서 ─ 또는 데카르트가 **제3성찰**의 마지막 줄에서 말하는 경배와 황홀로서 ─ 신의 관념이 송두리째 처해 있음affectivité인 수동성. 이 처해 있음은 『존재와 시간』의 **처해 있음**으로 환원되지 않는데, 『존재와 시간』의 처해 있음은 죽음을 향한 존재의 자기의 유한성에 대한 **나만의 것**의 불안이 세계에 속하는 존재자를 통해 발생한 감정의 지향성을 늘 재현한다. 환원의 문제가 아닌, 무한을 통한 유한의 촉발. 무한의 관념 속에서, 신학적 촉발 속에서, 사유가 생각하는 것보다 더 생각하는 사유를 향해 또는 생각하는 것보다 더 잘하는 사유를 향해, **나는 생각한다**의 **나만의 것**으로부터의 탈출과 본래성으로 간주된 **내부성**으로부터의 탈출. **근접성**[2]으로서의 복수성이 일자의 통일성으로 모일 필요가 없는 존재-사이에서-벗어남의 처해 있음Affectivité dés-inter-essée. 존재-사이에서-벗어남의 처해 있음은 더는 일치의 순전한 결핍 곧 통일성의 순전한 결핍을 의미하지 않는다. 다시 말해 사랑의 탁월함, 사회성의 탁월함 그리고 내 자신의 죽음에 대한 불안이 아닌 '타자들에 대한 염려[두려움]'의 탁월함. 초월은 더는 실패한 내부성이 아닐 것이다. 초월은 정신에 속하는 탁월함, 즉 바로 완전함이나 선善을 가질 것이다.

이 경배의 처해 있음과 이 황홀의 수동성이 더 멀리 가는 현상학적 해석을 인정할 수 있는지 또는 그것들이 사람 사이의 질서와 나의 이웃인 타인의 타자성과 타인에 대한 책임에 의거해 결합될 수 있는지, 하는 이 모든 문제는 분명 더는 데카르트의 텍스트들의 관할에 속하지 않기에 우리는 여기서 그것을 발전시키지 않을 것이다.[3] 그러나 현상학을 한다는 것은 의미의 사실 은폐[허위 진술], 의미의 미끄러짐, 의미의 대체에 반대해 언어의 추상이나 언어의 고립 속에서 위협받은 언어의 의미를 보호하는 것에 그치지 않는다. 현상학을 한다는

---

2) 이 개념에 대한 정교한 상술에 대해선 '현상학' 총서 J. Libertson, *Proximity*, La Haag: Nijhoff, 1982를 보라.

3) Emmanuel Levinas, *De Dieu qui vient à l'idée*, Paris: Vrin, 1982에서 특히 「신과 철학」(Dieu et la Philosophie)을 참조하라.

것은 반성 속에서 언어가 가로막고 망각하게 하는 사유들을 조사함으로써 언어를 통제하는 것에 그치지 않는다. 현상학을 한다는 것은, 추상적으로 주어진 것에 대한 최초의 '지향들' 주위에서 열리는 지평들 내부에서, 자기의 사유되지 않은 것의 구체성이고 연출의 추상들이 낱말들과 명제들의 말해진 것에서 분리되는 필연적 '연출'인 '인간의' ─또는 인간 사이의 ─'얽힘'을 탐구하고 소환하는 것이다. 현상학을 한다는 것은 최고의 이해의 구조로서의 인간의 음모 또는 인간 사이의 얽힘을 탐구하는 것이다. 또 현상학을 한다는 것은 어쩌면 또한 지혜가 하늘에서 땅으로 귀환하는 길일 것이다.

　인간의 유한성의 수동성 속에 있는 무한의 관념을 자기 자신에게 몰두하고 무한을 포함할 수 없는 인간의 유한성의 불확실성의 영역으로 이해해선 안 된다는 것, 인간의 유한성에서 신에 의해 놀란다는 사실이 유한성의 부득이한 수단에 불과할 그런 인간의 불확실성의 영역으로 이해돼선 안 된다는 것은 어쩌면 타자성과 초월의 환원할 수 없는 독창성에 대한 오해일 것이고 윤리적 근접성과 사랑에 대한 순전한 부정적인 해석일 것이며, 그것들을 내부성의 측면에서 말하는 고집일 것이다. 마치 소유와 융합 ─지향적 의식의 이상 ─이 정신적 힘을 고갈시키는 것처럼. 무한의 근접성과 무한의 근접성이 설립하고 명령하는 사회성이 일치와 통일성보다 **더 좋을** 수 있다는 것, 사회성이 자기의 복수성 그 자체를 통해 비참에 대한 서술에 다시 빠지지 않고 풍요의 측면에서 말해질 수 없는 자신의 환원할 수 없는 탁월함을 갖는다는 것, 타자와의 관계 또는 타자에 대한 무관심하지-않음은 타자를 위해 동일자로 전환되지 않는 데 있다는 것, 종교는 존재의 경제의 순간이 아니라는 것, 사랑은 반신半神이 아니라는 것은 확실히 또한 신학으로 이해된 우리 안에 있는 무한의 관념 또는 인간의 인간성이 의미하는 것이다. 그러나 어쩌면 그것은 무한에 의해 상처받은 존재의 유한성이 헤게모니적이고 무신론적인 자아로 당연히 퇴각하기 전에 영혼의 불면의 깨어남 그 자체에서 나타날 것이다.

『전체성과 무한』 독일어판 서문

현상학적 영감에 속하기를 바라고 그것의 영향을 받는 이 책은 후설 텍스트에 대한 오랜 애독과 『존재와 시간』에 대한 지속적인 관심에서 비롯된 것이다. 프란츠 로젠츠바이크가 서문에서 언급되는 이 책에서 마르틴 부버도 가브리엘 마르셀도 간과되지 않는다. 이 책은 또한 현대사상에서 특히 현상학의 거장들의 수많은 본질적 입장들을 가능하게 했던 앙리 베르그손의 혁신적인 작품에 대한 충실성을 주장한다. 다시 말해 베르그손은 지속이라는 개념을 가지고 천문학에 대한 시간의 순종으로부터 시간을 해방시켰고, 공간성과 고체성에 대한 사유의 애착으로부터, 기술적 확장과 심지어 이론적 배타주의에 대한 사유의 애착으로부터 사유를 해방시켰다.

1961년에 출판된 『전체성과 무한: 외부성에 대한 시론試論』은 1974년 『존재와 다르게 또는 존재사건을 넘어』와 1982년 『생각에 오시는 신에 대해』에서 지속됐던 철학적 담론을 열어 준다. 첫 작품의 특정한 주제들은 반복되거나 갱신되거나 마지막 두 작품에서 다른 형태들로 되돌아온다. 특정한 의도들은 거기에서 명확해진다. 25년 전에 시작되고 하나의 통일체를 형성하는 이 담론의 내용을 위해, 이것들은 비우연적이고 분명 교훈적인 변화들이지만 우리가 서문의 요약에다 그 변화들을 고려할 수는 없는 노릇이다. 그러나 오해를 피하기 위해 두 가지 점에 주의하자. 『존재와 다르게 또는 존재사건을 넘어』는 『전체성과 무한』이 존재의 **존재하려는 노력**을 문제 삼는 자신의 분석들이 심리학의 경험주의에 의존하는 것으로 생각하지 않도록 하기 위해 끊임없이 의존하는 존재론적 ——또는 정확히 말해 형상적^{éidique}—— 언어를 이미 피한다. 이 분석들의 필연성의 지위는 물론 본질적인 것의 필연성의 지위와의 유비에도 불구하고 여전히 결정되어야 할 문제로 남아 있다. 『전체성과 무한』에서 나의 권리보다 중요한 타인의 권리의 근원인 자비 또는 사랑과 다른 한편으로는 타인의 권리 ——그러나 조사와 판단 이후에 얻어지는—— 가 제3자의 권리 이전에 강요되는 정의 사이에 용어상의 차이가 없다. 정의라는 일반적 윤리 개념은 두 상황에서 구별 없이 사용된다.

『전체성과 무한』에서 시작된 담론의 특징을 나타내는 일반 정신에 대해 몇 마디 하겠다.

이 책은 지식의 종합, **초월론적 자아**에 포섭된 존재의 전체성, 표상 속에서 포착된 현존과 개념 그리고 존재의 동사적 형식의 의미론에 대한 질문 ——이 모든 것들은 불가피한 이성의 중요 거점이다—— 이 유의미성의 최종 심급이라는 것에 반대한다. 이 모든 것은 세계의 조화를 확보하고 그렇게 이성을 끝까지 드러내는 능력을 회복하거나 거기에 이르게 할 수 있는가? 끝까지 이성 아니면 사람 사이의 평화. 이 평화는 어쩌면 모든 사물을 **탈은폐하는** 것으로 충분하지 않을 것이고, 또 모든 사물이 원본대로 자기들의 집에서 보증된 것처럼 보이는 진리 속에서 그리고 그들의 외부성 그 자체에서 이미 모든 사물이 드러나지만 이것을 통해 손의 지배 아래 들어오고 붙잡히고 이해되고 사람들끼리 서로 다투고 소유되며 교환되고 서로에게 유용한 것이 될 수 있는 진리 속에서 자신들의 **자기 자신 안에서 자기 자신을 위함**[즉자대자]en soi et pour soi의 자리에서 모든 사물을 긍정하고 확증하는 것으로 충분하지 않을 것이다. 그러나 어떤 사람은 또 다른 사람을 향해 어떻게 가는가? 평화와 이성의 문제는 『전체성과 무한』에서 다르고 분명 더 오래된 연계로부터 접근된다.

　탈은폐된 것들의 **자기 자신 안에 있음**[즉자]l'en-soi과 **자기 자신을-위함**[대자]le pour-soi을 넘어, 세계 ——풍경, 사물들과 제도들 ——의 외부보다 더 외부적인 인간의 벌거벗음 즉 세계에 대한 자기의 낯섦, 자기의 고독, 자기 존재 안에 은폐된 죽음을 외치는 벌거벗음이 있다. 다시 말해 인간의 벌거벗음은 나타남 안에서 자기의 은폐된 비참의 수치심을 외치고, **영혼 안에 있는 죽음**[비통해하는 마음]을 외친다. 인간의 벌거벗음은 나를 호명하고 ——인간의 벌거벗음은 스스로 존재하는 나le moi que je suis를 호명하고—— 자기의 약함으로부터, 보호와 방어 없이, 벌거벗음으로부터 나를 호명한다. 그러나 인간의 벌거벗음은 또한 명령적이고 무장해제된 낯선 권위로부터, 즉 신의 말과 인간의 얼굴 안에 있는 말로부터 나를 호명한다. 표현된 말들 이전에 이미 언어인 얼굴, 즉 세계의 고유명사들, 칭호들과 유類들 뒤에서 태연한 척하는 ——또는 견디는—— 태도를 빼앗긴 인간의 얼굴의 최초의 언어인 얼굴. 이미 요구demande이고 바로 그 자체로 이미 비참이며, 존재의 자기 자신 안에 있음[즉자]의 관점에서 이미 거지 신세인 그러나 또한 내 자신의 죽음에도 불구하고 나로 하여금 죽을 운명의 사람들, 이웃을 책임지게 하는 명령인 최초의 언어, 어려운 거룩의 메시지, 희생의 메시지, 가치와 선善의 시작, 인간에게 주어진 명령 안에 있는 인간적인 질서의 관념. 들리지 않는 것의 언어, 전대미문의 언어, 말해지지-않은 것의 언어. 성서!

존재자가 존재에 따라 속하는 유類에 여전히 갇힌 **존재자**, 유의 외연의 논리적 공통성[공동체]에서 여전히 서로 교환할 수 있는 그러나 대체할 수 없는 존재자의 유일성으로 깨어난 존재자, 논리적으로 구별할 수 없는 모나드의 유일성에 명령된, 모든 욕정을 벗어나 사랑받는 자 즉 '세계에서 유일한 것'에 결합시키는 사랑인 거부할 수 없는 책임 속에서 선택받은 자의 유일성에 명령된 존재자로서의 자아의 개체성 안에 있는 **자아**와 접촉하는 명령.

유일성에서 유일성으로 즉 초월. 모든 매개 ──유의 공통성[공동체]에서 끌어낼 수 있는 모든 동기 ──를 벗어나──모든 이전의 혈족관계와 모든 **선험적** 종합을 벗어나── 이방인에서 이방인에 이르기까지 형제애 그 자체 깊이에 있는 형제애보다 더 좋은 사랑. 이 존재 그 자체와 자기의 존재에 대한 집착에 늘 몰두한 존재를 방해하는 타자를-향한-초월의 무사심[무상성]. 거룩, 근접성, 사회성, 평화의 타자를-위한-일자 속에서 존재-론에 대한 절대적 방해. 그러나 우리 안에 있는 모든 인간성을 명령하고 그리스인들이 언뜻 윤리를 봤던 유토피아적 사회성.

타자에 대한 책임을 명령하는 타자의 벌거벗음과 비참 속에 있는 명령. 즉 존재론을 넘어. 신의 말. 세계 너머에 있는 배후-세계들에 대한 그 어떤 사색에서도 발생하지 않고, 지식을 초월하는 그 어떤 지식에서도 발생하지 않는 신학. 얼굴의 현상학. 즉 실증[계시] 종교들에서 이미 성서의 독자이고 성서 해석자인 아이들에게 말하거나 우리 각자가 가지고 있는 아이다움에 말하는 목소리를 인정하게 하거나 거부하게 할 신을 향해 필연적으로 거슬러 올라감.

『전체성과 무한』이 참여하는 연구는 대상의 과학에 포섭된 대상의 현상학, 현존[현재]의 파악에 자기를 빌려주는 현존의 현상학, 존재의 관념 속에 반영된 존재 ──늘 사유된 것의 사유에 따른 이 **사유된 것** ──의 현상학, 후설의 존경할 만한 작품에서 초월적 의식을 부활시키는 지향성의 엄격한 의식작용-의식대상의 대응[평행관계]으로부터 귀결되는 상관관계와 일치의 현상학을 문제 삼는 데 있지 않다. 그리고 분명 이 의식의 모든 형태 ──브렌타노의 철학적 유언에 따르면 사유들 ──에서, 그것이 정서적[감정적, 정의적]이든, 가치론적이든, 의지적이든 간에 모든 의식의 필요불가결한 토대 또는 특권적 양태로 남아 있는 이론적인 것을 문제 삼는 데 있지도 않다. 그러나 『전체성과 무한』의 담론에서, 우리는 데카르트가 **제1철학에 대한 제3성찰**에서 사유 즉 의식작용의 의식대상, 즉 의식작용의 사유대상cogitatum에 따라 있지 않았던 의식작용을 만났던 잊을 수 없는 사실을 망각하지 않았다. 직관의 **확실성**에 머물지 않고 철학자에게 황홀감을 주었던 관념. 사유가 진리에 따라 사유했던 것보다 더 많이 사유하는 ──더 잘 사유하는 ── 사유. 또한 사유가 무한의 사유였던 그 무한에 대한 **경배심으로** 응답했던 사유. 『전체성과 무한』의 저자에게 있어, 그것은 스스로를 데카르트의 제자라고 말했던 저자의 스승 후설의 가르침에 있는 의식작용-의식대상의 대응의 가르침 이후에 큰 놀라움이었다! 그는 그 당시에 '지혜에-대한-사랑'에 대한 사랑, 즉 그리스인들에게서 유래한 철학인 사랑에 소중했던 것이 오직 대상을 포위하는 지식의 확실성 또는 이 지식에 대한 여전히 더 큰 성찰의 확실성이었는지를 스스로에게 물었고, 아니면 철학자들로부터 사랑받고 그들이 기대한 이 지혜가 인식의 지혜를 넘어 사랑의 지혜 또는 사랑으로서의 지혜는 아니었는지를 스스로에게 물었다. 사랑에 대한 사랑으로서의 철학. 다른 사람의 얼굴이 가르치는 지혜! 지혜는 플라톤의 『국가』 제6권에서 말하는 본질[존재성, 존재사건] 너머에 있는 선과 이데아들 위에 있는 선을 통해 알려지지 않았는가? 존재 그 자체는 선과의 관계에서 나타난다. 존재는 자기의 드러냄과 자기의 존재론적 힘에 대한 조명을 선으로부터 끌어낸다. 선을 위해 "모든 영혼이 자신이 행하는 것을 행하는"(『국가』, 505e) 선.

1987년 1월 18일 파리

타자, 유토피아와 정의

질문 당신의 첫 철학 작품들은 현상학과 관계가 있습니다. 당신의 성찰은 오직 현상학 전통과의 접촉에 의해서만 형성됐습니까?

레비나스 프랑스에서 출판된 현상학에 대한 첫 책들 가운데 한 권을 출판했습니다. 좀 지나서 하이데거에 대한 첫 논문들 가운데 하나를 썼습니다. 이것은 순전히 연대기적 사실이지만, 제가 그것을 회상하기를 즐깁니다. 우수한 철학연구소가 있고 프라딘Mourice Pradines, 카르트롱Henri Carteron, 샤를 블롱델Charles Brondel, 강제수용소에서 돌아오지 못한 레지스탕스의 일원인 모리스 홀바흐Maurice Halbwachs 교수가 있던 성스러운 스트라스부르에서 수학하는 동안에 현상학과의 만남을 다른 곳에서 말했습니다. 그 반면에 이 스승들의 가르침 가운데 가장 깊은 곳에 있는 베르그손과의 관계가 갖는 중요성(제겐 가장 중요한)을 거의 강조하지 않았습니다.

우리는 베르그손을 이제 거의 인용하지 않습니다. 우리는 프랑스 대학에 있었고 여전히 세계철학에 남아 있는 거대한 철학적 사건과 그가 근대성의 문제를 구성하는 데 했던 역할을 망각했습니다. 하이데거의 **존재자**와 구별되는 **존재**에 대한 존재론적 주제화, 그 동사적 의미에서의 존재에 대한 탐구는 존재의 실체성la substantialité이나 존재자의 명사성la substantivité으로 환원되지 않는 베르그손의 지속 개념에서 이미 활동하고 있지 않습니까? 우리는 생성의 철학이 존재의 철학들과 대립하는 진부한 정식이 암시하는 양자택일에 따라 베르그손을 지속적으로 재현할 수 있습니까? 우리는 다른 한편으로 베르그손의 마지막 작품들에서 하이데거의 작품에서 매우 중요한 기술적 합리주의에 대한 비판을 발견하지 않습니까? 『창조적 진화』는 기계적 휴머니즘에서 해방되는 정신성에 대한 변호입니다. 그리고 『도덕과 종교의 두 원천』에서 직관, 곧 삶 그 자체나 '심오한 시간'에 대한 체험, 지속에 대한 의식과 지식이 타인과의 관계와 신과의 관계로 해석됩니다.

이런 관계들에서 구체적인 감정과 사랑! 저는 베르그손의 몇 가지 주제들 가운데 특히 지속에 대해 친밀감을 느끼는데, 이 지속에서 정신성은 더는 순수한 '지식'의 한 사건으로 환원되지 않고, 누군가와의 관계의 초월, 타자와의 관계의 초월, 즉 사랑, 우정, 공감일 것입니다. 공간적 범주들이나 객관화와 주제화의 양태들로 환원할 수 없는 근접성. 고체들의 지속에 따라 실재의 의미를 찾는 것에 대한 거부에는, 그리고 사물들의 **생성**으로의 베르그손의 전환에는, **동사로서의 존재, 사건으로서의 존재**의 표현 같은 것이 있을 것입니다. 베르그손은 현대철학 개념들의 모든 조직 전체의 근원입니다. 저의 겸허한 사변적 시작은 분명 그의 덕택입니다. 우리는 20년 동안의 가르침과 독서에서 많은 것을 베르그손이 남겨 준 흔적에 빚지고 있습니다.

질문 현상학으로 돌아가겠습니다. 당신이 현상학과 만난 것은 스트라스부르에서 교육받는 동안이었습니다. 이 시기에 아직 번역되지 않은 후설의 『논리 연구』를 읽고 있었던 가브리엘 파이퍼Gabrielle Pfeiffer로부터 후설이라는 이름을 알았습니다. 그 뒤에 당신은 그녀와 함께 『데카르트적 성찰』을 번역했습니다. 1929년 『철학 잡지』Revue philosophique에 실린 첫 논문은 후설의 1913년 작품 『이념들』을 다뤘습니다. 따라서 당신은 1928년 프라이부르크에서 후설의 마지막 학기 가르침과 하이데거의 첫 가르침을 받았던 것입니다. 당신은 오늘날 현상학적 방법의 창시자인 후설에서 가장 독창적인 사람으로 간주되는 하이데거의 제자로의 이행을 어떻게 해석하십니까?

레비나스 무슨 뜻입니까? 일자나 타자가 현상학에 대해 말한다는 뜻입니까? 아니면 후설의 독자들이 하이데거를 읽을 준비가 돼 있었다는 뜻입니까? 사실 1927년에 출판된 『존재와 시간』을 읽고 있는 후설주의자들에게, 문제제기와 지평들의 새로움의 느낌과 동시에 우리가 후설의 현상학 작품에 의해 훌륭하게 준비된 분석과 기획의 이 경이로움에 도달하고 있었다는 확실성이 있었습니다.

후설 자신의 비평들은 곧바로 나오지 않았습니다. 처음부터 그거장은 『존재와 시간』의 현상학적 분석의 풍요로움에 현혹됐는데, 『존재와 시간』의 현상학적 분석은 여전히 후설의 방법의 특징들인 몸짓들, 가능성들, 절차들과 일치했는데, 천재적으로 그 특징들이 뜻밖에 열리고 하이데거가 다른 곳에서 이미 영감받았다 해도 말입니다. 후설은 나중에서야 그 책을 다시 읽으면서 자기와 거리가 있다는 것을 이해했거나 지각했습니다. 우리는 분명 그의 비판적 독해를 증명하는 난외의 주석들을 가지고 있습니다. 후설은 하이데거가 자기의 가장 재능 있는 제자라고 확신했지만, 늘 부조화를 느꼈습니다. 후설은 진지하게 자신의 후계자로 선택했던 한 사람에 대해 막스 뮐러^{Max} Müller 교수에게 다음과 같이 말했습니다. "나는 늘 하이데거에게 강한 인상을 받았지만, 결코 영향받지 않았다."

질문 빅토르 파리아스^{Victor Farias}의 책이 나온 뒤 하이데거의 나치즘 문제에 대한 논쟁이 프랑스의 미디어 무대를 장식했습니다. 우리가 그 논쟁의 생산성에 대해 무슨 생각을 하든, 당신에게 물어보고 싶습니다. 하이데거 작품의 초기 발견 이후 우리가 하이데거의 나치즘을 예견할 수 있었을까요?

레비나스 우리는 파리아스가 말하는 모든 것을 거의 알았습니다. 프랑스에서 우리는 1933년 이전부터 하이데거의 정치적 입장을 알고 있었습니다. 전쟁 직후에 파리에서 부드러워지거나 가라앉은 논쟁이 있었는데, 파리아스가 여기에 불을 지폈습니다. 1930년에 국가사회주의가 하나의 하이데거를 위해 재현할 수 있는 유혹들을 예견하기란 어려웠습니다! 제가 최근 국제철학학교가 조직한 콜로키움에 참가해 ─ 그러나 파리아스의 책 이전에 ─ 『존재와 시간』을 존경하지만 이 도덕적 문제를 환기시켰습니다. 파리아스 이후로 몇 가지 상세한 점이 밝혀졌지만, 파리아스의 책엔 본질적으로 아주 새로운 것이 없습니다.

중요한 것은 그 작품 자체이거나 적어도 그것을 거부하거나 반대하는 사람들에게도 철학사에서 가장 위대한 책 가운데 한 권의 책으로 남아 있는 『존재와 시간』입니다. 물론 이 책엔 국가사회주의의 주장들과 뚜렷하게 관계된 표현이 없지만, 그 구성은 그 주제들이 제기될 수 있는 모호한 문장들을 포함하고 있습니다. 저는 이 체계에서 원초적인 본래성authenticité의 개념, 즉 **본래성**Eigentlichkeit ——나의 것으로부터, 자신만의 모든 것으로부터, 나만의 것에서 나의 근원적 수축인 **각자성**[자기성]Jemeinigkeit 으로부터(『존재와 시간』, 9절), 양도할 수 없는 자기−소속auto-appartenance에서의 **자기에게 귀속됨**[자기 자신과 마주함] un à soi과 **자기를−위함**pour soi 으로부터 사유된 ——이라는 개념을 언급할 것입니다. 인간의 구체성의 특징을 나타내는 모든 표현들이, '이성적 동물'의 전통적 속성들을 넘어, **실존범주들**existentiaux이라는 제목 아래 존재론적 수준으로 환원되는 『존재와 시간』의 인간학에서 우리가 실제로 놀랄 수 있는 것은 상업적 거래의 철학이 결핍돼 있다는 것인데, 상업적 거래의 철학에서 인간들의 욕망들과 염려가 서로 부딪히고, 노예화하는 자본주의와 황금신으로의 돈의 **퇴락**Verfallen에도 불구하고 그리고 이 돈의 **퇴락** 이전에 돈(이것은 순전히 **손안에 있음**뿐일까요?)은 이 대조에서 평등, 평화, '공정한 가격'을 가능하게 만드는 척도의 방식입니다. '각자성[자기성]'으로부터의 사유인 본래성은 뒤섞음 없이, 그 어떤 사용료도 없이, 겪은 모든 영향이 없는 채 있어야 하고 서로 교환할 수 없음을 위태롭게 할, 즉 '각자성[자기성]'의 이 나의 유일성을 위태롭게 할 모든 것에서 벗어나 있어야 합니다. 무엇보다 내가 타락할 위험이 있는 부정대명사 '세상 사람들on'의 비속한 평범함으로부터 보존하려는 '나', 비록 그것의 평균적인 평범함에 영감받은 격렬한 경멸이 민주주의의 보편성에 있는 공통성의 정당한 몫으로 빠르게 확장될 수 있다 할지라도 말입니다.

저는 철학자 아도르노T. W. Adorno가 이 본래성이라는 은어를 이미 거부했다는 것을 매우 최근에 알았습니다. 그러나 그 은어는 '고귀함', 즉 '피와 칼의 고귀함'을 표현하고 있습니다. 그러므로 그것은 평범하지 않은 철학에 있는 다른 위험들을 내포하고 있습니다. 그 어떤 것에도 양도해선 안 될 인간 자아의 유일성은 여기서 죽음으로부터 사유됩니다. 다시 말해 각자는 자기를 위해 죽는다는 것입니다. 죽는다는 것에 있는 양도할 수 없는 동일성! 타자를 위해 자기를 희생한다는 것이 그 타자가 죽지 않도록 하지 않습니다. 나는 물론 타자들과의 관계에서 세계 안에 있지만, 거기서 그 누구도 진정으로 다른 사람을 위해 죽을 수 없습니다. 그리고 이 죽음을-향해-존재함[실존함]에서, 이 **죽음을-향한-존재**에서 불안의 명료성은 두려움 속에서 헛되이 죽음으로부터 도주하지 않고 무無로 접근합니다. 하이데거에게서 '타자들과의' 모든 '관계들'이 해체되거나 '붕괴되고' 현-존재의 유의미성이 중단되는 것 말고는 아무것도 없는 근원적인 본래성. 무서운 본래성! 당신은 내가 그 본래성을 거부할 것이라는 사실을 알고 있습니다.

그렇다면 나는 비본래성의 친구가 될 것인가? 그러나 나의 본래성, 곧 나의 유일성은 순수한 소유적 '각자성[자기성]', 자기로부터 자기까지, '삶보다 더 소중하고' 사랑이나 타인에 대한 염려보다 더 본래적인 오만한 남성적 힘에서 유래합니까? 이 동일한 논리적 유의 확장의 일원으로서 개인들이 그들의 유 속에서 바로 유일하지 않기 때문에 동일한 유의 확장에 속하는 개인들과 구별되는 아무개가 드러내는 차이로 얻어지지 않는 유일성 이러이러하게[untel]에 의해 드러나는 차이로 얻어지지 않는 유일성.

유일성은 타인에 대한 책임의 구체성에서 나에게 오거나 나에게 되돌아오는 대체불가능성으로부터 의미를 갖는 것처럼 보입니다. 다시 말해 타인에 대한 지각 자체에 처음부터 나를 의무 지울 책임, 그러나 마치 이 재현에서, 이 현존에서, 책임이 이미 그 지각에 앞서는 것처럼, 마치 책임이 이미 거기서 현재보다 더 오래됐고 따라서 지식에 낯선 하나의 질서에 속하는 거절할 수 없는 책임인 것처럼, 마치 아주 옛날부터 내가 이 책임으로 부름받은 최초의 사람인 것처럼 말입니다. 대체할 수 없는 따라서 유일한 나, 선택받은 포로, 선택받은 사람. 만남의 윤리, 곧 사회성. 아주 옛날부터 인간은 타자에게 응답합니다. 유일한 것에서 유일한 것으로. 그가 나를 쳐다보거나 쳐다보지 않거나 그는 '나와 상관있습니다'. 나는 그에게 응답해야 합니다. 따라서 저는 그가 자기의 초상 속에서 태연한 척하는 표정 뒤에서 자기 포기, 자기의 무방비, 자기의 죽을 운명과 나의 아주 오래된 책임으로의 그의 부름을 생각나게 하면서 타인 속에서 나를 쳐다보는[나와 상관있는] 것을 얼굴이라 부릅니다. 마치 그가 세계에 유일한 즉 사랑받는 존재인 것처럼 말입니다. 그 윤리적 요청에서 호명받은 내가 내 자신에게 헌신할 의무들을 늦추거나 없애고, 타인의 죽음에 대한 염려가 자기를 위한 나로서의 나의 염려보다 나에게 더 중요할 수 있는 이웃의 얼굴의 부르짖음. 나의 본래성은 부름받은 최초의 사람의 이 들음, 위임하지 않는 타자에 대한 유의, 따라서 이미 자기 고유의 죽음의 가능성에 아랑곳하지 않는 가치들에 대한 충실입니다. 인간의 모험의 의미로서의 희생의 가능성! 비록 죽음이 부활 없이 있다 해도 죽음에 아랑곳하지 않는 의미의 가능성! 욕정 없는 사랑의 궁극적 의미, 그리고 더는 가증스럽지 않은 나의 궁극적 의미.

저는 필경 종교적 용어를 사용합니다. 다시 말해 저는 내가 숨는 것이 어려울 **선택받음**에 기초해 나의 유일성을 말합니다. 왜냐하면 선택받음은 모든 빚짐보다 더 오래된 내 안에 있는 빚에서 나를 만들기 때문입니다. 내가 처음부터 의미를 갖는 상황의 구체성을 강조함으로써 하나의 관념에 접근하는 이 방식은 현상학에 본질적인 것으로 보입니다. 이것은 방금 말한 모든 것에 전제돼 있습니다.

이 모든 성찰에서 뚜렷이 드러나는 것은 인간의 도래를 통한 존재와 사유의 가장 심오한 전복으로서의 거룩의 가치입니다. 존재의 이해관심[존재 사이], 존재 유지인 원초적 존재성, 수단과 방법을 가리지 않는 보존, 거기에 존재하려는$^{être-là}$ 고집에 저항하는 인간성──타자에 대한 사랑, 이웃에 대한 책임, 있을 수 있는 타자를-위한-죽음, 타자의 죽음을 자기의 죽음보다 먼저 그리고 더 염려할 수 있는 희생──은 새로운 합리성과 존재 너머의 시작을 뜻합니다. 모든 존재성보다 더 높은 선의 합리성. 선함에 대한 이해가능성. 희생에서 나 없이 나에게 중요하고 내가 응답하는(『존재와 시간』 50절에서 하이데거가 말하는 죽음에서 모든 타자와의 관계들이 완전히 끊어짐에도 불구하고) 타자와 세계에 의미를 줄 이러한 가능성은 분명 생존이 아닙니다. 그것은 나에게 **중요하고** 내가 응답해야 하는 미래를 향한 탈자태이지만, 나 없는 미래, 의미와 미래인데, 이것은 더는 미리 잡아당긴 현재의 아직-도래하지-않음$^{à-venir}$이 아닙니다.

최초에 주어진 것으로 환원된 이 분석들은 타자성의 현상학을 고갈시키지 않습니다. 저는 40년 전 『시간과 타자』라는 작은 책에서 에로티시즘과 부성을 통해 얼핏 봤던 문제를 언급할 수 있을 뿐입니다. 그리고 여기에 있는 성애와 거룩의 욕정 없는 사랑의 애매성에 대한 성찰이 앞으로 탐구할 관점들을 열어 줍니다.

질문 거룩에 대한 이 정의는 우리를 절대적인 것에 놓습니다. 우리는 그것이 거기서 보상의 개념이 아닌 사심 없음[무상성]의 개념에 대한 주장을 통해 윤리적 요청의 문제라고 이해합니다. 그러나 그런 측면을 강조하고 당신 자신이 불가능성의 성격을 붙잡기 때문에, 사람들이 당신의 개념이 유토피아적이라고 비난하고 이 윤리적 요청에 수반되는 정치적 요청을 간과한다고 철학자인 당신을 비난하는 것이 두렵지 않습니까? 분명 거기서 '제3자'의 사상이 개입합니까?

레비나스 제가 타인에 대한 책임이나 욕정 없는 사랑이라 부르는 것에 대한 요청을 나는 오직 자기 자신에서만 발견할 수 있습니다. 그 요청은 나의 '제가 여기에 있습니다'me voici에 있고, 선택받은 사람의 서로 바꿀 수 없는 유일성에 있습니다. 그 요청은 근원적으로 그 요청의 사심 없음[무상성]이나 은총 또는 무조건적인 자비를 위태롭게 할 위험이 있는 상호성 없이 있습니다. 그러나 서로 책임 있는 개인들의 정의의 질서는 나와 나의 타자 사이의 이 상호성을 재건하기 위해 생기지 않습니다. 정의의 질서는 나에게 타자인 사람 옆에 나에게 '여전히 타자'인 제3자의 사실에서 생깁니다.

바로 타자와 제3자에 대해 책임적인 사람으로서의 나는 타자와 제3자의 상호작용에 무관심한 채 있을 수 없고, 일자에 대한 자비 속에서 타자에 대한 나의 사랑에서 벗어날 수 없습니다. 자아$^{le\ moi}$, 곧 나$^{le\ je}$는 각 사람의 얼굴이 표현하는, 각 사람의 비교할 수 없는 유일성으로 만족할 수 없습니다. 우리는 유일한 유일성들 뒤에서 유類의 개인들을 어렴풋이 보아야 합니다, 즉 우리는 개인들을 비교하고 판단하며 유죄 판결을 내려야 합니다. 개별적인 것과 유일한 것, 인칭적인 것과 절대적인 것, 가면과 얼굴의 미묘한 애매성이 있습니다. 그러나 이것은 자비 그 자체가 요청하는 불가피한 정의의 시간입니다.

정의의 시간, 인간의 종種과 유類로 집합하는 비교할 수 없는 것들에 대한 비교의 시간. 그리고 판단할 권한을 부여받은 제도들의 시간, 제도들이 강화되는 국가들의 시간, 늘 **실정법**$^{dura\ lex}$인 보편 법칙의 시간, 그리고 법 앞에 평등한 시민들의 시간.

공통성을 초월한 이 선택받은 사람들은 모든 것들처럼 개념들의 서열에서 자신들을 위한 자리를 찾아야 합니다. 즉 의무들과 권리들의 상호성이 있어야 합니다. 비길 데 없는 유일성과 각 영혼의 '단 하나뿐인'$^{semel-factive}$ 유일성을 최초로 가르치는 성서에 종들과 유들에 정통한 그리스의 문헌을 추가해야 합니다. 그것은 서구의 시간입니다! 그러나 자비가 요청한 정의의 시간. 제가 말했던 것은 타인에 대한 책임의 이름으로, 자비의 이름으로, 타인의 얼굴이 호소하는 선함의 이름으로, 정의에 대한 모든 담론이 움직인다는 것입니다. 실정법의 제한과 엄격함이 타인에 대한 무한한 자비에 가져올 수 있는 것이 무엇이든 간에 말입니다. 망각할 수 없는 무한, 늘 줄어들어야 할 엄격함.

윤리적인 존재–사이에서–벗어남──신의 말!──에서 존재를 보존하는 야만적인 존재가 서로 존재하려는 노력l'effort inter-essé이 정지되는, 타자에 대한 인간의 근원적 선함의 이름으로 그리고 그 선함에 대한 기억 속에서 늘 더 정통한 것이 되게 해야 할 정의. 자기 자신의 냉혹함에 맞서 늘 완전해져야 할 정의.

이것은 어쩌면 민주주의의 근본적 자유주의가 정의의 끊임없는 깊은 양심의 가책과 일치하는 민주주의의 탁월함 그 자체일 것입니다. 다시 말해 늘 완성되지 않고 늘 다시 시작하는 법제, 최선의 상태로 열려진 법제. 법제는 윤리적 탁월함과 그 윤리적 탁월함의 기원이 선함이라는 것을 증명하지만 다수의 사회성이 부과하는 필요한 계산, 지속적으로 끊임없이 다시 시작하는 계산은 선함과──어쩌면 늘 조금 덜── 거리가 있습니다. 따라서 법 개정의 자유 속에서 체험된 선善에 이성의 진보가 있을 것입니다. 정의의 양심의 가책! 정의는 그 정의를 생기게 하는 선함이 선한 만큼 정의가 정의롭지 않다는 것을 알고 있습니다. 그러나 정의가 그것을 망각할 때 전체주의적이고 스탈린주의적 체제로 빠질 위험이 있고, 이데올로기의 연역들에서 인간의 공존에 대한 새로운 형식들의 발명의 선물을 상실할 위험이 있습니다.

바실리 그로스만Vasily Grossman은 『삶과 운명』Zhizn' i sud'ba──우리 세기의 큰 위기들 직후의 매우 인상 깊은 책──에서 여전히 더 멀리 나아갑니다. 그는 한 인간으로부터 그의 이웃으로 가는 작은 선함은 그것이 조직과 보편성과 체계를 찾자마자, 그것이 교리, 정치론, 신학론, 당파, 국가, 심지어 교회조차 원하자마자 없어지고 왜곡된다고 생각합니다. 그러나 작은 선함은 존재에서 선의 유일한 피난처로 남아 있을 것입니다. 패배한 적이 없는 작은 선함은, 작은 선함으로서의 작은 선함이 이기지도 내쫓을 수도 없는 악의 폭력을 경험합니다. 사건들과 힘들이 펼쳐지는 장소들과 공간들을 횡단하지 않고 오직 인간에서 인간으로만 가는 작은 선함! 주목할 만한 선의 유토피아 또는 선이라는 초월의 비밀.

유토피아, 초월. 비록 이웃에 대한 사랑에 의해 영감받는다 해도, 합리적 정의는 소송 기록[서류]에 구속되고 정의를 요구하고 자극하는 선함과 동일시할 수 없습니다. 그러나 유일한 자아의 무한한 가능성에서 출현하고, 얼굴의 부름에 대한 이유도 제한도 없이 응답하는 선함은 그러나 판결을 부인하지 않고 고통받는 이 타자를 향한 길들을 발견할 줄 압니다. 저는 논고 「로쉬 하샤나」 Roch Hachana 17b절에서 성서의 두 구절 사이의 명백한 모순을 축소하려는 시도로서 나타나는 탈무드 우화를 늘 존경했습니다. 그 두 구절은 「신명기」 10장 17절과 「민수기」 6장 25절입니다.[1] 첫번째 텍스트는 신이 요구한 정의의 엄격함과 엄밀한 공정성을 가르칠 것입니다. 다시 말해 거기서 **얼굴에 대한 수용**은 배제됩니다. 「민수기」 6장 25절은 다르게 말합니다. 「민수기」 6장 25절은 신의 빛으로 그를 밝게 만들면서, 은총으로 그를 환대하면서, 판결에 복종하는 인간을 향해 방향을 바꾼 신의 밝은 얼굴을

---

1) "이 세상에는 신도 많고, 주도 많으나, 당신들의 주 하나님만이 참 하나님이시고, 참 주님이십니다. 그분만이 크신 권능의 하나님이시오, 두려우신 하나님이시며, 사람을 차별하여 판단하시거나, 뇌물을 받으시는 분이 아니시며"(「신명기」 10장 17절). "주님께서 당신들을 밝은 얼굴로 대하시고, 당신들에게 은혜를 베푸시며"(「민수기」 6장 25절).──옮긴이

예상합니다. 그 모순은 랍비 아키바Rabbi Aquiba의 지혜를 통해 해결될 것입니다. 이 저명한 랍비 학자에 따르면, 첫번째 텍스트는 정의가 판결 이전에 전개되는 것처럼 정의와 관계돼 있을 것입니다. 두번째 텍스트는 판결-이후의 가능성들을 명확하게 합니다. 정의와 자비. 이 판결 이후는, 판결 이후의 자비의 가능성들과 더불어, 여전히 충분히 정의의 행위에 ──정당한 권리를 가지고── 속합니다. 그러므로 사형은 정의의 범주들과 같은 자격에 속하지 않는다고 생각해야 하지 않을까요?

한 국가의 모든 삶은, **자기 자신을 위해** 긍정하는 개인들 다시 말해 자신들의 땅, 자신들의 장소, 자신들의 현-존재를 위해 살고 투쟁하는 개인들의 형식적 합계를 넘어, 모든 빚짐 이전에 빚지고, 이웃에게 헌신할 의무가 있고, 책임적이며 ──선택받고 유일한── 그리고 이 책임 속에서 평화, 정의, 이성을 원하는 사람들을 은폐하거나 드러냅니다 ──또는 적어도 암시합니다. 유토피아! 인간성의 의미를 이해하는 이런 방식 ──그들의 존재의 존재-사이에서-벗어남 그 자체──은 인간들이 장소들을 차지하는 것에 대한 염려를 사유함으로써 시작하지 않는데, 이 장소들에서 인간들은 존재하기-위해-존재하고 싶어 합니다. 저는 무엇보다 그들 안에 있는 **타자를-위함**을 사유하는데, 여기서 인간성은 가능한 거룩의 모험 속에서 존재에 대한 순전한 집착과 존재의 전쟁들을 정지시킵니다. 저는 파스칼의 생각, 즉 "태양 아래의 내 자리. 거기에 모든 땅에 대한 강탈의 시작과 상징이 있다"를 망각할 수 없습니다.

질문 "윤리는 내가 결코 빚을 지지 않은 그 유명한 빚에 대한 상기일 것이다." 당신은 나의 책임이 타인의 얼굴에서 상기된다는 이 생각을 전개시켰습니다. 그러나 모든 사람이 이 '다른' 사람입니까? 거기엔 때때로 의미의 배반 속에서 짐승들의 얼굴들은 없습니까?

레비나스 장-투생 드장티Jean-Toussaint Desanti는 박사학위 구두시험이 진행되는 동안 나의 작품들을 비평하고 있던 젊은 일본인에게 나치 친위대원이 제가 얼굴로 뜻하는 바를 가지고 있는지 물었습니다. 제 생각으로는 긍정적 답변을 요구하는 매우 착잡한 물음입니다. 매번 고통스러운 긍정적 답변! 바르비 소송사건 때 서구에 대한 존경을 말할 수 있었습니다. 그들의 '잔혹함'이 결코 재판받지 않은 그런 사람들에 대해서도 정의는 지속적으로 행사됩니다. 결백하다고 생각한 피의자는 변호할 권리와 배려받을 권리가 있습니다. 묵시적 분위기(『지구의 소송기록』, p. 21)[2]에도 불구하고 정의가 그런 방식으로 제구실을 다했다는 것은 감탄할 만합니다.

또한 제가 말하지 않으면 안 되는 것은 내가 나를 표현하는 방식에서 **얼굴**이라는 낱말을 협소하게 이해해선 안 된다는 사실입니다. 얼굴의 유일성에서, 얼굴의 빈곤과 죽을 운명의 비천함에서 의미하는 것이 인간성을 실현할 가능성, 즉 얼굴에 대한 책임으로의 얼굴의 부름과 유일한 자로서 이 책임으로 나를 선택받게 하는 얼굴의 부

---

2) 이 책 일본어판 옮긴이는 『지구의 소송기록』(*Dossiers du Globe*)지(誌)에 수록된 아리에와의 대담 「범죄와 비인간성」을 참조하라고 말하고 있다.—옮긴이

름——신의 말——의 주권은 로댕이 조각한 팔의 벌거벗음에서 올 수 있습니다.

바실리 그로스만은 『삶과 운명』에서 어떻게 모스크바에 있는 **루반카**에서, 우리가 '정치적 범죄'로 체포된 부모와 친구들에게 편지나 소포를 전달하거나 그들의 소식을 얻을 수 있었던 그 유명한 쪽문 앞에서, 사람들이 줄지어 서서 각 사람이 그 앞에 있는 사람의 목덜미에서 그의 비참에 대한 느낌들과 희망들을 읽었는지를 이야기합니다.

질문 그런데 그 목덜미는 하나의 얼굴입니다.

레비나스 그로스만은 이 목덜미가 하나의 얼굴이라고 말하는 것이 아니라 모든 약함, 모든 죽을 운명, 타자의 벌거벗고 무장해제된 모든 죽을 운명이 목덜미에서 읽힌다고 말합니다. 그로스만은 얼굴을 그와 같이 말하지 않지만, 얼굴은 얼굴의 '반대'인 것의 의미를 얻을 수 있습니다! 따라서 얼굴은 눈색깔, 코의 형태, 뺨의 불그스레함 따위가 아닙니다.

질문 마지막 질문입니다. 현재진행중인 당신의 일에서 중요한 관심사는 무엇입니까?

레비나스 제 연구의 중요한 주제는 시간 개념의 탈형식화입니다. 칸트는 시간이 모든 경험의 형식이라고 말합니다. 인간의 모든 경험은 실제로 시간적 형식을 갖습니다. 칸트에게서 유래한 초월론적 철학은 그 형식을 경험에서 나오는 감각적 내용으로 가득 채웠거나 또는 헤겔 이후로 그 형식은 어떤 내용을 향해 변증법적으로 이끌었습니다. 칸트와 헤겔은 시간성의 이 형식 그 자체의 구성을 위해 '물질'이나 사건들의 어떤 **결합**에서, 말하자면 형식에 앞서는 유의미한 내용에서 **조건**을 결코 요구하지 않았습니다. 후설의 시간 구성도 현존의 소멸과 현존의 '과거지향', 현존의 임박함과 현존의 기대 속에서 즉 과거로의 소멸과 미래로의 임박함의 그 양태들이 결합될 특권적인 경험적 상황에 대해 그 어떤 지시도 주어짐조차 없이 우리가 건설하고 싶은 것을 이미 내포하는 소멸과 임박함 속에서 이미 실질적인 현존의 의식에 입각한 시간 구성입니다.

그러므로 하이데거에게서 주목할 만한 것으로 보이는 것은 바로 과거의 과거화, 현재의 현재화, 미래의 미래화——**탈자태들**extases로 불리는——가 본질적으로 그리고 근원적으로 결합되는 구체적 실존의 특징적 상황이나 정세는 무엇인가 하는 앎의 문제를 제기한다는 사실입니다. 존재한다는 것을 선택하지 않고 존재한다는 사실, 우리 없이 늘 이미 시작된 가능성들을 상대로 한다는 사실 즉 '늘 이미'의 탈자태. 재현이나 지식에서의 사물들 가까이에서 사물들에 대한 지배의 사실 즉 현재의 탈자태. 죽음을-향해-존재함의 사실 즉 미래의 탈자태. 이것은 거의 그 철학이 더 현명하기 때문에 하이데거에 의해 열린 관점입니다.

프란츠 로젠츠바이크는 자기로서는 그리고 동일한 용어에 의존하지도 않고 또는 동일한 상황들에 의지하지도 않고 시간성이 구성되는 체험된 것의 그 '특권적 정세들'을 찾았습니다. 그는 창조의 관념과 창조에 대한 종교적 의식으로부터 과거를 사유했고, 계시에 대한 들음과 환대로부터 현재를 사유했으며, 구원에 대한 희망으로부터 미래를 사유했고 따라서 그러한 사유의 성서적 전거들을 시간성 그 자체의 조건들의 수준으로 높였습니다. 성서적 전거들은 인류의 대부분에 공통된 인간의 근원적 의식의 양상들로서 요구됩니다. 로젠츠바이크의 철학적 대담함은 바로 창조를 과거에 준거시키는 데 있지 않고 과거를 창조에 준거시키는 데 있고, 계시를 현재에 준거시키는 데 있지 않고 현재를 계시에 준거시키는 데 있으며, 구원을 미래에 준거시키는 데 있지 않고 미래를 구원에 준거시키는 데 있습니다.

어쩌면 모든 계약 ──결코 현재하지 않았던 과거와의 관계 ──에 앞선 타인에 대한 의무와 타자를 위한 죽음 ──결코 나의 현재가 아닐 미래와의 관계 ──에 관해 제가 당신에게 말한 것에 대한 나의 담론들은 하이데거와 로젠츠바이크에 대한 이 마지막 언급 이후 가능한 연구들에 대한 하나의 서문처럼 보일 것입니다.

옮긴이 후기

옮긴이가 2003년에 『존재한다는 것은 옳은가?―레비나스와의 대담』을 번역해 출판하기로 독자들과 약속한 바 있는데, 사정상 그 약속을 지키지 못해 늘 죄송한 마음을 가지고 있었다. 이 자리를 빌려 미안한 마음을 표하고 싶다. 옮긴이가 번역한 『우리 사이』에 오역이 많을 것이라 생각하지만 부족한 대로 세상에 내보낸다. 참으로 부끄러울 따름이다. 따끔한 질책을 받고 계속 수정해야 할 것이다. 신학자인 옮긴이가 이 공간에서 말하고 싶은 것은 대속이라는 개념이다. 이에 대해 몇 마디만 하고 싶다.

　레비나스의 대속은 자기 자신을 정립하는 존재의 본질이 뒤집히는 과정이고 타인과의 일치가 아니라 불일치, 불연속성, 통시성 속에서 책임이 끝나지 않았다는 것을 의미하며 따라서 대속은 타인과의 관계 속에서 무한한 책임으로의 미끄러짐 곧 '존재와 다르게'다. 레비나스가 더 쉽게 표현하듯이, 대속은 "그가 느끼는 것을 느끼기 위해 타인의 자리에 자기를 놓는 것이 아니고, 일자[내]가 타자가 되는 방식이 아니며, 그가 가난하든 절망하든 그런 시련의 용기도 아니라 이미 타인의 본질적인 연약함과 유한함에 자기를 연합함으로써 타인을 위로하고 힘을 돋우어 주는 것이고, 타인을 위한 책임으로 전환되는 우리의 사심과 존재에-대한-자기만족을 희생하면서 그들의 무거움을 견디는 것이다". 모든 실재는 무거운 것이다. 대속의 주체는 모든 것과 모든 사람에게 "제가 여기에 있습니다"(「이사야서」 6장 8절)라고 응답하는 타자성[다름]의 주체다. 또한 "타자의 입장에 자기-자신을 놓는 희생"이 아닌 "처음부터 타자의 입장[자리]에 놓인 대속", 책임, 속죄는 연대와 소통의 토대다. 개인의 내적 대화와 소통은 연대에 근거하고, 연대는 속죄와 타자들에 대한 책임에 근거한다. 뿐만 아니라 질병, 고통, 죽음으로 노출되는 것, 공감, 연민, 감정이입, 형식적 연대는 대속, 책임, 속죄를 전제한다. 대속과 책임, 속죄는 소외 없이 동일성의 자율 이전에 타자의 무게를 짊어지면서 내가 타자가 되는 결국 동일성과 타자성을 결합하는 것이다. 참으로 "어려운 자유"인 것이다.

그렇다면 레비나스의 대속 개념이 그리스도교의 신-인 사상 곧 성육신 사상과 어떤 연관성이 있는가? 레비나스는 이 문제를 두 가지로 압축한다. 첫째, 신-인 사상은 신의 낮아짐, 곧 "가느다란 침묵의 목소리처럼 자기의 비천함에서 나타나는 진리의 관념, 곧 박해받은 진리의 관념"으로서 "초월의 가능한 유일한 형태"다. 성육신 곧 내재성을 돌파하는 초월과 열림은, 「마태복음」 25장에 나오는 예수처럼, 정복당한 사람들, 가난한 사람들, 쫓기는 사람들과 결합된 것으로 나타난다. 또한 성육신, 비천함, 초월, 열림은 소통의 조건이다. 구체적으로 신은 얼굴과 결합한다. 그러나 신은 동화할 수 없는 타자성, 절대 차이다. 신은 절대적으로 지나간 흔적이다. 흔적은 나의 이웃의 얼굴에서의 신의 근접성이다. 둘째, 신-인 사상은 창조주의 피조물로의 실체변화로서 동일성의 원리를 훼손하는데 어느 정도 타자들을 위한 대속과 속죄, 인간의 인간성을 표현한다.

고마운 분들에게 인사를 드리고 싶다. 어머니 고(故) 이순자 권사님께 고마움을 드리면서 부끄럽지만 이 책을 어머니께 바친다. 마지막으로 저를 아시는 모든 분께 감사드리고 가정과 직장, 사업에 하나님의 은총과 평화가 함께하시기를 기도드린다. 더 나은 인간이 되도록 노력할 것이다.

옮긴이 김성호

찾아보기